Maçonaria

A Cabala do Ocidente

Introdução à Cabala Filosófica

João Anatalino Rodrigues

Maçonaria
A Cabala do Ocidente

Introdução à Cabala Filosófica

MADRAS®

Editor:
Wagner Veneziani Costa (*in memoriam*)

Produção e Capa:
Equipe Técnica Madras

Revisão:
Ana Paula Luccisano
Neuza Rosa Alves

Dados Internacionais de Catalogação na Publicação (CIP)
(Câmara Brasileira do Livro, SP, Brasil)

Rodrigues, João Anatalino
Maçonaria : a cabala do ocidente : introdução à cabala filosófica /
João Anatalino Rodrigues. -- São Paulo : Madras, 2024.

Bibliografia
ISBN 978-65-5620-090-3

1. Cabala - História 2. Cabala - Influência
3. Maçonaria 4. Maçonaria - Simbolismo I. Título.

24-217782 CDD-296.16

Índices para catálogo sistemático:

1. Maçonaria : Cabala 296.16

Cibele Maria Dias - Bibliotecária - CRB-8/9427

MADRAS EDITORA LTDA.
Rua Paulo Gonçalves, 88 – Santana
CEP: 02403-020 – São Paulo/SP
Tel.: (11) 2281-5555 – (11) 98128-7754
www.madras.com.br

ÍNDICE

PREFÁCIO

תישארב השעמ השוע ,םלועה ךילמ ונ יהל-א יי התא ךורב

Bereshit Maaseh Osseh HaOlam Melech
Elokeinu Adona-i atah Baruch

"Bendito Sejas Tu, Eterno nosso Deus Rei do Universo, constante realizador da Criação."

A milenar sabedoria da Kabbalah faz parte do que chamamos de Torá Shebeal Pê (a tradição oral do povo de Israel), que foi transmitida secretamente, de geração em geração, até os dias do grande sábio da Kabbalah, o Rabino Shimon bar Yochai, há mais de 2 mil anos.

Esse conhecimento foi registrado em pergaminhos, dando origem ao *Sefer ha-Zohar ha-kadosh* (o Sagrado livro do Esplendor), que ficou oculto das massas até a chegada do Rabino Isaac Luria, conhecido pelo apelido de "Ariza" (o Santo Leão), que por sua coragem conseguiu, no século XVI, na cidade sagrada de Safed, em Israel, revelar a sabedoria da Kabbalah e os segredos do *Zohar* para todas as futuras gerações de uma forma definitiva.

Seus escritos, lições e revelações foram sendo estudados por centenas de rabinos, morim (mestres) e sábios de todas as diferentes religiões e escolas filosóficas do mundo todo. A cada onda de revelação da Kabbalah, novas dimensões de compreensão eram abertas, gerando assim um imenso salto de evolução da humanidade.

Esta obra abre mais uma dessas dimensões de compreensão da infinita sabedoria da Kabbalah, porém, em uma linguagem acessível ao leitor brasileiro que queira se aprofundar nesse manancial de sabedoria divina. Da mesma maneira que ao olharmos a luz de um relâmpago pronunciamos a bênção "*Baruch atah... Oseh Maaseh Bereshit*" (Constante realizador da Criação), ao contemplar a grande luz emanada por essa "estrela", que representa este livro, eu também o faço.

Parabenizo ao autor e amigo, senhor João Anatalino Rodrigues, que certamente carrega em seu sangue as raízes de sua sabedoria ancestral, como é dito pela tradição judaica: "Uma única gota de sangue do nosso patriarca Abraão é suficiente para fazer todo o corpo e a alma ferverem".

Que suas lições inspirem a todos nesta descoberta da Kabbalah, a Sabedoria Divina Universal.

Com carinho e admiração,

Moré Gabriel R. C. Mesnek Grinberg
Diretor da Comunidade Arizal – Associação Beneficente Israelita do Alto Tietê

INTRODUÇÃO

Este livro é um estudo sobre as inspirações que os mestres cabalistas, que escreveram o *Sefer ha-Zohar*, tiveram com a leitura e a interpretação dos chamados mistérios contidos na Bíblia e sua conexão com práticas espiritualistas modernas, como a Maçonaria e o Espiritismo. Não é, como se perceberá ao longo dos textos aqui elencados, uma incursão mais profunda nesse volumoso repertório de metáforas e visões que as mentes privilegiadas dos místicos rabinos de Israel elaboraram com essa finalidade, mas um conjunto de intuições particulares que nós tivemos ao ler o *Zohar* e os comentários que dele fizeram os diversos autores que se debruçaram sobre esse inspirado poema gnóstico.

O *Zohar*, como sabem os estudantes dessa maravilhosa doutrina que se convencionou chamar de Cabala, é um livro que interpreta a Bíblia de uma forma mística e transcendente, fugindo das exegeses tradicionais, lógicas e conservadoras que são feitas desse formidável legado que os sábios de Israel proporcionaram à humanidade. Nele, toda a ação de Deus na construção do universo nos aparece na forma de metáforas, imagens, visões e alegorias, que uma mente treinada na racionalidade da vida diária tem dificuldade para entender. Mas para quem tem sensibilidade para perceber a grandiosidade da Obra do Criador, ela parece simples e natural, como a leitura de um poema de Dante, uma história de *As Mil e Uma Noites* ou um conto de Jorge Luis Borges.

É que a grande maioria dos ocidentais não está acostumada com a forma de pensar dos povos orientais. Nesta predomina o uso indiscriminado de imagens e metáforas, próprio dos sistemas de escrita desses povos. Esses sistemas são baseados em ideogramas, que são sinais gráficos representando imagens, em vez de caracteres formando palavras e números, com os quais expressamos nossa visão do mundo. No entanto, se pensarmos bem, é muito mais fácil treinarmos nossa mente para ler e entender ideogramas do que letras. A prova disso está nas rodovias, nos aeroportos e em outros lugares de grande tráfego de pessoas, onde são utilizadas placas de orientação com imagens no lugar de palavras. Qualquer pessoa, mesmo sendo iletrada, consegue entendê-las, não importando sua nacionalidade ou idioma, porque os símbolos são universais.

Como diziam os chineses, um quadro fala mais que mil palavras. O *Sefer ha-Zohar* foi escrito para a imaginação do leitor, não para sua mente lógica. É uma verdadeira Gestalt, no sentido de que as imagens que se formam na mente do leitor não podem ser decompostas em partes, mas só se consegue entendê-las na sua integralidade e, mesmo assim, quando elas se formam, logo percebemos que foram acrescidas pela nossa própria imaginação.

O universo, como mostram hoje as modernas teorias que estudam sua composição mais íntima, na sua estrutura e finalidade, não se apresenta como um sistema linear, mas como uma formulação que contém inúmeras variáveis que se integram para formatar a realidade. Por isso, tantas lendas e mistérios envolvem sua composição, e mais ainda, sua origem.

O *Zohar* é uma aventura onírica pelo universo da espiritualidade, feita pelos sábios de Israel, com a intenção de se conectarem com o Pensamento do Criador. Ninguém pode provar onde, quando e por quem ele foi escrito. O que se sabe, com certa dose de certeza, é que ele foi compilado e revisado por diversos autores que certamente devem ter-lhe acrescentado suas próprias visões pessoais. Isso acontece com todos os grandes livros que tratam do tema da espiritualidade. O que é certo, e pode ser sentido na leitura do *Zohar*, é que seus revisores e comentadores conseguiram fazer com que esse livro nos desse uma impressão de antiguidade e modernidade ao mesmo tempo. A antiguidade é posta no sentido de que ele reflete ideias, conceitos e sensibilidades que podem ser recenseadas no tempo como contemporâneas das mais vetustas intuições humanas. Assim pode ser entendida a proposição da existência de um Princípio Luminoso na origem do universo, que os mestres cabalistas chamam de Ain Soph Aur – a Luz Infinita –, bem como os conceitos de reencarnação e destino, conhecidos como Gilgou e Carma, respectivamente, que são apresentados como estratégias da divindade para colocar ordem e sentido no processo de evolução da vida.

A modernidade do *Zohar* é dada pela estranha conexão que as visões cabalistas parecem ter com temas que estão sendo tratados nos artigos publicados sobre física quântica e neurociência, em livros e revistas da atualidade. Nestas, a intuição de um pampsiquismo existente entre o fenômeno humano e o processo de estruturação do universo enquanto materialidade manifesta parece ser uma realidade que a cada dia mais se afirma. A prova disso é a constatação, feita por inúmeros cientistas, da impossibilidade de separar a consciência humana do conjunto das realidades cósmicas, pois ela é um componente indispensável ao processo que faz o universo existir. Veremos exemplos desse conceito no decorrer deste trabalho, mas no momento é suficiente dizer que a tradição cabalista, com suas visões de Mundos Superiores e Mundos Inferiores, o diagrama da Árvore da Vida e os conceitos sobre carma, reencarnação e outras modalidades sutis de constituição do universo físico e do mundo espiritual, oferece-nos uma interessante antecipação das descobertas que a física quântica e as pesquisas astronômicas nos estão oferecendo agora. Essas constatações têm sido feitas por vários cientistas de renome, como serão informadas no decorrer deste trabalho.

A própria construção da realidade universal, a partir de um sistema ordenado de evolução e continuidade que explica a origem da matéria e a função do bem e do mal (presentes no diagrama da Árvore da Vida), tem na Cabala um dos seus mais interessantes ensinamentos. E o papel do povo e da nação de

Israel nesse processo, expresso no engenhoso conceito da Tikun Olam, explica a estranha experiência desse extraordinário povo, que parece simbolizar em sua história a própria saga da humanidade na sua procura por uma identidade e uma função no universo da vida.

Em certo sentido, podemos enxergar na doutrina da Cabala uma sensível semelhança com os conceitos do Taoismo, especialmente em relação ao papel da polaridade positivo/negativo, que nessa antiga filosofia chinesa atua como forma de equilíbrio cósmico. Na Cabala, há uma formulação equivalente no conceito de Existência Negativa e Existência Positiva que o Criador assume na sua proatividade criadora. Verificamos também que a doutrina da Cabala se aproxima bastante das concepções maniqueístas que o pensamento religioso ocidental desenvolveu, com suas metáforas de luta eterna entre bem e mal, luz e trevas, positivo e negativo, certo e errado, Deus e o Diabo, etc. Mas sua conclusão leva a um diferente caminho filosófico que o pensamento ocidental não logrou desenvolver.

É que no espírito do homem ocidental esse eterno embate o encaminha para um sentido de querer livrar-se do mal para poder gozar o bem. Mas na Cabala, como no Taoismo, isso é impossível, pois ambos fazem parte de um mesmo sistema, destinado a manter o equilíbrio universal, de forma que a simples eliminação de um implicaria a supressão do outro, e assim desapareceria a própria energia que sustenta a vida do universo.

A Cabala ensina que o único mal que existe no mundo é nosso próprio Ego, com seu ardente e insaciável Desejo de Receber tudo o que a Luz Infinita do Criador pode proporcionar. Mas nesse Desejo também reside o bem, porque o Ego, igualmente, hospeda o Desejo de Compartilhar, que se resume, no mundo físico, especialmente na socialização e na procriação, mas também inclui as demais virtudes do ser humano, como a bondade, a caridade, a piedade, a compassividade, a tolerância, o amor, etc., que são arquétipos de um mundo ideal, como pensavam Platão e seus seguidores, e que, na Cabala, são vistos como atributos do Criador. É no equilíbrio entre essas duas forças – Receber e Compartilhar – que estão a felicidade, a paz, o sucesso, o prazer e todas as sensibilidades que o homem busca na vida, sensibilidades essas que nós definimos pela palavra processual "felicidade", que aqui é vista como plenitude espiritual.

A ótica cabalista a respeito dos nossos processos mentais pode parecer um tanto chocante e irreal para a mentalidade do homem ocidental, criado para ter uma visão positivista do mundo. Para ele, a conclusão pode até ser frustrante, porquanto ela parece afastar a ideia de um progresso fundamentado no ter para construir um ser.

Porém, quando essa doutrina é analisada mais a fundo, verifica-se que essa é uma intuição equivocada. Para a Cabala, a plenitude que nós chamamos de felicidade é realizada sem o estresse de querer obter prazer sem dor, riqueza sem experimentar carência, saúde sem doença, vitórias sem derrotas, etc. Trata-se de uma visão integradora do fenômeno da vida, no qual se justifica a existência do mal como polaridade necessária para a existência do bem e vice-versa, pois é na balança entre os dois conceitos que ela mesma se equilibra.

Na mente ocidental, este é o grande objetivo de nossas vidas: o ganho sem perda, ou com o menor dispêndio possível. No sistema cabalístico isso é impossível, pois, como veremos, o equilíbrio universal só se atinge na equivalência das forças que atuam na composição do processo.

Como podemos perceber, cada vez com mais clareza, nosso extraordinário desenvolvimento tecnológico parece nos encaminhar para um sentido oposto àquele que todo esse esforço deveria nos levar. Para produzir toda essa "riqueza" tecnológica da qual nos ufanamos, nós acabamos interferindo no sistema de relações que rege a vida do universo, por isso estamos pagando muito caro. Cataclismos naturais, guerras, conflitos pessoais, desagregação social e familiar, estresse e perda do sentido da vida são as consequências desse processo.

Como sustenta a doutrina cabalista, a visão linear do tempo e da história está nos conduzindo para uma direção bem diferente daquela que gostaríamos de ir. Quanto mais tentamos dominar a natureza, mais ela nos foge e se vinga da nossa tirania. Por isso, o praticante da Cabala pergunta a si mesmo o que pode ser encontrado e revelado no universo, em vez do que existe para ser conquistado e usufruído nele. É, pois, uma visão integralista, no sentido de incorporar ao estofo do universo, que é formado pela Energia emitida pelo Criador, nossa própria emissão energética, na forma de atividade cerebral, psíquica, que, ao nosso ver, nada mais é do que o fenômeno que nós chamamos de espírito. Por isso, entendemos que o leitor espiritualista encontrará nas visões cabalistas muito mais vínculos com sua crença, seja ela qual for, do que em qualquer outra doutrina. Este trabalho tem também este objetivo: mostrar que a realidade espiritual não é um delírio metafísico próprio de pessoas extremamente sensitivas, mas, sim, um fenômeno natural que se insere nas propriedades da Energia que está no estofo do universo. E que ele está ligado umbilicalmente à consciência humana, sendo ela o resultado da atuação dessa Energia, concentrada sobre o fenômeno da vida.

A doutrina cabalista não é, como de início se poderia pensar, um libelo contra as conquistas tecnológicas, a busca do prazer e a consequente anulação da dor. Ela é, mais que tudo, uma doutrina que ensina a combinar os dois polos da Energia que está na origem da realidade universal para obter um equilíbrio que nos permita a fruição da plenitude física e espiritual, que é o objetivo da vida. É nesse sentido que ela integra não só as intuições taoistas sobre o equilíbrio entre *yang* e *yin*, como medida de integração total do espírito do homem com a natureza, mas também as recentes descobertas da neurociência, especialmente as que estão presentes nas técnicas da PNL (Programação Neurolinguística) e os ensinamentos obtidos com as descobertas da física quântica.

São nessas estratégias que podemos sentir a modernidade das concepções cabalísticas, quando fazemos um paralelo dessas visões com recentes publicações científicas que mostram a intimidade dos processos que dão origem à matéria universal, estudados pela física quântica e a astronomia, integrando também as recentes descobertas da ciência genética que estuda a origem da vida e seus processos de desenvolvimento e adaptação ao ambiente.

Como a grande maioria dos livros "inspirados" por revelação divina, as visões do *Zohar* não são de fácil absorção pela mente do homem moderno, que prima pela logicidade das suas concepções. O *Zohar* é, antes de tudo, um produto do inconsciente coletivo de um povo que viveu uma saga extraordinária de ascensões e quedas, e foi formado no ideal de uma utopia que nunca se realiza, mas que também não pode ser descartada como esperança a ser concretizada, porque seus elaboradores acreditam ser esse o próprio objetivo da Divindade que criou o universo como projeção de Si mesma, com a intenção de compartilhar sua Potência, que se resume, afinal, em um ilimitado Amor.

O *Zohar* é um livro de revelações (tanto quanto o Apocalipse cristão, os escritos proféticos da Bíblia, as visões extraordinárias dos místicos orientais em seus poemas épicos), que usam a magia aliciadora da linguagem visionária para comunicar suas intuições. E como vários outros livros de inspiração mágica, é um produto da fértil mentalidade oriental, cujas crenças nunca se despregaram da ideia de que o sobrenatural está na origem de tudo, e que esse tudo se conforma em um propósito que só a Mente Divina conhece.

No fundo, o que o *Zohar* revela nada mais é do que o ego transcendental do homem. É, como diz Jung em seus trabalhos sobre os conteúdos desconhecidos da nossa mente, uma viagem pelo inconsciente coletivo da humanidade em busca de uma integração com sua origem luminosa. Porque toda a estrutura do sistema cabalístico tem como finalidade última e precípua a defesa de uma ideia que tem sido proposta explicitamente por outros sistemas de pensamento místico, pelas mais variadas religiões e até por pensadores racionalistas e modernos ensaístas: a de que tudo, no universo, tem como base um fenômeno luminoso, sendo ele oriundo de uma Divindade, de uma fonte de energia desconhecida ou, até mesmo, de um corpo celeste como o Sol, como pensavam os praticantes das religiões solares da Antiguidade.

A novidade do *Zohar*, como já enfatizamos, é sua compatibilidade entre as visões místicas dos sábios da Antiguidade e as modernas descobertas da física quântica, juntamente às especulações de pensadores e ensaístas modernos, como: Teilhard de Chardin, Carl Gustav Jung, Stephen Hawking, Fritjof Capra, Deepak Chopra e outros, cujos trabalhos têm procurado encontrar o elo perdido entre o homem e sua origem cósmica.

Destarte, em nossas especulações, julgamos também encontrar muitos paralelos com estruturas de pensamento mais recentemente desenvolvidas, como a Gestalt terapia e as técnicas da chamada Programação Neurolinguística. Esses paralelos serão expostos neste trabalho e estão sujeitos ao crivo crítico dos leitores, tanto quanto todas as demais especulações que já foram feitas e publicadas sobre o assunto.

Este trabalho foi desenvolvido especificamente para maçons, porque entendemos que a prática da Maçonaria tem uma inspiração muito forte na doutrina cabalística. Por isso é que chamamos a Maçonaria de Cabala do Ocidente, pois nela encontraremos o essencial dessa tradição, associada a outras doutrinas espiritualistas, como a gnose, o hermetismo, o espiritismo e conceitos desenvolvidos pelos filósofos neoplatônicos. Mas todos os leitores com interesse no moderno espiritualismo, que tem ganhado tantos adeptos atualmente, graças principalmente às descobertas da ciência atômica, poderão encontrar nele uma leitura agradável e um cabedal de informações para reforçar sua esperança de que, num futuro próximo, ciência, filosofia e espiritualidade andem juntas pelo mesmo caminho. Essa esperança, que já foi manifestada pela senhora MacGregor Mathers, na *Introdução à Kabbalah Revelada*, de Knorr von Rosenroth, há mais de cem anos, infelizmente até hoje não se concretizou. Isso em virtude da lógica positivista que ainda hoje, malgrado todas as provas que a física quântica nos tem oferecido, da existência de uma realidade que está além do que nossos sentidos podem detectar, domina o pensamento científico. Mas essa esperança ainda nos anima e foi o que nos encaminhou na confecção deste trabalho.

A versão do *Zohar* que utilizamos neste estudo é a oitava edição do livro compilado pelo rabino Ariel Benson (1880-1932), publicado pela editora Polar em 2018. Não contém os textos completos do livro, apenas passagens selecionadas. Embora tivéssemos tido acesso a edições completas dessa obra, inclusive uma edição em hebraico a nós presenteada pelo rabino Gabriel Grinberg, da sinagoga de Mogi das Cruzes, preferimos o trabalho do rabino Ariel pelo fato de ele servir melhor aos nossos propósitos, que é o de traçar os paralelos referidos.

Entendemos que esse paralelo existe, principalmente, no fato de que essas disciplinas apresentam um objetivo comum: proporcionar aos seus estudiosos uma filosofia de vida capaz de integrar todas as visões de uma sociedade sadia, com condições de oferecer aos seus membros uma escolha isenta de sectarismos e ideologias que separam os seres humanos mais do que os une para um propósito final, que é a construção do grande edifício cósmico projetado pelo seu Grande Arquiteto.

É sobretudo com essa intenção que entregamos aos leitores este nosso ensaio.

Capítulo 1

NÓS VIEMOS DE UMA ESTRELA

Stephen Hawking nos mostra, em seu extraordinário livro *O Universo numa Casca de Noz*, que cada pessoa tem seu tempo pessoal, embora um relógio marque o mesmo tempo para todos. Assim, se passássemos a vida dentro de um trem em movimento, envelheceríamos menos do que as pessoas que estivessem fora dele nos observando. Essa constatação já havia sido feita por Einstein quando deduziu sua famosa Teoria da Relatividade.

Então, a questão está no movimento. A estática envelhece, a dinâmica retarda o envelhecimento. Mas na vida esse princípio acaba sendo paradoxal. Parece que quanto mais rápido andamos, mais depressa o tempo passa. Na ociosidade, ele flui mais devagar. Uma pessoa com mil lugares para ir e outras tantas coisas para fazer tem a impressão de que o dia dela tem apenas a metade das horas que teria para um indivíduo que ficasse na cama o dia inteiro.

O certo, porém, é que o tempo flui mais devagar para os corpos em movimento. É o que Hawking nos diz com o paradoxo dos gêmeos. Se um indivíduo que tem um irmão gêmeo for colocado numa espaçonave que viaje pelo universo numa velocidade próxima à da luz, ele envelhecerá menos que seu gêmeo que ficou na Terra. No filme de Steven Spielberg, *Contatos Imediatos do Terceiro Grau*, esse paradoxo foi mostrado de uma forma impressionante: seres humanos que haviam sido abduzidos há várias décadas por ETS voltavam à Terra com a mesma idade física com que foram capturados.

Hawking nos mostra também o quanto o universo pode ser estranho e maravilhoso. E o quanto podemos nos enganar em consequência da relatividade que nele existe. É que a Teoria da Relatividade não somente gera implicações na conformação do universo físico, mas também levanta questões filosóficas e morais. A implicação moral é a de que não existe nada absolutamente fixo no universo, porque tudo nele é relativo. Nesse sentido, desaparece a noção de bem e mal, de exato e falso, de fora e dentro e outras formulações dialéticas que colocamos na composição da nossa visão da verdade. Disso resulta que as bases sobre as quais nossos valores são fundados podem ser tão movediças quanto as areias do deserto. Com isso, toda filosofia acaba sendo aquilo que os gregos sempre diziam que era: a procura por uma verdade que nunca será encontrada se colocada em um ponto fixo.

Outro paradoxo: este universo que parece não ter limites, um dia, já foi tão pequeno quanto uma noz. Isso ocorreu há cerca de 15 bilhões de anos. Mas tudo que já existiu nele, tudo que hoje existe e existirá no futuro, já estava presente naquele momento em que ele não era maior do que um ovo de passarinho. Isso traz outros questionamentos: se o universo teve um começo, isso implica que um dia ele terá um fim? O começo do universo foi o começo de tudo ou apenas o início do tempo? Se foi Deus quem fez tudo isso, o que Ele fazia antes de criar o universo? Deus já existia antes de criar o universo? Se Ele existia, ou existe independentemente do universo, Ele não pode ter criado outros universos além deste (antes, durante ou depois deste)?

No tempo de vida do universo, o surgimento de uma estrela é como a explosão de fogos de artifício. Brilha por instantes e depois ela se apaga. Pode-se pensar no espaço cósmico como se nele existisse um eterno *réveillon*. Tempos que se iniciam, tempos que se acabam. As estrelas nascem e morrem. Quando são muito grandes e morrem, elas se tornam buracos negros. Buracos negros são regiões dentro do espaço-tempo onde a gravidade é tão forte que nem a luz consegue escapar delas. E a gravidade dentro dos buracos é tão forte que chupa tudo que é matéria à volta dele, inclusive o próprio tempo.

Será que também não somos como estrelas? Nascemos, brilhamos por um determinado tempo e depois apagamos? As estrelas morrem quando o combustível do seu núcleo se esgota. Nós também. É como se tivéssemos combustível para brilhar por certo período e cobrir determinado espaço. E será que alguns de nós, em razão da sua grandeza pessoal, quando morre também não se torna um "buraco negro"? Não se diz que certos mortos vivem sempre nos influenciando? Heróis, arquétipos, deuses, entidades ou mitos, que mesmo mortos para nosso tempo ainda continuam nos influenciando, como estrelas mortas, mas cujo brilho ainda afeta nossos olhos? Os espíritas não acreditam que os mortos podem influenciar a vida dos vivos?

Há quem diga que as teorias científicas a respeito do nascimento e do desenvolvimento do universo são heréticas; que elas contradizem e destroem as verdades da religião, que tornam o homem ateu. Essa não me parece ser uma ideia digna de ser levada em conta. Quem assim pensa só consegue ver o universo a partir do próprio umbigo. É, na verdade, um tremendo egoísta que só consegue enxergar as coisas a partir da sua própria perspectiva. Para um sujeito com esse tipo de crença, é natural que não acredite na relatividade, porque acreditar nela implicaria ter de reconhecer que a sua verdade não é a única possível em um plano espacial que admite uma multiplicidade de imagens alternativas e possíveis. E todas concomitantemente verdadeiras. Essa é a posição do religioso dogmático e impassível a tudo que não esteja de acordo com os livros da sua religião. Uma posição estática, incompatível com um universo em eterno movimento.

Por outro lado, também não há nada de errado com a religião. Nossos livros sagrados não estão errados e as visões que serviram de base para as verdades religiosas não são meras alucinações sofridas por indivíduos em estados alterados de consciência, como parecem acreditar os racionalistas empedernidos.

Quem sabe a ciência e a religião não estejam dizendo a mesma coisa, mas apenas usando linguagens diferentes? Será que os livros sagrados, ao falarem de anjos, demônios, milagres, não estão falando de energias e leis que regem e produzem os acontecimentos universais? E se Fótons, Táquions, Férmions, Bósons, P-Branas, Hádrions, Léptons, Quarks, Elétrons, etc. (nomes que os cientistas dão às forças e aos componentes que formam a matéria universal) fossem chamados de Querubins, Elohins, Ofanins, Serafins, Malaquins, Aralins, Chasmalins, etc., como faz a Cabala com as entidades que os mestres dessa doutrina acreditam serem os responsáveis pela construção do universo físico, que diferença faria? Mudariam de identidade? Se os anjos fossem energias em movimento, eles deixariam de ser só por causa do nome que nós lhe damos?

Aliás, que diferença há entre uma visão que vê o universo saindo de dentro de um átomo carregado de energia, e outra que vê o mundo como luz saindo das trevas? Dessa forma, para quem se coloca em posição de acompanhar a relatividade do universo, ler a Bíblia, as escrituras sagradas dos hindus ou outro livro sagrado qualquer que se aventure a criar uma cosmogonia é um exercício semelhante ao de ler Stephen Hawking ou outro autor do gênero que consiga falar de um assunto tão complexo numa linguagem acessível a um leigo.

Dessa forma, consegue-se perceber que as visões da religião e as pressuposições da moderna ciência física e astrológica podem, muito bem, se encaixar umas nas outras.

Nesse sentido, nós também somos estrelas, e um passeio por dentro de nós mesmos acaba se tornando uma viagem fantástica por um universo não menos maravilhoso. Se quisermos ver em tudo isso a mão de Deus, basta olhar de um certo ângulo. Deus está dentro dele e fora dele. Até onde podemos vê-lo, são os olhos da ciência e da razão que falam. Depois, quando nossos olhos o perdem de vista, só poderemos segui-lo com a visão do espírito. Para além de tudo isso é que começa a verdadeira fé.

Fazendo a Escolha

A energia que está na origem e na sustentação das nossas vidas precisa de dois polos para se manifestar e garantir nossa existência. São esses polos que conduzem e geram a atração que nos mantém vinculados a pessoas e bens materiais. Elas determinam o grau de apego, de vinculação e sensibilidade que sentimos em relação ao objeto relacionado. A força atrativa desses polos nos dá a medida do amor e da simpatia, ou do ódio e da antipatia que sentimos pelas pessoas, e do desejo de posse pelas coisas que nosso Ego nos sugere como fontes de prazer.

Já percebemos que a experiência de uma relação muito intensa e duradoura de uma pessoa com outra gera uma corrente energética que leva muito tempo para se dissipar. É fácil constatar isso dentro de uma família quando um filho, que vive há muito tempo longe dos pais, sente bem menos a morte deles do que aquele que viveu próximo aos genitores a vida toda.

É a mesma coisa com bens materiais. Quem convive com a abastança a vida inteira sente mais a perda dela do que quem nunca a teve, ou então aqueles que conviveram com ela durante pouco tempo e não tiveram oportunidade de viver uma relação muito intensa com o prazer que esse bem proporciona.

Nosso sistema neurológico é alimentado por essa energia polar. E sua força está na intensidade da relação entre os polos dela. Na Cabala filosófica, ela é referida como Desejo de Receber e Desejo de Compartilhar. Isso significa que recebemos energia da pessoa com quem nos relacionamos (e quanto mais próxima e sensível é a relação, mais intensa é a corrente energética); e também dos bens materiais que desejamos (pois todas as coisas que têm massa e forma são resultado de energia condensada). E quanto maior é o desejo por esses bens, maior é a intensidade da corrente que nos liga a eles.

Isso explica por que várias pessoas não conseguem resistir a perdas muito sensíveis. Indivíduos que viveram a maior parte da vida ligados a outra pessoa, como é o caso de casais que convivem durante muito tempo, é um claro exemplo disso. Quando um dos indivíduos morre, logo o outro vai atrás. É que a energia gerada durante a relação é tão intensa que o organismo que a hospeda não consegue sobreviver na ausência do outro polo. E como a idade e as próprias circunstâncias da vida geralmente não concorrem para que a pessoa capture outro polo capaz de sustentar sua existência, então sua neurologia renuncia a ela. Assim, o indivíduo definha até morrer.

Isso acontece também com pessoas cuja corrente energética é sustentada pela sua relação com bens materiais, carreira profissional, sucesso, etc. A perda do polo que sustenta a energia dessa relação, às vezes, as instiga a procurá-lo no uso das drogas, do álcool, no sexo, em comportamentos aberrantes que lhes trazem mais dor do que prazer, porque tais prazeres não constituem verdadeiros polos de equilíbrio energético, mas modalidades de escape. E, um dia, a ausência de um verdadeiro polo para sustentar a corrente vital pode levá-las a acabar com a própria vida.

A doutrina cabalista ensina que a vida é consequência do Desejo de Receber a Energia do Criador. Ela é o polo positivo da corrente energética que dá sustentação à existência da realidade cósmica. A vida hospeda esse Desejo e, por consequência, também precisa de outro polo para se manifestar. Essa é a razão da necessidade neurológica que todos temos de nos relacionar com outras pessoas e com bens corpóreos ou incorpóreos. Por isso, é tão pertinente a intuição do filósofo Jean-Paul Sartre ao dizer que nós somos produtos de relações e de relações entre relações.

A Cabala nos diz: nós somos hospedeiros da Energia que vem do Criador. O que fazemos com ela é que determina o rumo das nossas vidas e do legado que deixaremos ao cosmo. Isso quer dizer: nossa vida pode ser Energia desperdiçada ou Energia transformada em boas obras. Tudo é uma questão de escolha e nós temos o livre-arbítrio para fazê-la.

Capítulo 2

A ESTRELA FLAMÍGERA

Faça-se a Luz

Todas as tradições religiosas sustentam que o mundo físico foi criado a partir do momento em que a luz apareceu no mundo. É o que a Bíblia diz quando descreve o fenômeno da Criação. "E disse Deus: Haja luz; e houve luz. Deus viu que a Luz era boa e separou entre a luz e a escuridão".[1]

A moderna ciência não nega que a luz seja a responsável pelo aparecimento da realidade ativa no universo, o que nos permite dizer que tudo que nele existe refere-se a condensações de energia luminosa, irradiada de um ponto único e refletida em infinitas e multifacetadas formas, mas todas ligadas ao princípio básico e fundamental que as formata e justifica. "*Se removermos a luz do universo, retiraremos concomitantemente a gravidade; e então tudo que nele existe desabará; o mais leve sobre o mais pesado, o menor sobre o maior, o mais fluido sobre o mais denso, e tudo voltará ao ponto inicial"*, disse o físico Werner Heisenberg, ao comentar as descobertas de Einstein.[2]

Portanto, **Energia é a matéria-prima do universo e a luz é o seu veículo**. Tudo que nele existe tem na Energia seu componente primacial. Tanto a tradição religiosa quanto a moderna

1. Gênesis, 1:3-4.
2. Citado por Louis Pawels e Jacques Bergier (1966).

ciência o confirmam. Por seu turno, a grande tradição da Cabala, essa antiga e arrebatadora sabedoria que os mestres de Israel nos legaram, ensina que três são os fatores que estão na origem da Criação: a luz, o som e a forma.

A luz é o fator que Deus tira das trevas; o som é a potência contida no Seu Nome Inefável, a Palavra Sagrada que é a fonte da qual emana a Energia; e a forma está na geometria, fator que provê imagem e identidade a tudo que no mundo real é manifestado pela Potência Divina. Ou seja: a luz é o veículo dos atributos divinos que se espalham pelo nada cósmico, formatando todas as coisas e dando-lhes existência real; o som do Nome Sagrado, expresso no Verbo Criador (Eu Sou) como geratriz de todos os predicados universais, é a fonte de onde vem essa Energia; e a Geometria é o Pensamento Divino expresso em formas, dando à massa física do universo identidade e qualidade.

Na Maçonaria, esse tema é tratado na chamada Lenda de Enoque, cujo conteúdo se assenta na procura da Palavra Perdida, que consiste em descobrir a verdadeira pronúncia do Nome Inefável, ou seja, o Verdadeiro Nome de Deus. Segundo essa lenda, o conhecimento desse Nome e da sua verdadeira pronúncia confere ao seu conhecedor um poder ilimitado, que na doutrina cabalista equivale à plenitude da iluminação. Por isso, no Rito Escocês, todo o ensinamento dos graus 13 e 14 se refere ao poder contido no Tetragrama IHVH (Javé ou Jeová), nome que simboliza a presença luminosa da divindade no universo, a qual teria se manifestado a Moisés, no Monte Horebe, na forma de uma sarça ardente.[3]

"Ovo Cósmico" ou Átomo Primordial

Segundo cálculos feitos pelos astrônomos, no estágio atual da existência do cosmo, a Energia que o formata já teria viajado 46 bilhões de anos-luz desde que saiu da grande explosão do Big Bang. Esse seria o tamanho atual do universo e ele ainda está em

3. A Luz, o Som e a Geometria são três símbolos cultivados pela tradição maçônica. Esse é um vínculo bem visível entre a Cabala e a chamada Arte Real. Sobre esse assunto, ver nossa obra *A Maçonaria e a Cabala*, publicada pela Madras Editora em 2019.

franca expansão. Essa medida corresponde a aproximadamente 15 bilhões de anos terrestres, que é sua idade provável.[4]

Se pensarmos bem, não há incompatibilidade entre a visão bíblica da criação do mundo e o moderno pensamento científico, que sustenta que nosso universo foi criado pela explosão de um átomo primordial, ocorrida há cerca de 15 bilhões de anos. Ambos descrevem a mesma visão, apenas com linguagem diferente.

Partindo desse princípio, podemos dizer que a teoria do Big Bang não é informação nova nem foi uma descoberta feita pela moderna ciência astrofísica. Esse átomo primordial, de onde os cientistas dizem que o universo saiu, já era conhecido nas práticas místicas das antigas civilizações de Egito, Grécia, Índia, Mesopotâmia e China. Ele era chamado de "ovo cósmico", o que mostra que esses antigos povos já tinham intuições extremamente aproximadas aos conhecimentos dos modernos cientistas que investigam a origem do universo. No Egito, onde esse mito era uma crença firmemente estabelecida, acreditava-se que oito deuses haviam se unido para formar esse "ovo", o qual teria sido fertilizado pelo deus Amon. Dessa fertilização teria saído o Sol, que os egípcios adoravam com o nome de Amon-Rá. O Sol, na tradição religiosa egípcia, era a divindade responsável pelo surgimento e pela manutenção da vida na Terra. Também foi no Egito que uma religião monoteísta apareceu pela primeira vez, na famosa experiência do faraó Akhenaton, que alguns autores, inclusive o doutor Sigmund Freud, acreditam ser o Moisés histórico.[5]

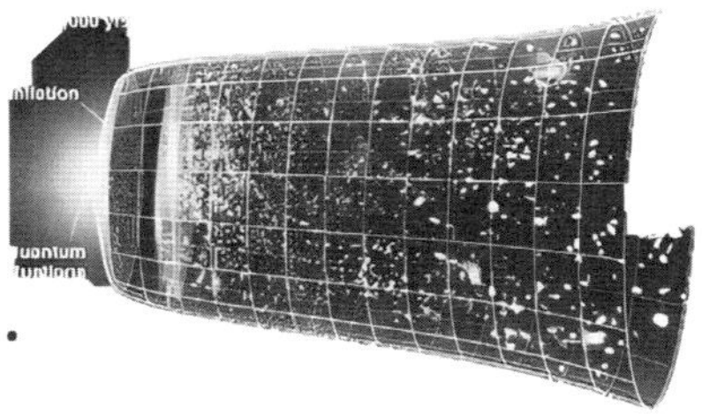

4. Ver Chopra e Kafatos (2017).

5. Ver Edward Wallis Budge (1956). O faraó Akhenaton (século XIV a.C.) tentou implantar no Egito uma religião monoteísta baseada no culto ao Deus Aton, repre-

Por sua vez, os cabalistas, muito antes de Galileu e de outros astrônomos fazerem suas descobertas, já diziam que a Terra era redonda e girava em volta do Sol, ao contrário do que afirmava a teoria de Ptolomeu, que a Igreja adotava como correta até então. A própria palavra *Zohar*, que significa "esplendor", "luz intensa", era, segundo esses estudiosos, uma confirmação dessa ideia, pois, segundo se dizia, luz era a forma que o Pensamento de Deus assumira para fazer circular a Energia que iria construir o universo físico.

Mais próximo de nós, o físico inglês Stephen Hawking (2002) diz que a esfera foi a forma geométrica que o universo tomou a partir da explosão do Big Bang. Ele assumiu uma forma de pera a partir da sua expulsão de dentro desse átomo. Nessa conformação, podemos imaginar o universo como uma imensa bolha que vai sendo preenchida eternamente pelo Sopro Divino. Daí a intuição do "ovo cósmico", que surgiu na imaginação desses antigos sábios, o qual nos parece uma visão bastante aproximada das concepções da ciência moderna.

Essa visão, que a ciência começa a confirmar milhares de anos depois, confirma também a crença de vários estudiosos, como Teilhard de Chardin, Carl Gustav Jung, Platão, Aristóteles e os pensadores da chamada escola gnóstica, que acreditavam que as intuições humanas tinham origem em uma fonte única, chamada por estes últimos de Pleroma, e pelos primeiros de Inconsciente Coletivo, Mundo dos Arquétipos, Noosfera, etc., conceitos que, na verdade, como diz a Cabala, nada mais são do que formas de energia, cuja essência hospeda todas as realidades passadas, presentes e futuras que estão na conformação do universo.

Como dizem Pawels e Bergier (1966) em sua hirsuta obra de introdução ao realismo fantástico, há sempre um tempo para

sentado pelo disco solar. Pelas características desse culto, semelhantes ao que foi desenvolvido pelos hebreus sob o comando de Moisés, já se aventou a hipótese de Moisés e Akhenaton serem a mesma pessoa. Ver, nesse sentido, Ahmed Osman (2007).

que os tempos se reencontrem. Talvez esse tempo, em que a ciência e a metafisica possam, finalmente, encontrar seu ponto de encontro, tenha chegado. E sua interseção esteja exatamente nas intuições cabalistas e na prática da Maçonaria.[6]

A Estrela Flamígera

Destarte, não há mal nenhum em juntar as especulações dos místicos de ontem com o que pensam os cientistas de hoje, e aceitar plenamente a ideia de que o universo nasceu da explosão de uma estrela e essa explosão liberou a energia que estava presa dentro dela. Não seria nenhum disparate dizer que o universo é feito de energia convertida em massa, e que dentro de nós, irradiando a energia que nos dá a vida, também brilha uma centelha dessa fonte primeira que deu origem a tudo que existe: essa centelha é nossa alma.

É nesse sentido que podemos também dizer que a estrela que orna o céu maçônico (simbolizado pela letra G) – a Estrela Flamejante – é um símbolo que condensa todas as teorias acerca do surgimento do universo, tanto em suas manifestações materiais quanto espirituais. Ela simboliza não apenas o nascimento do cosmo enquanto realidade física, mas também o surgimento da vida dentro dele, e mais além, a manifestação do espírito, inserto no fenômeno da vida, se o considerarmos como a projeção da nossa consciência que sobrevive como energia que acrescentamos ao cosmo, como intui o filósofo Teilhard de Chardin.[7]

Esse é o motivo de a Maçonaria ter concentrado nessa estrela o símbolo mais significativo dos seus mistérios. Representada pela letra G, ela está no centro da existência de todas as realidades universais, pois, como bem sustentava Pitágoras, o universo só pode ser compreendido a partir dos princípios dessa ciência das formas que é a Geometria, e da luz que dela emana.

6. Ver Pawels e Bergier (1966).
7. Ver Chardin (1968).

Por isso é que, desde os dias mais remotos da humanidade, a inteligência recém-despertada do homem intuiu a existência de uma energia desconhecida presente na luz. Os cultos solares são uma consequência desse fato e a virtude contida no nume tornou-se o principal objetivo de toda aventura do espírito.

Daí também surgiu a intuição de que somente na presença da luz era possível a existência da vida humana e o progresso da sua sabedoria. Por isso, cada descoberta, cada avanço intelectual e conquista realizada pelo homem era titulada como resultado de uma luz que se acende em sua mente. Era a iluminação para o iniciado, o *insight* para o cientista e o filósofo, a revelação para o profeta, uma inspiração para o artista. E assim, para todo êxtase espiritual, tratava-se de "receber a luz".

Nasceram também dessa intuição o amor pela luz, como símbolo da verdade, e o temor da escuridão como sinônimo de ignorância, atraso, erro. E a doutrina que vincula o bem à presença de luz e o mal à sua ausência instala-se no espírito do homem como justificativa para seu comportamento ético e moral. De uma forma geral, essa doutrina está no cerne de todas as concepções ontológicas urdidas pelo pensamento humano para explicar a realidade em que vive e sua própria existência dentro dela. Como diz o apóstolo João ao dar testemunho da sua crença em Jesus: "Que a luz veio ao mundo, e os homens amaram mais as trevas do que a luz, porque suas obras eram más. Porque todo aquele que faz o mal odeia a luz, e não vem para a luz, para que suas obras não sejam reprovadas. [8]

8. João 3:19,20.

O Pentagrama de Pitágoras

Como consequência dessa intuição, surgiram igualmente as religiões solares, que têm na luz do Sol o princípio ativo da vida e o culto às estrelas, de onde nos vem a ciência da astronomia. No antigo Egito, essa Luz era cultuada nos ritos e nas práticas sagradas daquele povo na forma de um astro filosófico que possuía uma dupla face, representativa da materialidade e da imaterialidade da divindade e sua consequente projeção no espírito humano.

Os hierofantes egípcios simbolizam-na em uma estrela chamada "Shá", que significava, ao mesmo tempo, uma porta de entrada e um ensinamento que correspondiam, para todo aquele que se iniciava naqueles Sublimes Mistérios, a uma decisão (penetrar em outra realidade, que era o mundo espiritual) e uma aquisição, que era a sabedoria iniciática – correspondente maçônico do simbolismo da iniciação.

Já os seguidores da filosofia de Pitágoras representavam essa estrela por meio de um pentagrama áureo em cujo centro se inscrevia a legra G, designativa de Geometria. Esse é o símbolo encontrado em todos os templos maçônicos. Essa estrela indica uma relação fundamental existente entre o número e a forma, relação essa que dá origem a todo real existente, como intuía a visão dos pitagóricos. Matematicamente, esse pentagrama era definido por uma equação que correspondia à área de um retângulo, o qual era expresso pela fórmula: $a + b = a = \sqrt{5}$. Na opinião de alguns autores, essa seria a fórmula segundo a qual, espiritualmente, os maçons teriam estabelecido a planta do seu templo, que na sua estrutura física busca imitar o Templo de Salomão e, no seu simbolismo, a Árvore da Vida cabalística.[9]

Todas essas alegorias são de conhecimento dos Irmãos da Arte Real. Elas são obrigatoriamente representadas em todos os

9. Ver Rogers (1994). Sobre a correspondência entre o templo maçônico e a Árvore da Vida, ver Rodrigues (2019).

seus templos, simbolizando conhecimentos e inspirações que falam alto aos espíritos dos maçons. A conexão com a origem luminosa do universo está representada por esses símbolos para que o iniciado nunca se esqueça de que sua presença no templo só tem um único e singelo objetivo: capturar a Luz Infinita do Criador que se expressa na Estrela Flamejante e, com ela, desenvolver a sabedoria necessária para se tornar um "pedreiro" da Obra que o Grande Arquiteto do Universo se propôs a construir e delegou aos homens a sua execução.

Toda a obra maçônica se revela nesse objetivo e nele se completa. Se Deus pensa o universo, a forma que a ele é dada é a consciência humana que a provê. É nesse sentido que nós somos os seus "pedreiros". É nessa alegoria que se desvela o mistério maçônico.

A Letra G

Diziam os discípulos de Pitágoras que o retângulo áureo tinha como principal propriedade o poder de se decompor infinitamente em uma sucessão de quadrados e retângulos consecutivos, todos apresentando características singulares de individualidade e, ao mesmo tempo, conservando as propriedades do todo em que foram recortados. Ou seja: representaria um diagrama do universo e do homem, concomitantemente, que contém, em si mesmo, o todo e suas partes, o indivíduo e a totalidade, o plural e o singular. Na visão cabalista, seria a representação pictórica do Macroprosopo e do Microprosopo, as duas relações simbólicas nas quais a corrente energética que dá sustentação ao universo se ampara.

Daí por que nele se inscrevia a letra G, que lembra uma espiral e corresponde à inicial da letra Gamos, que em grego significa casamento e numericamente é interpretada como sendo o número 5, representando as cinco pontas da estrela. Nesse simbolismo, evocam-se as propriedades da Energia dos Princípios, que na sua característica de expansibilidade povoa o universo de formas e, na sua centralidade, vai gerando a chamada "qualia", que são as qualidades com as quais os objetos físicos são identificados em nossa consciência.[10]

Por isso, diz-se que, no templo maçônico, enquanto se constrói o universo físico por meio das obras que o maçom realiza, ele também aprimora o universo da sua espiritualidade mediante o conhecimento iniciático. Na nossa opinião, foi exatamente por esse motivo que os Irmãos da Arte Real, para a base da sua teosofia, elegeram a Cabala como inspiração central da sua prática.

Simbolicamente, a forma geométrica da Estrela Flamejante é, nada mais, nada menos, a representação do universo, no sentido de que ele, sendo o próprio corpo material do Criador, contém em si todos os seus atributos. Esses atributos se dividem pela singularidade das coisas do universo, mas conservam a propriedade do todo, pois Ele, em si mesmo, é o Todo existente. Esse simbolismo é encontrado no teto dos templos maçônicos, e o que ali se vê é uma clara alegoria dessa visão, que é gnóstica no seu conteúdo e francamente zoharística no seu propósito. Por essa razão, diz-se que o teto do céu maçônico representa o universo composto pelos sete céus da tradição cabalística, conhecidos como Ilon (וילון), Raki'a (רקיע), Shehaqim (שחקים), Zebul (זבול), Ma'on (מעון), Machon (מכון), Araboth (ערבות). Esses nomes, que também são referidos na filosofia gnóstica, são os chamados sete céus descritos no Livro de Enoque. Na Maçonaria, esse tema é desenvolvido nos graus 13 e 14 do Rito Escocês, que se referem à Procura da Palavra Perdida.[11]

No antigo Egito, essa estrela era representada por um hieróglifo de cinco pontas, cujo nome em grego se grafava Sótis e, na escrita egípcia, SPDT. O significado desse hieróglifo está conectado com a ideia de sabedoria, conhecimento, iluminação. Era

10. Qualia é um termo latino usado em filosofia para definir as qualidades subjetivas que nossa mente atribui aos objetos. Algo como cores, medidas, peso e, também, a intensidade dos sentimentos físicos, como dor e prazer, e os imateriais, como amor, piedade, coragem, bondade, assim como seus antônimos, ódio, crueldade, medo, etc.
11. Ver Rodrigues (2007).

conhecido como sendo a estrela de Thoth, Hermes, em grego, o deus que legou aos homens a sabedoria e os conhecimentos com quais eles construíram a civilização.[12]

Por isso, essa estrela é um símbolo tão importante na liturgia maçônica. Ela representa não só o momento da iluminação que se apresenta ao neófito quando ele é iniciado, como também a própria luz que dá início à sua nova vida. Daí o fato de ela ser um símbolo obrigatório em todos os templos maçônicos, e para todo maçom, a contemplação da Estrela Flamejante representa o ápice da sua elevação, do mundo profano para o mundo sutil da espiritualidade.

Mas esse símbolo não tem apenas conotações esotéricas e espirituais. A luz que a Estrela Flamejante irradia também inspira sentimentos emuladores na área da política e da sociologia, como os que são expressos na simbologia do Paladium.

O Paladium

O Paladium é a chama que simboliza o poder da civilização e da cultura humana. É, claramente, um símbolo inspirado na tradição do culto à luz como representação da inteligência que constrói impérios e justifica a hegemonia que um povo exerce sobre os demais, em determinado período da história das civilizações.

No Egito dos faraós, como vimos, o Paladium era simbolizado pela Estrela chamada Shá, que significava conhecimento. Levado para Roma, ele se transformou no símbolo do poder e do conhecimento, que equivale à conquista da civilização e da hegemonia como potência mundial. Na cidade dos Césares, essa estrela era representada pela tocha sagrada que, segundo os romanos, passava de uma civilização para outra, como símbolo da transmissão da continuidade do conhecimento entre os povos.

---

12. Ver Rogers (1994).

Antigas lendas diziam que os egípcios receberam dos atlantes esse símbolo, com isso querendo dizer que a sociedade egípcia era uma continuação daquela lendária civilização. Essa tocha teria sido transferida para Troia em algum momento depois das guerras travadas entre egípcios e hititas, justificando a grandeza que a civilização troiana ostentou algum tempo antes da sua destruição. Mais tarde, o igualmente lendário Ulisses teria levado esse símbolo para a Grécia, transferindo para os helenos a glória da raça humana. Na continuidade dessa epopeia, Roma e depois Bizâncio (Constantinopla, hoje Istambul) teriam herdado esse símbolo e com ele representaram, em suas respectivas épocas, a superioridade da sua civilização sobre as demais.

No Templo de Minerva em Roma, o Paladium era a chama que devia ser alimentada diuturnamente pelas sacerdotisas vestais. Dizia-se que, no dia em que essa chama se apagasse, o poder de Roma deixaria de existir. Não por coincidência, a destruição do Templo de Minerva e a extinção dessa tocha foram as primeiras providências tomadas por Odoacro, o rei visigodo, em 476, quando comandou a invasão e o saque de Roma, destronando seu último imperador, Rômulo Augusto, decretando o fim do Império Romano do Ocidente.[13]

Após a queda do Império Bizantino, com a conquista de Constantinopla pelos turcos em 1453, esse símbolo desapareceu da Europa. Só reapareceria cerca de 300 anos depois em Washington, DC, a cidade que simboliza a civilização do novo mundo, os Estados Unidos da América. Ela está hoje representada na figura da Deusa Minerva, estátua que orna o portão da Biblioteca do

13. Ver Gibbon (1989).

Congresso. Essa ideia conecta-se também com a Estátua da Liberdade, cuja representação, com a tocha nas mãos, na entrada do porto de Nova Iorque, simboliza o poder da própria pátria americana.[14]

Além disso, a estrela de cinco pontas foi adotada na bandeira dos Estados Unidos como símbolo representativo dos estados que formam a Federação americana. Em praticamente todos os pavilhões nacionais, onde o Sol e estrelas surgem como símbolos nacionais, é a mesma ideia a animar esta representação: trata-se de cultuar a luz que está no princípio de toda manifestação de vida, inteligência e poder.

No Brasil, esse símbolo também foi recepcionado no pavilhão nacional, o que nos leva a crer que a inspiração pode ter sido oriunda da mesma fonte. Afinal, em ambos os casos, existem maçons por trás dessas criações.

O Mistério Maçônico

Essa é a origem da tradição consagrada na Maçonaria espiritualista e preservada na alegoria fundamental da Estrela Flamejante, ou Flamígera, que é, ao mesmo tempo, vara de condão e cetro real, com o qual se consagram todos os fundamentos, privilégios, concessões e aquisições feitas em Loja – as realidades universais –, as quais são criadas nesse simulacro do universo que é o Templo maçônico.

Convém lembrar que os templos egípcios eram orientados em direção à estrela Spica, (Sirius), a estrela mais brilhante do nosso céu. Trata-se de mais uma referência à ideia de que todas as manifestações, no universo, estão ligadas a um fenômeno luminoso. Por esse motivo, essa referência simbólica foi adotada pela Maçonaria e transparece nos tetos dos Templos maçônicos. Para os maçons, como para os iniciados nos Mistérios Egípcios, a contemplação da Estrela Flamejante também representa a porta de ingresso nos mistérios mais

---

14. Na imagem, a Estátua da Liberdade. Fonte: foto do autor.

sublimes da Ordem e, simultaneamente, seu contato com a luz da sabedoria.

Na espiritualidade da prática maçônica, a união perfeita entre os membros de uma Loja tem exatamente esta finalidade: gerar uma egrégora capaz de captar energia suficiente para fazer surgir essa luz "que representa o sopro divino, fogo central e universal, que dá vida a tudo que existe", como ensina a grande tradição da Cabala e o inspirado dizer do Barão Tschudi.[15]

Na Maçonaria, essa alegoria é apresentada como o mistério fundamental a ser adquirido pelo iniciado maçom. Com efeito, sendo o conhecimento das propriedades da Estrela Flamejante o corolário do ensinamento maçônico, o ápice filosófico da Escada de Jacó, espera-se que no momento em que essa informação é transmitida ao iniciado, ele esteja pronto para receber essa chama final que justifica todo o seu aprendizado.

Toda essa simbologia quer dizer apenas uma realidade: o verdadeiro espírito nasce quando o homem recebe a iluminação; quando ele se conecta a essa Luz Infinita que faz dele um verdadeiro ser humano em todos os sentidos. É nesse momento que ele sente, de fato, possuir uma alma imortal e que ela é uma centelha de luz oriunda do próprio princípio luminoso que deu origem ao universo.

"Eu sou a luz do mundo; quem me segue não anda nas trevas, mas terá a luz da vida." "Ninguém acende uma candeia e a coloca em lugar onde fique escondida, nem debaixo de uma vasilha. Ao contrário, coloca-a num local apropriado, para que os que entram na casa possam ver seu luminar." Esses dois ensinamentos colocados por Jesus querem dizer exatamente isto: iluminem suas mentes com a verdade. Busquem a Luz que emana do grande G inscrito no pentagrama áureo, princípio único e primeiro que admite a diversidade na unidade, para lembrar a todos os Irmãos que a Luz da Sabedoria é a principal virtude adquirida no magistério maçônico.

---

15. *Cathèchisme ou Instruction pour le Grade d'Adepte ou Apprenti Philosophe Sublime et Inconnu*, obra publicada na França em 1770, citada por Jean Palou (1964).

E não existe maior realidade do que saber que a verdade não tem identidade nem forma, nem constitui propriedade de ninguém. A variedade das doutrinas apresentadas pelo catecismo maçônico significa exatamente isto: todas as doutrinas, quando praticadas com o propósito de conectar-se a essa Luz, são divinas e devem ser respeitadas como verdades universais; porém, nenhuma deve ser sobreposta às demais.

A verdade única, perene e imutável é a Luz que emana do Grande Arquiteto do Universo e a cada um atinge com características de individualidade e requisitos de universalidade, porque ela, ao mesmo tempo que corresponde às esperanças pessoais de cada pessoa, também atende à necessidade do universo como um todo.

A Estrela Flamejante é, portanto, o núcleo central do mistério maçônico. Representa a manifestação do Princípio Criador, na forma de um signo luminoso que congrega toda a Potência que dá vida e forma ao universo. É uma representação pictórica, geométrica e linguística que unifica todas as concepções existentes sobre essa Energia mágica e fundamental que dá sentido a tudo o que existe no cosmo, e explica sua origem, sua finalidade e seu fundamento. Compreender seu significado é entender todo o ensinamento maçônico.

A razão só abriga a verdade que ela pode suportar, mas a alma, que é infinita, pode hospedar todas as conformações possíveis, pois ela está conectada às origens do universo, como centelha que se originou daquela primeira manifestação de luz.

Esse é o grande segredo contido na Estrela Flamejante, que nós nos propusemos a revelar neste trabalho, graças à inspiração que nos traz os ensinamentos da grande tradição da Cabala. Cumpre lembrar que nem o próprio Moisés, ao dar início à organização que resultou na religião de Israel (e serviu de matriz para as três maiores religiões do mundo, o Judaísmo, o Cristianismo e o Islamismo), escapou desse simbolismo, pois o Criador, para dar a ele as instruções e a incumbência de divulgar essa doutrina, manifestou-se em forma de Luz, por intermédio de uma chama sobre um arbusto (sarça ardente). Essa manifestação, que daria início a um processo de conhecimento desejado pelo próprio Criador, só poderia ser feita por meio do simbolismo da Luz.

Capítulo 3

O MISTÉRIO DA CRIAÇÃO

A Cabala e o Taoismo

A semente de uma árvore é uma existência positiva que contém em si mesma uma existência negativa. Essa negatividade pode ser entendida como potência acumulada, que se manifesta na natureza e se materializa em árvore pela sua polarização com a luz do Sol, a chuva e outros fatores ambientais.

Deus, em sua Existência Negativa – Energia dos Princípios –, não criou o universo propriamente dito. Ele, de fato, gerou para Si mesmo uma Existência Positiva para servir de polo para que sua Potência pudesse se manifestar. Em sua Alma, havia um grande Desejo de Compartilhar essa Potência, por isso Ele se manifestou em forma de Luz, a qual gerou uma massa física e espiritual com um insaciável Desejo de Receber essa Luz. Essa massa constitui o universo real.

Essa é a ideia que a Cabala nos transmite para justificar a criação do universo físico por um ato de Vontade de Deus. Essa também foi a intuição de Lao-Tsé, o filósofo fundador do chamado Taoismo, uma sabedoria que a antiga China disseminou pelo mundo e que é expressa por uma combinação entre duas forças opostas (yin e yang), que em suas atuações dão origem ao universo físico. Logo, ao falar do Tao, a energia que Lao-Tsé entendia estar na origem de todas as coisas, ele diz:

"Existe algo obscuro, mas completo, antes da existência do céu e da terra; tranquilo e calmo, que existe sozinho sem alteração, movendo-se sem correr riscos. Poderia ser a mãe de tudo. Não sei seu Nome e chamo-o Tao".[16]

Tao é a palavra com a qual Lao-Tsé designa a energia que está na origem do universo. É o fundamento de tudo que existe, do que foi, do que é, do que será. Ela é puro movimento. Preenche todo o vazio, ou como diz o mestre taoista: "O grande Tao flui por toda a parte; à esquerda e à direita. Todas as coisas dependem dele para existir, e ele não as abandona".[17]

O Tao não é Deus, assim como a Luz Infinita do Criador não é o Criador. Ambos são expressões da manifestação da Potência Divina como realidade, mas não a própria origem dessas manifestações. Eles são o que Teilhard de Chardin chama de estofo do universo.[18]

A Visão Cabalista

Segundo a ótica cabalista, o recipiente para receber a Luz – o vazio cósmico – foi o único ato criador do Eterno Deus. Todo o resto foi produzido pela atuação da sua própria Energia preenchendo esse vazio com múltiplas combinações dela. Essa Energia manifestou-se na forma de um ardente Desejo que Ele colocou no recipiente para recebê-la, conceito esse que pode ser entendido como a polaridade positiva necessária para que a Potência Divina pudesse ser transformada em realidade manifesta.

Esse é o entendimento que a Cabala nos passa a respeito do ato criador, e o pensamento taoista não difere dessa informação. "O Tao possui realidade e clareza, mas nenhuma ação ou forma.

16. Ver Watts (1995). Na imagem, o filósofo Lao-Tsé, fundador do Taoismo.
17. *Idem, ibidem*, p. 70.
18. Ver Chardin (1968, p. 43).

Pode ser transmitido, mas não retido. Pode ser atingido, mas não visto. Existe por si e através de si. Existia antes do céu e da terra, na verdade, por toda a eternidade. Ele é a razão da divindade dos deuses e da criação do mundo. Está acima do zênite, mas não lhe é superior. Está abaixo do nadir, mas não lhe é inferior. Embora mais velho que o mais idoso, não é velho."[19]

Lao-Tsé, bem como Shimon bar Yochai, ao tratar da Criação, refere-se a essa Energia não como ato criador em si, mas como um Desejo manifesto do Criador. *"O Santo Nome"*, diz Yochai, "encerra um grande segredo: quando o Mistério dos Mistérios quis manifestar-Se, Ele criou um Ponto, que era o Pensamento Divino. Neste Ele delineou todo tipo de imagens e gravou todo tipo de figuras. Então, Ele também gravou a Lâmpada, que é o mais santo de todos os mistérios, a mais profunda emanação do Pensamento Divino. Esse foi o princípio do edifício que existiu antes de qualquer outra coisa existir e que é conhecido como parte do nome MI (Quem? Que significa: Ele nunca será conhecido de fato)".[20]

O Mistério da Criação

Este, portanto, é o grande mistério da Criação, descrito nos primeiros versículos do Gênesis: um Desejo do Criador em compartilhar sua Potência. E, para isso, concentrou sua Energia em um ponto luminoso de extrema densidade. Esse ato aconteceu antes do Big Bang. Foi o processo que a Cabala chama de *Tzim Tzum* (em hebraico םוצמצ), expressão que o cabalista Isaac Lúria criou para explicar o processo de criação do universo. *Tzim Tzum* significa a contração da Luz Infinita de Deus em um

19. *Idem, ibidem*, p. 71.
20. Ver *Zohar* (2018, p. 84).

espaço vazio chamado *halal* חלל), formando um Ponto Único, a partir do qual todas as coisas foram manifestadas.

O *Zohar* se refere a esse fenômeno da seguinte forma: "Mas quando Deus quis ser conhecido de maneira mais plena, Ele pôs uma vestimenta preciosa e criou ELEH (que significa toda a criação). E esses dois juntos fazem o nome ELOHIM, que significa o Sagrado Ponto Embaixo. [...] O Sagrado Ponto projeta uma luz em quatro direções e ninguém pode suportar seu brilho. Só os raios que emanam dele podem ser contemplados. Mas como todas as coisas criadas estão plenas de um profundo desejo de se aproximar dos raios que emanam do Sagrado Ponto, formou-se em seu polo extremo outro ponto de luz, conhecido como O Sagrado Ponto Embaixo: ELOHIM. No entanto, ELHOIM é composto da mesma luz que o Sagrado Ponto em Cima, o qual é Ein Soph...". [21]

Portanto, Deus criou o espaço cósmico para que ele fosse o recipiendário da sua Energia na forma de uma Luz Infinita. Porém, como ensina o rabino Berg, o recipiendário recebeu a Energia, mas não tinha com quem compartilhá-la. Sem ninguém para compartilhá-la, o recipiendário não podia transmiti-la. Ele, que era efeito, queria tornar-se causa também, pois só sendo capaz de transmitir a Energia recebida, ele seria capaz de criar, ou seja, cumprir o papel para o qual fora manifestado.[22]

A Luz Foi Feita, a Luz Seja Dada ao Neófito

Essa é a expressão usada pela Maçonaria ao recepcionar um novo Irmão. Corresponde à iluminação que decorre do processo de iniciação. No caso da Criação, o neófito é o próprio universo que nasce ao receber a Luz Ilimitada do Criador. Quer dizer que ele só nasceu quando a Luz lhe foi dada. Isso é o que diz a locução bíblica quando diz que Deus tirou a Luz das trevas.

21. *Idem*, p. 72. Ain, Ain Soph e Ain Soph Aur são os três véus da Existência Negativa. Elhoim é nome que corresponde à manifestação da Potência divina no universo real. Por isso, a locução bíblica: "E os Elhoins disseram: façamos o homem à nossa imagem e semelhança".

22. Ver Berg (2012, p. 53).

A Luz Infinita de Deus (Ain Soph Aur) é o veículo criador. Se ela não puder ser transmitida, não há criação. Esse foi o grande problema encontrado pelo recipiendário (o vazio cósmico), a fim de cumprir o papel para o qual foi manifestado. Ele não tinha a quem transmiti-la. Daí a razão pela qual o Ente Supremo colocou sobre o recipiente as dez esferas que a Cabala chama de Sefirot.

As Sefirot atuaram como se fossem "cortinas" que obstruíram a Luz Infinita do Criador (Ain Soph Aur) e a fizeram recuar para um ponto ínfimo dentro do vazio cósmico. Esse "ponto único" é o que os antigos astrônomos egípcios e caldeus chamavam de "ovo cósmico" e a moderna ciência chama de Singularidade do Big Bang. A Cabala a chama de Kether, a Coroa da Criação.

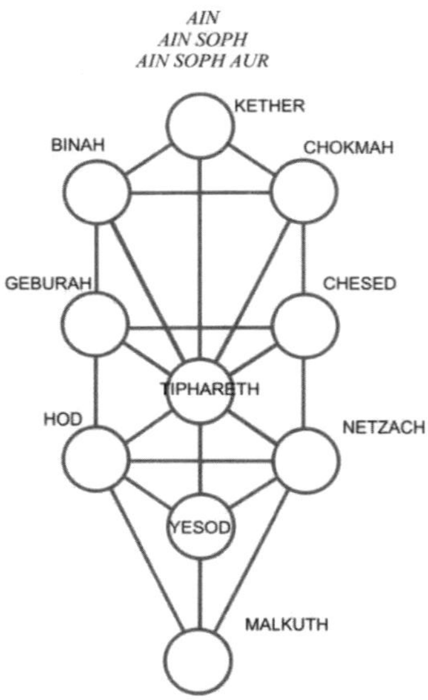

Foi esse "ponto único", ou Singularidade, que explodiu dando origem ao fenômeno que os cientistas hoje chamam de Big Bang. Por essa razão, a Cabala ensina que Deus: "não deve ser comparado ao homem, que vem do pó e está destinado à morte. Ele está acima de todas as criaturas e é maior que todos os seus atributos. Nem atributo, nem imagem, nem corpo; assemelha-se mais às águas, sem forma e sem limites. Entretanto, quando as águas estão espalhadas na terra, somos capazes de concebê-las e falar sob variadas formas; primeiro, há a fonte, depois o rio que brota dela e espalha suas águas sobre a terra; depois a bacia, para a qual fluem as águas, formando o mar. Então (forma-se) o mar, de onde as águas correm em sete canais, fazendo dez formas no total. Mas se rompessem essas formas, as águas escapariam e retornariam à sua fonte original, enquanto as formas em que estavam contidas cairiam em ruínas. Dessa maneira foram criadas as dez sefirot".[23]

A Metáfora de Adão e Eva

Mas depois de ter manifestado os céus e a terra, pela explosão luminosa do Big Bang, como dizem os cientistas, ou pela ação de Deus tirando a Luz das trevas, como diz o Gênesis, Deus viu que o Desejo que Ele tinha de compartilhar sua Potência, ou seja, ser conhecido pelos seus atributos, não aconteceria se simplesmente o cosmo fosse preenchido por matéria bruta. Por isso, Ele inoculou nela a semente da vida. E dentro do fenômeno da vida, Ele escolheu uma das espécies vivas para ser o principal recipiendário da sua Luz: esse recipiendário foi o ser humano.

O homem, segundo a Cabala, foi criado como um ser espiritual, feito à própria imagem física do Criador, que é o universo. Quer dizer, a "Imagem" de Deus, que a Torá atribui à figura humana, não era a imagem Dele, pois segundo a própria Torá, Deus não a tem. A imagem à que a Bíblia se refere é a do universo criado, ou seja, a conformação física que Ele pensou dar ao mundo, com todos os seus atributos e formas. Os cabalistas chamam essa forma pelo nome de Adam Kadmon, ou seja, o Homem Universal. Foi essa imagem que serviu para a produção do molde do homem da terra, que está descrito no Gênesis como Adão, o pai da humanidade.

Adão, o homem da terra, deveria refletir no universo da vida a Luz do Criador. Para isso foi feito. E para isso lhe foi dada como companheira a mulher que a Torá chama de Eva. A criação do homem, que a Torá diz que foi tirado do barro da terra, e da mulher, que teria sido tirada da costela dele, claramente, é uma metáfora que a Cabala explica como uma aplicação do princípio que rege toda a existência.

Ela se refere à necessidade que a Energia tem de encontrar dois polos para manifestar sua potência. A visão taoista desse

23. *Zohar* (2018, p. 83). Na imagem, a Árvore da Vida com a dez Sefirot.

conceito é a que melhor explica essa metáfora. "Conhecendo o masculino e conservando o feminino, a pessoa se torna uma corrente universal. Tornando-se uma corrente universal, não se sente separada da virtude eterna."[24]

Esse conceito resume o princípio da polaridade, que é necessário para que a energia faça seu trabalho. Isso significa que Deus percebeu que o homem, por si só, não conseguiria refletir sua Luz criadora. Isto é, depois de criado o homem, Deus viu que seus atributos não seriam conhecidos se as coisas criadas e o homem, especialmente, que era a coroa da sua criação, não fossem capazes de transmitir sua Luz pessoal, ou seja, seu poder individual de criar. Para isso seria preciso dar a ele um polo para que sua própria Luz se manifestasse em atividade criadora. Em vista disso, a locução bíblica que diz: "Então o Senhor Deus declarou: 'Não é bom que o homem esteja só; farei para ele alguém que o auxilie e lhe corresponda'".[25]

Eva, a mulher, foi esse polo. Então, o antigo pensamento chinês, expresso no Taoismo, define esse conceito na ideia do *yin-yang*, positivo e negativo. Mas para os taoistas, esse conceito não encampa a ideia de oposição ou conflito, como acontece em outras doutrinas, em que a polaridade foi confundida com a ideia de um embate entre luz e escuridão, vida e morte, bem e mal. Essa confusão fez com que a cultura ocidental, principalmente, visse nessa metáfora uma necessidade de cultivar o positivo eliminando o negativo, o que, para o pensamento chinês, e cremos, também para o cabalista, é o maior erro das doutrinas hospedadas pelos povos do Ocidente.

Não há corrente energética sem os polos positivo (+) e negativo (-). Isso significa que não há prazer sem dor, sucesso sem fracasso, riqueza sem pobreza, saúde sem doença, bem sem mal. Ambos fazem parte de um sistema, o qual não existiria sem essa polaridade.

24. Ver Lao-Tsé (1995, verso 28).
25. Gênesis, 2:18.

O Pecado de Adão

Segundo a Torá, o homem desobedeceu a um comando do Criador para que ele não comesse o fruto da Árvore do Conhecimento. Essa também é outra metáfora que precisa ser bem compreendida para não gerar falsas interpretações que trazem consequências funestas para nossa própria vida. Essa metáfora diz respeito ao Desejo de Receber e ao Desejo de Compartilhar.

Adão era um recipiendário da Luz do Criador. Ele e sua companheira Eva constituíam os dois polos pelos quais deveria fluir essa Energia, dando como resultado uma humanidade perfeita, capaz de refletir, no mundo físico, os atributos de Deus. Essa ideia confirma, inclusive, a teoria de Platão quando intui a existência de um mundo feito de formas ideais que, segundo ele, vinham de um substrato superior, povoado pelos deuses e refletido no pensamento humano na forma dos arquétipos que moldavam sua espiritualidade.

Adão era um ser angelical, que fora vestido de uma capa etérea de espiritualidade, própria para receber a Luz do Criador. Ele não era, a rigor, um ser humano, sujeito a todas as vicissitudes do animal. Tanto que o Eterno Deus, ao verificar que ele e sua companheira haviam comido o fruto do conhecimento (metáfora que significa a aquisição da capacidade de reflexão e, por consequência, de um Ego), fez para ambos túnicas de pele, para que as vestissem para cobrir sua nudez. Esta nos parece uma metáfora bastante clara: ao vestir a pele do animal, o casal adâmico passou a ser simplesmente humano, perdendo sua aura angélica. E a partir daí, como todas as espécies animais, teria que ganhar a vida com o suor do rosto e parir seus descendentes com dor.

Os Mundos Anteriores

Essa alegoria bíblica está inserta na polaridade que a energia necessita para poder fluir. E essa polaridade, por sua vez, faz parte da própria estratégia do Criador para exercer seu Poder criador. É a estratégia que a Cabala chama de Desejo de

Receber e Desejo de Compartilhar. Só podemos compreender essa formidável intuição cabalística se a trouxermos para nossa própria realidade cotidiana. Se aceitarmos o pressuposto de que todas as nossas necessidades nascem de um desejo que alimenta nossa ansiedade **de Ser**, poderemos encontrar uma boa porta de entrada para essa sabedoria. Isso quer dizer: se nascêssemos, vivêssemos e morrêssemos plenamente satisfeitos, não teríamos desejo por nada. E se temos desejo por alguma coisa é porque, em algum tempo, de alguma forma, ainda que ela seja expressa de maneira meramente virtual, nós já experimentamos uma realização desse desejo, pois ninguém pode desejar algo que não conhece, nunca viu, nem experimentou.

Esse desejo é uma função da nossa alma, ou seja, já foi inserto na sua própria origem, como centelha expelida da Alma Mater, no momento em que o Criador se manifestou como realidade, numa formidável explosão luminosa. Por isso, a tradição cabalística se refere a uma plenitude que nossa alma já viveu, em algum tempo ou dimensão, talvez não como ser humano, mas como pura energia, pois como diz o *Zohar*: "Existiram mundos antigos que foram destruídos, mundos sem forma, que eram como faíscas de fogo, pois assim faz o ferreiro ao bater o ferro, lançando faíscas em todas as direções. Mas eles não puderam existir porque o Ancião dos Dias ainda não havia tomado forma –o trabalhador ainda não estava em sua tarefa. E também porque o homem ainda não havia sido formado".[26]

O "Ancião dos Dias" é uma expressão cabalística para designar o Criador depois que Ele manifestou o fenômeno do tempo. Quer dizer, o tempo ainda não existia quando esses mundos foram criados. E o equilíbrio entre o positivo e o negativo, necessário para o surgimento e a fixação da energia na matéria e na vida, só aconteceu depois do Big Bang, isto é, da manifestação positiva da Energia do Criador no mundo real, gerando massa e forma.

26. *Zohar* (2018, p. 106).

Na Bíblia, a existência desses mundos anteriores está registrada na curiosa metáfora dos cinco reis que reinaram sobre a terra de Edom antes que Israel tivesse um rei, os quais lutam contra quatro reis, inclusive os de Sodoma e Gomorra.[27] A referência a esses mundos antigos que não subsistiram significa que, antes da atual forma do universo, muitos outros foram criados, mas nenhum deles evoluiu para uma forma física, porque o equilíbrio energético entre o positivo e o negativo não havia ainda sido estabelecido. Isso porque o *homem ainda não havia sido criado*, e é sua consciência que dá a forma definitiva ao universo. Por isso, Deus, ao desenhar a configuração que havia previsto para o mundo real, a completou com a formação do homem. E o colocou no Éden, onde o equilíbrio era perfeito. Reproduzia-se, portanto, nesse paraíso terrestre, a conformação que deveria ter acontecido antes, quando o tempo e o homem ainda não existiam.

Esse equilíbrio foi desfeito pelo próprio casal humano, como registrado no conhecido episódio em que Adão come o fruto do conhecimento. Essa é outra metáfora, cujo entendimento é de fundamental importância para a compreensão do processo escatológico que rege a vida do homem e da sua história sobre a Terra. Ainda teremos oportunidade de falar sobre esse assunto neste ensaio. Por ora, diremos apenas que ele está na origem da nossa própria evolução como espécie.

De fato, essa é uma dedução feita por muitos filósofos, e a física quântica confirma essa hipótese, como veremos no decorrer deste trabalho. Ela nos ensina que o mundo físico só adquire conformação por meio da consciência humana. Isso quer dizer que nós, seres humanos, só existimos porque somos parte do universo. E o universo só existe porque temos consciência dele. Isso não significa que, se o ser humano deixar de existir, o universo real também desaparecerá com ele. Apenas ninguém saberá que ele existe. E se ninguém sabe que determinada coisa existe, então

27. Gênesis, 14:1-5.

ela não existe. Essa intuição está registrada na Torá, quando diz que o "SENHOR modelou, do solo, todos os animais selvagens e todas as aves do céu e, em seguida, os trouxe à presença do homem para ver como este os chamaria; e o nome que o homem desse a cada ser vivo, esse precisamente seria seu nome".[28]

Podemos tomar essa visão como um correspondente neurológico do famoso axioma atribuído a Descartes: penso, logo existo. Isso não quer dizer que quem não pensa não existe, mas, sim, que toda existência só pode ser provada pela consciência que dela temos. E embora esse axioma seja de difícil aceitação para a mente humana, essa é uma constatação que tem adquirido força de realidade mediante experimentos realizados por pesquisadores da física quântica, como demonstrado pelo famoso experimento de Schrödinger.

28. Gênesis, 2:20.

Capítulo 4

ROMANCE CÓSMICO

Um Arquiteto e Seus Pedreiros

O mundo onde vivemos não saiu da Mente Divina como um produto pronto e acabado, como antigamente se pensava. Na verdade, ele está sendo construído diariamente pela Energia emitida pelo Criador, que veicula por meio da sua Luz Infinita, e é capturada e instrumentalizada pelas nossas consciências e mãos, por intermédio dos pensamentos que emitimos e das obras que realizamos.

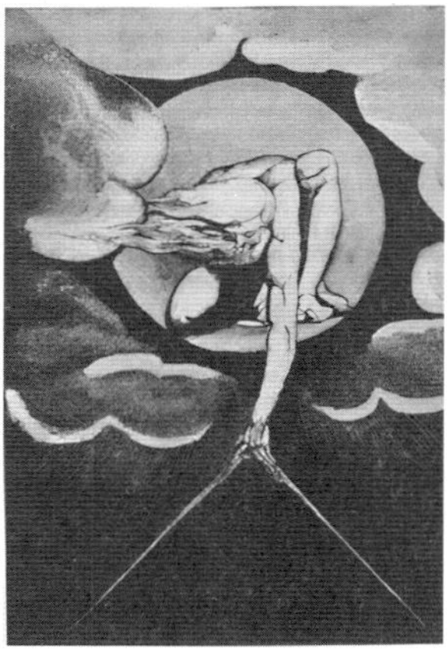

Deus é o Grande Arquiteto do Universo e Ele o projetou na forma de um edifício que pudesse ser erguido, de maneira perene e ordenada, com a matéria-prima que sai da sua Essência, que é a Luz emanada pela Sua inesgotável Energia.[29]

Isso nos parece lógico. Nenhum edifício se faz sem uma mente para projetá-lo. Se o universo pode ser comparado a uma construção, então há que ter um Arquiteto que traça seus planos e administra essa construção.

29. Imagem: gravura de William Blake. Fonte: BLAKE, W. *O Matrimônio de Céu & Inferno*. Porto Alegre: Avec Editora, 2019.

Nós somos os pedreiros dessa obra. Aqui estamos para erguê-la, segundo as disposições que Ele determinou e mandou Moisés escrever na Torá. Isso porque a Torá não se refere apenas ao povo de Israel. Ela é também uma lei universal. Israel foi escolhido para recepcioná-la e transmiti-la à humanidade.

A Torá é a própria Luz Infinita de Deus, transposta para a linguagem humana, para que nós tivéssemos conhecimento da Sua Vontade. Como nem sempre o Pensamento de Deus é inteligível aos homens, Ele nos deu a Cabala, para que pudéssemos, por meio de um recurso de imaginação, estabelecer comunicação com Ele. Nossa dificuldade, nesse sentido, é de que nós ainda não conseguimos desenvolver uma linguagem suficientemente capaz de retratar o Pensamento Divino. Por isso, Rosenroth diz que a Cabala foi desenvolvida no céu, na linguagem dos anjos, e estes a comunicaram aos homens para que pudessem entender o que Deus requeria deles e, assim, poder fazer Sua Vontade.[30]

A Cabala nos ensina que Deus não nos colocou nessa obra somente para cumprir ordens, como se fôssemos simples marionetes manobradas por um indivíduo atrás das cortinas, ao contrário. Ele nos deu liberdade de trabalho e de escolha para fazer o edifício segundo nossas necessidades e desejos, porque somos nós que moramos nele e dele nos servimos para justificar nossa existência.

Somos parte dessa construção. Por isso, Ele colocou em nós uma centelha da Sua Luz, para que ela fosse uma espécie de receptora da Energia que Ele emana, sua Luz Infinita, e com ela pudéssemos executar nosso trabalho de construtores. Essa centelha é nossa alma. Por isso, o mestre Shimon bar Yochai, codificador da Cabala, diz: "Já não é tempo de temer o Senhor, mas de amá-Lo". Quer dizer: Deus não quer que tenhamos medo Dele. Ele quer nosso Amor, da mesma forma que Ele nos ama.

30. Ver Rosenroth (2005).

Somos a coroa da Criação, não por decreto divino, mas, sim, por complementaridade. Quer dizer: Deus não nos fez para ter em quem mandar, mas para ajudá-Lo em sua Obra. Isso significa que Ele não nos quer vivendo feito lacaios ou bonecos manipulados como marionetes, ou como escravos de uma obra que Ele projetou para ser construída, e nos colocou nela como operários sem consciência do que estão fazendo. Ao contrário, somos parceiros Dele na Criação.

Essa é razão de Ele nos ter legado a Torá que, além de ser a Lei pela qual devemos reger nossas vidas, contém também o projeto que Ele traçou para a construção do universo. Por meio dos ensinamentos cabalísticos, nós podemos interpretá-la e cumpri-la, além de aprender as técnicas da nossa profissão de maçons (pedreiros).

Essa Lei e ensinamentos, com as devidas adaptações em respeito à cultura e à crença dos povos do Ocidente, é o que consta no catecismo maçônico, o qual, em sua maior parte, é inspirado na doutrina da Cabala. Por isso, a prática da Maçonaria jamais será devidamente entendida sem o conhecimento do que ensina essa grande tradição.

Energia: a Matéria-prima do Edifício Universal

A Energia do Criador é a matéria-prima com a qual se constrói o universo. Por esse motivo, o termo Cabala significa receber. Ou seja: receber a Luz do Criador – a sabedoria – por intermédio de um receptor, que é nossa alma. A plenitude do ser humano acontece quando recebemos em abundância essa Luz e, principalmente, a irradiamos pelo mundo. Essa é a razão de todas as doutrinas esotéricas falarem em "iluminação" como virtude a ser adquirida em sua prática. E as religiões oficiais também, porque a própria palavra "religião" significa religar, ou seja, restabelecer uma conexão com a Luz Divina, que foi perdida em algum tempo, por força de algum acontecimento que desconectou a alma do homem da Luz Infinita do Criador.

Assim, a iluminação nada mais é do que recepcionar, por meio das nossas almas, a Luz do Criador. Esse é o significado oculto atrás da metáfora maçônica que diz que Deus é o Grande Arquiteto do Universo e nós somos os seus pedreiros. Quer dizer: o mundo é construído com a Energia – matéria-prima fornecida pelo Criador – em forma de Luz. E a nós, pelo canal das nossas almas, compete recepcioná-la e retransmiti-la ao mundo pelas nossas obras. Nisso consiste o processo de construção universal, no simbolismo da Maçonaria. Por isso, em todas as seções da Loja maçônica, é obrigatória a presença de uma Bíblia. Ela é a Luz condensada em linguagem. Ela corresponde à sefirá Daath – a Sabedoria – que encontramos como esfera oculta na Árvore da Vida.[31]

Nós mesmos somos parte dessa construção. Ao nos construirmos, estamos realizando a Obra do Criador. Para muitos cientistas e filósofos, a vida é um fenômeno que os incomoda, porque eles não conseguem saber como ela começou e a que propósito se destina. Ela não se encaixa em nenhuma equação matemática, em nenhuma fórmula química, nem mesmo em qualquer especulação filosófica ou religiosa. Qualquer explicação que se queira dar a esse fenômeno sempre esbarrará em questionamentos irrespondíveis. Por que a vida tem propósitos, metas, estruturas, orientações que não são encontrados em nenhuma outra realidade universal? A melhor explicação que se pode dar a ela ainda é a da Cabala: "Deus criou o mundo e a vida para que Ele pudesse ser conhecido através dos seus atributos".[32] E a vida é a melhor forma de manifestá-los. Por isso, Ele criou o homem e o revestiu de pompa e majestade, como diz o salmista: "Fizeste-o um pouco *menor que os anjos*, de *glória e de honra o coroaste*".[33]

31. A esse respeito, ver Rodrigues (2019).
32. *Zohar* (2018, p. 82).
33. Salmos, 8:5.

Como Tudo Começou

Em nossas aulas de física clássica, aprendemos que todas as coisas que existem no espaço cósmico são produtos de energia convertida em matéria. E a Luz é o veículo que a transporta. Por isso, a Bíblia diz: "No princípio, ao criar Deus os céus e a terra, a terra era sem forma e vazia, e havia escuridão sobre a face do abismo, e o Espírito de Deus pairava sobre a face das águas. Deus viu que a Luz era boa, e separou entre a Luz e a escuridão".[34]

A moderna ciência física e astrológica diz que o universo teve início com a explosão de uma estrela, ocorrida há cerca de 15 bilhões de anos. Uma explosão que ainda pode ser vista nos modernos telescópios dos laboratórios de pesquisas astronáuticas. Essas pesquisas mostram ainda que o universo começou como se fosse uma pequena bolha de gás que foi se inflando, inflando e ainda está em franca expansão. É como uma bexiga cheia de pontinhos luminoso −as estrelas e os planetas −que estão se afastando uns dos outros a uma velocidade extraordinária, igual à da luz. Quem disse isso é um dos mais famosos cientistas dos tempos modernos, o físico Stephen Hawking: "Há cerca de 15 bilhões de anos todas (as galáxias) teriam estado umas sobre as outras, e a densidade teria sido enorme. Esse estado foi denominado átomo primordial pelo sacerdote católico Georges Lemaître, o primeiro a investigar a origem do universo que agora chamamos de Big Bang".[35]

Como disse Hawking, essa teoria foi proposta em 1927 por Georges Édouard Lemaître, um sacerdote católico que se dedicava a pesquisas astrológicas. Nessa visão, ele afirma que

34. Ver Bíblia Sagrada (2015).
35. Ver Stephen Hawking (2002, p. 78).

no tempo zero o universo era somente uma massa minúscula que ele denominou "ovo cósmico" ou "superátomo". Antes disso, diz ele, nada existia. O ovo cósmico estava sujeito à própria atração gravitacional. Contraía-se e comprimia-se cada vez mais, como um útero em processo de parto. Em dado momento, com uma temperatura elevadíssima e uma quantidade inexprimível de energia concentrada num volume mínimo de espaço, ocorreu uma grande explosão.

A teoria de Lemaître foi aperfeiçoada por George Gamow em 1948, em um artigo intitulado: "A Origem dos Elementos Químicos", no qual ele utiliza pela primeira vez o termo Big Bang. Hoje essa teoria é a mais aceita pelos cientistas para explicar como nasceu o universo.

O Parto do Universo

O Big Bang foi uma explosão que lançou no vazio cósmico bilhões e bilhões de centelhas de energia luminosa, que depois foram se condensando, combinando-se em múltiplas estruturas atômicas, até dar como resultado a massa física do universo.

E dentro dele, a vida. E no complexo da vida, o fenômeno humano. Hawking também retrata como isso aconteceu: "Se a relatividade geral estiver certa, o universo teria começado com temperatura e densidades infinitas na singularidade do Big Bang", diz ele. "À medida que o universo se expandiu, a temperatura da radiação diminuiu. Em cerca de um centésimo de segundo após o Big Bang, a temperatura teria sido de 100 bilhões de graus, e o universo teria contido, na maior parte, fótons, elétrons e neutrinos (partículas extremamente leves) e suas antipartículas, além de alguns prótons e nêutrons. Nos três minutos seguintes, enquanto o universo resfriava para cerca de 1 bilhão de graus, prótons e nêutrons, não tendo mais energia suficiente para escapar da atração da força nuclear forte, teriam começado a se combinar para produzir os núcleos do hélio e outros elementos leves. Milhares de anos depois, quando a temperatura caiu para alguns milhares de graus, os elétrons diminuíram de velocidade até os núcleos leves poderem capturá-los para formar os átomos. No entanto, os elementos mais pesados dos quais somos constituídos, como carbono e oxigênio, só se formaram bilhões de anos mais tarde, pela queima de hélio no centro das estrelas."[36]

Esse teria sido, portanto, o processo pelo qual o universo nasceu e cresceu, até onde podemos vê-lo e imaginar. O Big Bang foi o começo do universo material, como podemos entender, tanto na visão bíblica da Criação quanto no discurso científico que tenta explicá-la.

Mas, como em toda criação, antes do parto propriamente dito, a criatura já existia. No caso de um ser vivo, ele é incubado por uma semente masculina num útero feminino, e ali fica maturando até ser liberado para a vida individual, propriamente dita. Quanto ao universo, podemos pensar em um processo semelhante. Ele foi gerado de alguma forma. Antes do seu parto, que foi o Big Bang dos cientistas, ou da liberação da luz que estava presa nas trevas, como diz a Bíblia, ele já existia em potencial. Primeiramente no Pensamento do Criador, depois como Luz Infinita irradiada no vazio cósmico e, em seguida, como realidade materializada pela grande explosão luminosa a que os cientistas se referem. A Criação, portanto, é um maravilhoso romance cósmico que vale a pena ser lido.

Até porque, nele nós desempenhamos um papel fundamental. Nós somos os principais protagonistas desse espetáculo. Nele, atuamos como num teatro de *performance*, construindo o enredo à medida que o espetáculo se desenvolve.

As Seis Dimensões do Universo

A Cabala ensina que a Energia concentrada de Deus no recipiente que era o vazio cósmico, no momento do seu estilhaçamento (o Big Bang dos cientistas), dividiu-se em seis dimensões que se condensaram em uma. Essas seis dimensões são os seis dias da Criação retratados na Torá. Diz também que na origem

36. *Idem, ibidem*, p. 80. Imagem: Bibliblog-Wordress.Com.

do universo essas dimensões eram dez, que estão retratadas nas Sefirot, etapas de Criação que compõem a Árvore da Vida cabalística. Essa visão combina com a descrição feita por Hawking, do nascimento e evolução do universo, constante de uma de suas obras, como mostra a arte anteriormente reproduzida.

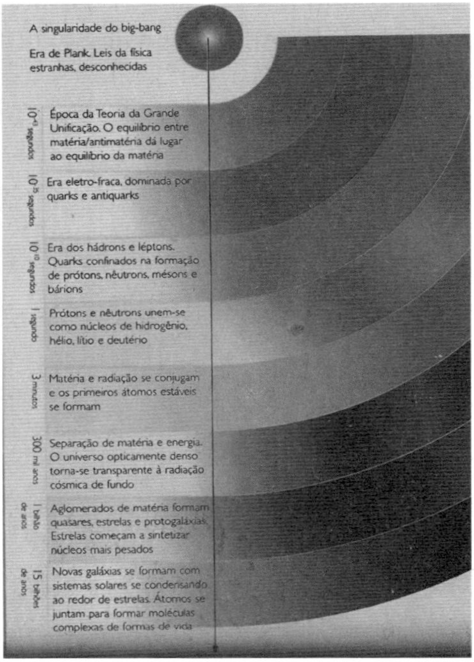

Fonte: Hawking (2002).

Para os cientistas que estudam a mecânica quântica, essa intuição cabalista é retratada na chamada Teoria das Supercordas. De acordo com essa teoria, a energia que dá vida ao universo é gerada por minúsculos laços vibratórios que se assemelham a cordas de um instrumento musical. É a vibração dessas cordas que dá origem às partículas energéticas que constituem a matéria universal. Volta-se, desse modo, à visão cabalista que diz que o som (ou seja, o Nome Inefável de Deus) está na origem de todas as coisas manifestadas.

Segundo ainda o que diz essa teoria, o número de dimensões para fazer essa teoria funcionar é dez, assim como a intuição cabalista das Sefirot. E seis delas estão superpostas umas sobre as outras, como mostra Stephen Hawking em seu livro *O Universo numa Casca de Noz*, já referido.

Como se vê na arte elaborada por Hawking, dez momentos da vida do universo são cotados para fazer aparecer tudo que temos hoje na realidade universal. É a ciência cantando um dueto com a intuição dos antigos taumaturgos, e especialmente dos cabalistas, para corroborar o que temos dito ao longo deste nosso trabalho: todo conhecimento está inserto na Luz Infinita do Criador. Nós só temos que conectar nossas almas com ela e tudo estará à nossa disposição. Mas ao recebermos essa Luz nos obrigamos a compartilhá-la. Se quisermos retê-la só para nós, poderemos incorrer numa espécie de Síndrome de Prader-Willi espiritual.[37]

Ain, Ain Soph, Ain Soph Aur

Em hebraico a palavra Luz se escreve Aur. A doutrina da Cabala nos ensina que antes do Big Bang não havia tempo nem espaço. Somente o vazio cósmico e, dentro dele, a Luz Ilimitada projetada por Deus. O *Zohar* descreve assim essa visão: "Antes que pusesse Sua Coroa para estabelecer seu Reinado, Ele delineou e encerrou o Ilimitado dentro de limites. Correu uma cortina diante Dele, e nela começou a desenhar o seu Reinado. Mas nada existia, exceto em Nome. A real existência se fez manifesta somente depois da aparição do Santíssimo através do véu".[38]

O que havia então, antes da grande explosão luminosa que deu origem ao universo? Energia, dizem os mestres cabalistas.

37. A síndrome de Prader-Willi é uma doença genética que causa obesidade, deficiência intelectual e perda de estatura. É causada geralmente pela exclusão de uma parte do cromossomo 15 transmitido pelo pai. Os sintomas hormonais incluem puberdade atrasada e fome constante, levando à obesidade. Não há cura para a síndrome de Prader-Willi, mas muitos pacientes são beneficiados com uma dieta supervisionada. Alguns sintomas podem ser tratados com terapia hormonal. Cf. CASSIDY, S. B.; DRISCOLL. Prader-Willi Syndrome: Prader. *European Journal of Human Genetics*, v. 17, p. 3-13, 2009.
38. *Zohar* (2018).

Quer dizer: Deus era pura Energia latente. Ele era tudo que existia, portanto estava em todo lugar; mas como não havia espaço físico ainda, então se diz que Ele não estava em lugar nenhum. Ele era Ain, o Onipotente, o Inominado, o Imanifesto, o Incognoscível.

Mas Energia que não circula não tem sentido. Então, Deus quis fazer sua Energia circular. Essa ação de Deus é o que a Cabala chama de Desejo de Compartilhar. Assim, Ele gerou Ain Soph, o Espaço Infinito, que se traduz pelo vazio cósmico, ou seja, a primeira e única coisa que Ele criou, pois que todo o resto é manifestado pela sua Energia e não simplesmente criado.

Mas como Deus iria realizar seu Desejo de Compartilhar, se não tinha com o quê, nem ninguém para fazê-lo? Tudo era sem forma e vazio, com o diz a Bíblia. Então, Ele manifestou sua Energia em forma de Luz. Essa ação do Criador foi, nesse caso, uma mudança de estado – transformação de energia em luz – e nesse novo estado, Ele é chamado pelos mestres cabalistas de Ain Soph Aur, a Luz sem limite, a Luz Infinita.

Mas logo Deus percebeu que o espaço vazio, por si só, não era suficiente para recepcionar a sua Energia e retransmiti-la, porque não havia nele quem a pudesse recebê-la. Portanto, sua Luz Infinita não circularia, não realizando, dessa forma, seu Desejo de Compartilhar.

Foi então que ele colocou sobre o espaço vazio uma camada de cortinas, chamada na Cabala de Sefirot, para que a Luz que Ele lançara no vazio cósmico fosse obstruída e recuasse para dentro de um espaço diminuto. Esse recuo da Luz para dentro desse espaço diminuto é chamado pelos cabalistas de *Tzim Tzum*, ou seja, a contração da Luz para um ponto ínfimo no espaço. Dentro desse espaço, o Ponto Zero, o "ovo cósmico" das antigas crenças, ou "átomo primordial" das modernas teorias astronômicas, por força da energia nele concentrada, brilhou a estrela que os mestres cabalistas chamam de Kether, a primeira coroa do universo, e os maçons de Estrela Flamejante, ou Flamígera.[39]

Tudo isso aconteceu antes do Big Bang.

O Tempo e o Espaço

É a essa estrela carregada de energia, onde a Luz Ilimitada do Criador se concentrou, que o cientista Stephen Hawking se refere como o átomo primordial ou singularidade do Big Bang, e o astrônomo George Lemaître de "ovo cósmico". A Cabala chama essa estrela de Kether, a Coroa da Criação. Isso porque é dela que advém toda coisa criada. Era tanta energia concentrada em um invólucro tão pequeno, que ele acabou explodindo. E ao explodir, como se fosse uma bomba atômica de infinitos megatons, a energia, em forma de Luz, que ela liberou, se expandiu e manifestou a dimensão espaço temporal em que nós vivemos.

Mais que isso, com a criação do espaço e do tempo, Deus colocou também, dentro dessa dimensão cósmica criada, um incomensurável Desejo de Receber a Luz. O espaço e o tempo funcionavam como um útero feminino à espera de uma semente masculina para procriar. Essa semente era a Energia do Criador, nele inseminada pela Luz.

O filósofo gnóstico Basilides, século II a.C., teve uma intuição semelhante a essa, a qual chamou de panspermia. Mas essa teoria já havia sido proposta anteriormente, no século V a.C., na Grécia, pelo filósofo Anaxágoras. Em síntese, ela afirmava que o cosmo inteiro está prenhe de vida e que a Terra é apenas um dos úteros onde ela foi incubada. No século XIX (1879), ela foi retomada pelo biólogo Hermann von Helmholtz, que sustentou que a origem da vida ocorreu fora da Terra pela

39. Na Loja Maçônica, que é desenhada com inspiração na Árvore da Vida, Kether, a Estrela Mãe do universo físico, é representada pelo Trono do Venerável Mestre. A Loja, no caso, é uma espécie de mandala mágica, cujo desenho tem o propósito de facilitar a circulação da Luz. Assim se forma a egrégora, mística comunhão de pensamentos que têm como objetivo capturar a Luz Infinita do Criador para iluminar os trabalhos em Loja e a mente dos Irmãos nesse trabalho.

inseminação de uma "semente cósmica", a qual teria sido trazida ao nosso planeta por meteoritos. Atualmente, a comunidade científica tem realizado grandes esforços no sentido de confirmar essa teoria. Segundo o blog de astrobiologia da Nasa, uma equipe de cientistas do MIT (Massachusetts Institute of Technology) e da Universidade Harvard estaria estudando a plausibilidade da panspermia, investindo em pesquisas nesse sentido. Seus esforços se concentram no objetivo de projetar e fabricar um instrumento que possa ser enviado a Marte e, potencialmente, detectar o DNA ou o mais primitivo RNA (ácido ribonucleico, molécula em formato de fita que carrega o código genético do DNA para a produção de proteínas em uma célula) ali existente. Esse plano poderia coletar evidências de que alguma forma de vida chegou a Marte, e, portanto, confirmar a hipótese da panspermia.[40]

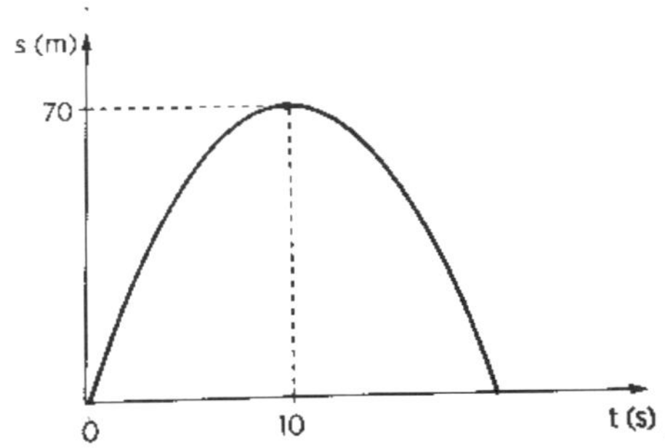

Com base nessa ideia podemos dizer, simbolicamente, que é esse Desejo do cosmo, de ser preenchido pela Luz do Criador, que dá origem a todas as coisas que existem no universo, inclusive nós. Sem esse Desejo de Receber não haveria Criação. O Espaço não seria preenchido com estrelas e planetas. Nem a Terra, com todas as formas de vida que nela habita, existiria. Não haveria o fenômeno do tempo para dar sentido e identidade às nossas existências. Por essa razão, só temos consciência de nós mesmos porque concebemos uma noção de tempo e de aderência a uma realidade que não seria sentida se não pudesse ser medida.

40. Segundo o vídeo "Are We Thinking about Alien Life all Wrong?", realizado com o consultor acadêmico Dr. Mark Fox-Powell, pesquisador na Open University, e apresentado pelo físico Brian Cox na BBC em 15 de janeiro de 2022.

O Romance Cósmico

Desejo de Compartilhar e Desejo de Receber, eis as duas forças que, segundo a doutrina cabalística, estão na origem e na sustentação do universo físico. São dois polos de uma relação energética que o fazem nascer e funcionar. São essas as forças que geram e dão sustentação ao universo físico. Correspondem ao *yin* e *yang* da filosofia taoista.

Assim a Cabala descreve o fenômeno da Criação. É um romance cósmico no qual Deus aparece como um personagem repleto de Amor e desejo de compartilhá-Lo. O Seu Desejo de Compartilhar esse Amor é o único ato de Vontade que Ele manifestou. Depois disso, tudo acontece como manifestação desse Desejo, que se realiza por conta da atuação da sua Energia no mundo real. Nesse sentido, todas as coisas que existem no universo são atributos de Deus, no Seu Desejo de Compartilhar Sua Potência por meio do real existente.

Para entender melhor esse conceito, podemos pensar na eletricidade como exemplo. Ela surge como um fenômeno da natureza, resultante de energias em movimento. Ninguém sabe o que ela é exatamente. Apenas sabemos que ela existe, por causa da sua repercussão no mundo real. É sabido também que ela necessita de dois polos para manifestar sua existência e sua força de atuação. Ela precisa de um polo positivo e de um negativo. Nessa dualidade, podemos entender o conceito cabalístico expresso do Desejo de Compartilhar e do Desejo de Receber. Em Deus, o Desejo de Compartilhar; na sua Criação, o Desejo de Receber.

Todo o cosmo, nesse sentido, contém os atributos de Deus em forma de massa física e substância espiritual. Einstein também intuiu a mesma coisa de outra maneira. Usando a linguagem da ciência física e da matemática, ele disse que a massa do universo tem uma equivalência em forma de energia: $E = mc^2$, ou seja, energia é igual à massa, acelerada ao quadrado da velocidade da luz.

O que isso quer dizer? Que toda a massa do universo, ou seja, tudo que nele existe é resultado de energia condensada em matéria por força da aceleração que ela desenvolve no vazio cósmico. Isso é verdadeiro e já foi comprovado em laboratórios de física nuclear. A energia entra no mundo real em forma de ondas, as ondas se tornam partículas (quarks, prótons, elétrons, etc.). As partículas, interagindo no ambiente, resultam em átomos, átomos em moléculas, moléculas em organismos e por aí adiante. O processo de gênese do universo vai se tornando cada vez mais complexo.

Por isso é que os cientistas dizem que o universo é uma "caixa-preta", pois ninguém sabe de onde vem a energia que o formata. É uma espécie de romance misterioso que eles comparam ao Gato de Cheshire, o famoso personagem do livro de Lewis Carroll, *Alice no País das Maravilhas*, cujo corpo desaparece, deixando apenas o rosto sorridente. Essa metáfora corrobora um dito de Einstein a respeito da sua teoria sobre a relatividade, na qual ele diz que se toda a matéria do universo fosse retirada, o espaço também desapareceria. Com o tempo aconteceria o mesmo, o que significa que espaço e tempo também são matéria e foram criados, ou manifestados, em algum momento da vida do universo.

Essas elucubrações nos levam de volta ao modelo cabalista da Criação. Deus manifestou, no vazio cósmico, o tempo e o espaço para que eles pudessem funcionar como uma espécie de útero onde a Sua Semente –a Energia dos Princípios –pudesse ser incubada. Essa semente é inoculada nele em forma de Luz. O universo recebe a Luz Divina e com ela vai gerando as realidades universais. É Deus no Seu Desejo de Compartilhar Sua Potência e o universo no seu Desejo de Recebê-la. Na filosofia do Taoismo, também há uma visão semelhante. Dois polos que se completam e atuam para a produção da realidade universal. Por isso, a magistral intuição do filósofo Lao-Tsé: "O Inominado tem origem no céu e na terra; O ato de dar nomes é a mãe das 10 mil coisas. Sempre que não há desejo, contempla-se o mistério. Sempre que há desejo, contempla-se a manifestação.

Ambos têm o mesmo ponto de partida, mas diferem. Quando se lhes é dado um nome sua identidade é Hsuam: Hsuam além de Hsuam, portal de todos os mistérios".[41]

Também há a crença dos antigos povos do Oriente, que viam o Sol como sua deidade máxima, a quem se devia toda a vida na Terra. Essa era a crença dos antigos egípcios, por exemplo, que tinham no Deus Rá, representado pelo disco solar, sua mais poderosa divindade. E igualmente dos povos mesopotâmios e persas, que atribuíam ao Sol a responsabilidade pela existência da vida na Terra.

Todas essas intuições nos levam de volta ao modelo cabalístico da Criação para reafirmar a visão do mestre Shimon bar Yochai quando diz: "Antes que qualquer forma tivesse sido criada, Deus estava só; sem forma e semelhante a nada. E porque o homem não é capaz de conceber Deus como Ele realmente é, não lhe é permitido representá-Lo nem em pintura, nem por Seu Nome, nem inclusive por um ponto. Mas, após ter criado o homem, Deus quis ser conhecido pelos seus atributos; como o Deus da misericórdia, o Deus da Justiça, o Deus Todo-Poderoso, o Deus dos Exércitos e Aquele que É. E é só pelos seus atributos que podemos dizer: toda a terra está cheia de Sua Glória".[42]

Nessa visão, podemos ver também o pensamento de Platão quando ele intui o mundo físico sendo construído pelos homens com formas ideais emitidas pelo pensamento dos deuses, ou seja, os arquétipos. E dessa ideia veio o conceito de que Deus é uma espécie de arquiteto (Tecton) que "pensa" o universo e

41. Ver Watts (1995). A palavra chinesa *Hsuam* significa o Caos inicial que teria sido o universo antes de a consciência humana dar nomes às coisas. E a referência à "mãe das dez mil coisas" é a natureza em seu processo criativo.
42. *Zohar* (2018, p. 82). Na imagem, o rabino Shimon bar Yochai, codificador da Cabalá.

transmite, por meio dos anjos (os arquétipos), o seu pensamento aos homens (seus pedreiros), para que o construam. Nesse simbolismo foi desenvolvida toda a arquitetura espiritual da Maçonaria.

Tudo então se resume ao seguinte: o universo é construído com a Energia do Criador. Ela é a matéria-prima do universo. Ela é o pensamento de Deus, que é transmitido aos homens em forma de Luz. Na Luz do Criador, estão todos os atributos da Sua Essência. Ele é o Grande Arquiteto do Universo, que pensa o universo e, mediante Seu pensamento luminoso, transmite aos homens, seus pedreiros, as noções necessárias para a construção da obra. Nossas almas são centelhas de Luz expelidas pelo Criador na sua manifestação no mundo da matéria. Elas atuam em nosso organismo como receptores da Sua Energia e têm como missão compartilhá-la com o restante do universo.

Na realidade física do nosso planeta, essa função é realizada pelo Sol, em cuja luz, bem como no calor, estão as propriedades que sustentam a existência da vida. Em suma, na visão cabalista, temos em Deus o Desejo de Compartilhar Sua Potência. No universo material, o Desejo de Receber essa Energia. No Desejo de Compartilhar e no Desejo de Receber, está o segredo do mistério da Criação.

Capítulo 5

O SOM, O NÚMERO E A FORMA

A Sagrada Sinfonia Universal

Como já dissemos neste trabalho, a Maçonaria espiritualista trabalha com muitas inspirações da Cabala, temperadas por um forte apelo à filosofia gnóstica e pitagórica. Nela também encontraremos traços de neoplatonismo, associado a um expressivo componente de hermetismo, pitagorismo e rosacrucianismo, este último identificado pelas constantes invocações ao magistério alquímico, cuja proposta de transformação espiritual informa a própria ideia de aprimoramento espiritual que a Maçonaria adota. E na sua estrutura filosófica, percebemos igualmente uma forte inspiração estoica, como veremos no decorrer deste nosso ensaio.

Uma das ferramentas adotadas pelos maçons para ancorar sua prática, quando das sessões em Loja, é a música. Todas as sessões são acompanhadas de melodias apropriadas. Tanto que, no quadro de Oficiais da Loja, é necessária a presença de um Mestre de Harmonia para cuidar da trilha sonora que acompanha os trabalhos.

Essa prática maçônica também encontra sua repercussão na doutrina cabalística. Segundo Isaac Luria, um dos mais eminentes cabalistas de todos os tempos, a Cabala é um comentário esotérico da Torá, que incorpora citações de ideias do misticismo judaico, as quais são imprescindíveis para uma perfeita compreensão dos textos bíblicos.

Ele tem razão. A Cabala é isso é muito mais. Ela tanto é um verdadeiro poema da Criação, elaborado pelos mestres da religião judaica, quanto uma sinfonia mística, em que o som e a palavra são combinados para fornecer ao leitor uma espécie de enlevamento superior que se equipara a um êxtase espiritual.

Talvez mais que um poema, a Cabala é uma viagem espiritual pelas dimensões sutis do universo, onde brilha a Glória de Deus na forma de uma Luz Infinita. É por isso que Jorge Luis Borges dela disse tratar-se de uma metáfora do pensamento que pode servir-nos para pensar e compreender como o universo é feito e funciona.

Isso se dá porque os textos cabalísticos foram compostos a partir de uma antiga tradição da cultura religiosa hebraica, que combina a técnica da meditação profunda sobre o significado de determinada palavra com a trilha de uma melodia. Segundo acreditavam os mestres dessa antiga tradição, a Palavra de Deus tem uma vibração especial, uma espécie de entonação cósmica, em cujas notas a matéria universal vai tomando forma e se organizando, como se fosse uma sagrada sinfonia.

É muito interessante essa intuição, porquanto ela também aparece em outras culturas antigas, que viam na vibração sonora das palavras uma forma de comunicação com as esferas sutis do universo, onde estariam os alicerces do mundo físico e o estofo da nossa própria vida espiritual. As culturas orientais, como a hindu e a chinesa, por exemplo, têm palavras com vibrações especiais, como a sílaba OM, cuja pronúncia, em sua forma melódica, tem a propriedade de estabelecer equilíbrio entre a mente e o sistema nervoso, facilitando a meditação.

As especulações de Aristóteles a respeito da música na composição do mundo físico vão no mesmo sentido. Uma prova de que sua intuição estava correta vem das descobertas feitas pelos cientistas a respeito da origem da matéria física que compõe a massa universal. Sua relação com o fenômeno da sonoridade parece ser uma realidade incontestável, como pensava o famoso filósofo grego.

Várias pesquisas conduzidas por cientistas de renome mundial encaminham nosso pensamento nesse sentido. Uma dessas especulações, hoje aceitas por boa parte dos cientistas que estudam essa matéria, é a chamada Teoria das Supercordas, primeiramente proposta por Edward Witten, no início dos anos 1980 e hoje aceita por boa parte dos cientistas.

A Teoria das Supercordas

Grosso modo, essa teoria diz que, no nível mais simples da matéria, as partículas fundamentais que a constitui são resultados de vibrações sonoras. Elas não se parecem com objetos pontuais, mas têm aparência de pequenas cordas vibrando no espaço-tempo. Diversas partículas podem aparecer como diferentes formas de vibração, mas todas estão incluídas na mesma descrição. Acredita-se que a forma fundamental delas, de onde todas surgem como modos vibrantes, seja muito pequena, da ordem de 10-33 cm, o que justificaria o fato de não conseguirmos, mesmo com a utilização dos mais modernos aparelhos, uma prova material direta de sua existência. O número 10-33 cm é uma fração que representa um volume tão pequeno, da ordem de 1/100000 0000000000000000000000000 de centímetro, um tamanho tão ínfimo que impossibilita a sua detecção. Só para comparar, o raio de um próton mede 10-13 cm, e essa partícula já apresenta uma extrema dificuldade para observação.[43]

O que essa teoria sugere é que os blocos fundamentais de energia (ondas e partículas) que estão na base de toda a matéria universal não são puntiformes, como minúsculas esferas, como antigamente se acreditava, mas se assemelham a fios e membranas, e que a energia que produzem emerge como resultado de suas vibrações, como se fossem cordas tensionadas de um instrumento musical. Isso quer dizer que, em escalas

43. Ver CUADROS-MELGAR, Berta. "Nosso Universo como uma Membrana". *Revista USP*, São Paulo, n. 62, p. 200-205, jun./ago. 2004.

muito pequenas, inferiores ao tamanho do núcleo atômico, toda a matéria pode ser descrita pelos modos vibracionais de pequenas cordas fechadas. Esses modos vibracionais, também conhecidos como harmônicos, surgem quando duas ou mais ondas de energia encontram-se em um mesmo ponto, produzindo ondas estacionárias: exatamente da mesma forma como produzimos notas musicais ao tocarmos um violão.

O renomado físico teórico Michio Kaku explica assim esse fenômeno: "Hoje podemos dizer que todas essas centenas de partículas subatômicas que obtemos rompendo prótons no Grande Colisor de Hádrons não são nada mais que notas musicais, como imaginava Pitágoras".[44]

O que ele diz é, simplesmente, que se tivéssemos um supermicroscópio capaz de nos mostrar um "quanta", o que veríamos é algo semelhante a um elástico de papelaria, circular, vibrando. Se ele vibra de uma forma, temos um elétron. Se vibra de outra maneira, temos um neutrino. E se ele vibra de outro modo, temos um quark. É o mesmo elástico produzindo as partículas que dão origem a tudo que existe no universo, diz Kaku, e elas se assemelham a notas musicais.[45]

Essa teoria é nova e só apareceu no século XX como resultado do desenvolvimento dos estudos sobre a intimidade do núcleo dos átomos e da energia que ele contém. Todavia, revolucionou a pesquisa sobre o comportamento da energia que está na origem da matéria universal, e está fazendo muitos cientistas se voltarem para as intuições dos taumaturgos e cabalistas, que

44. Matéria publicada pela *BBC News-Brasil*, em 26 outubro de 2001.
45. Na imagem, o físico norte americano Michio Kaku. Fonte: Wikipédia Foundation.

há muitos séculos já vinham dizendo coisas parecidas com essas que as pesquisas modernas estão revelando.[46]

Especialmente, a intuição dos mestres cabalistas que deram origem aos textos contidos no *Zohar*. Há muito tempo eles vêm dizendo algo parecido com o que os cientistas da física quântica andam descobrindo agora. É como o rabino Ariel Benson diz em seu prólogo à edição que elaborou do *Zohar*: "Há passagens no *Zohar*", diz ele, "que são relevantes em forma, ritmo, pensamento, simplicidade e beleza, como se estivessem além de qualquer comparação com os preceitos ditados para a observância da religião, que é a adoração instintiva daquele Algo Divino que está em tudo".[47]

Quer dizer: enlevo, ritmo, beleza e arrebatamento espiritual só mesmo se encontram em uma sinfonia em que o compositor consegue entrelaçar sua alma individual como a Alma do Cosmo e com ela combinar os acordes. Nessa intuição está baseada toda a estrutura dos Salmos, como já referido. E nela também se funda o valor profilático da oração e a melódica ritualística que a religião judaica impõe a ela. Por isso, continua Benson, "o *Zohar* era um livro para ser lido em todas as ocasiões, de festa ou de lamentações, de nascimento ou de morte". Isto é, foi escrito como um longo poema místico para ser visto mais pela ótica do sentimento do que da razão e, assim mesmo, só absorvido quando a entonação melódica do verso encontrava uma simbiótica ressonância na alma do orador e do ouvinte.

Pensamos que com isso podemos justificar a necessidade da música nas sessões da Loja Maçônica, como em todas as demais reuniões realizadas pelas mais diversas confissões religiosas, em que a vibração de notas musicais se faz presença necessária para garantir a harmonia do ambiente.

46. Ver ABDALLA, E.; CASALI, A. G. "Cordas, Dimensões e Teoria M", *Scientific American*, São Paulo, mar. 2003.
47. *Zohar* (2018, p. 54).

A Poesia da Cabala

Como diz o filósofo espanhol Miguel de Unamuno no prólogo à edição do *Zohar*, elaborado pelo rabino Ariel Benson, aqueles que estudam a Cabala estão livres dos grilhões impostos pela lógica do pensamento civilizado e das imposições da linguagem codificada, que limitam a mente humana a uma atividade que não passa de 5% da sua capacidade potencial. Isso porque o *Zohar* liberta o homem da dependência da ciência do bem e do mal, que ele define como poder/dever. Nesse sentido, abre a possibilidade de o homem buscar a união com Deus sem intermediação nem ritualismo.

Quem consegue imergir na leitura do *Zohar* sem os óculos da lógica cartesiana consegue ver a beleza de suas concepções, sem achar que são apenas um conjunto de sonhos delirantes medrados na solidão de mentes tomadas pela superstição e domesticadas pelo culto ao fantástico. Porque, para apreciar essa beleza, é preciso deixar sua mente navegar por mares distantes do material e do concreto, e penetrar no mundo do espírito, onde as cores do pitoresco ofuscam olhos que só conseguem ver o cinzento de uma vida informada só pela realidade cotidiana. Isso porque a Cabala é, na verdade, uma aventura onírica da qual nunca se volta com o mesmo espírito da partida.

No *Zohar*, fundem-se a poesia, a filosofia e a religião. Não a filosofia que se conforma em teoremas e silogismos, mas a filosofia fluida e não poucas vezes vaporosa do hermetismo, que substitui a lógica pelo sentimento e se liga mais pelo coração do que pela razão. E quanto à poesia, não se trata de obra que possa ser enquadrada em alguma escola literária, mas algo muito mais livre, talvez próxima do surrealismo dadaísta ou das intuições da psicologia da Gestalt.[48]

A Dança da Luz

A Luz do Criador dança no infinito e nossas almas precisam acompanhá-la em sintonia, para que ela reflita em nós todas as suas possiblidades de Criação. Quando essa harmonia for alcançada pela humanidade em conjunto, a Obra de Deus terá atingido sua finalidade e os seres humanos, como seus pedreiros, alcançarão aquela plenitude que toda tradição religiosa chama de Paraíso, ou Éden, onde serão novamente revestidos daquela "roupa" espiritual que ostentavam quando seus ancestrais foram criados.

Por isso é que Pitágoras (c. 570 a.C.-493 a.C.) desenvolveu uma teoria relacionando a música ao funcionamento do universo. Para ele, havia no infinito cósmico uma melodia que precisava ser ouvida se nós quiséssemos entender como o universo funciona. A cosmologia grega da sua época imaginava um mundo ordenado a partir de uma série de esferas, cada uma governada por uma deidade. A Terra ficava no centro dessas esferas concêntricas e para ela convergiam todas as vibrações sonoras emitidas pelos deuses na sua atividade de pensar.

Pitágoras acreditava que havia uma relação numérica entre as esferas, e essa relação era a responsável pelo equilíbrio entre elas, promovendo a harmonia. Mesmo que esses sons não

48. O Dadaísmo, ou simplesmente "Dadá" (linguagem de bebê), foi um movimento artístico desenvolvido por artistas europeus (franceses, principalmente), na primeira metade do século XX, cujo lema dizia que *destruição também é criação*. Foi o movimento propulsor das ideias surrealistas e tinha um caráter ilógico, antirracionalista e de protesto. A Gestalt é a chamada psicologia do todo ou teoria da forma. É uma doutrina que defende a ideia de que o todo é sempre maior que suas partes, pois cada vez que olhamos, ou pensamos em um objeto, estamos interferindo na sua estrutura em virtude da nossa interação com ele. Assim, para se compreender as partes, é preciso, antes, ter uma visão do todo.

pudessem ser percebidos pelos nossos ouvidos, eles podiam ser sentidos pela nossa alma, porque revelavam a harmonia fundamental do universo.

Platão (423 a.C.-348 a.C.) e Aristóteles (384 a.C.-322 a.C.) também acreditavam na existência de uma harmonia sonora na dança da Luz que dá vida ao universo. Só que eles, em vez de se preocuparem com a origem e a compostura dela, tentaram entender mais os efeitos que ela tinha sobre a sociedade. Tanto que Platão, no terceiro livro de *A República*, tentou especificar o tipo de música ideal para um homem virtuoso.

Isso mostra o quanto esse grande filósofo acreditava na influência da música sobre a vida humana, porque achava que ela seria capaz de modelar uma alma para o bem ou para o mal, conforme sua utilização.

Voltando à Cabala e à sua relação com a música, no sentido de que todos os versos do *Zohar* são composições para serem lidas com entonação musical, podemos entender o porquê de todas as tradições religiosas terem na música um momento de fundamental importância em suas liturgias.

E no que diz respeito à Maçonaria, além do já citado costume de manter, nas reuniões da Loja, um mestre de harmonia para cuidar da parte musical, temos também nos graus filosóficos um capítulo que trata especificamente desse tema, como um dos mais importantes ensinamentos do currículo maçônico. É o Trigésimo Grau do Rito Escocês Antigo e Aceito. É um Grau que se refere às chamadas Artes Liberais, como era conhecido, na Idade Média, o currículo de disciplinas que um estudante deveria aprender para entrar em uma universidade. Servia como preparo obrigatório para todos aqueles que quisessem tornar-se doutores, mestres, filósofos, ou seguir carreira em qualquer outra profissão de nível superior.

Essas atividades eram divididas em dois corpos distintos, chamados *trivium*, que compreendia a retórica, a gramática e a lógica; e o *quadrivium*, que reunia a aritmética, a música, a geometria e astronomia. A utilização dessas disciplinas para preparo dos estudantes de nível superior já vinha desde os tempos de Aristóteles, que as utilizava em sua famosa Academia. Durante o Império Romano, elas também tiveram larga aplicação no ensino dos romanos bem educados, como informa Sêneca em sua obra *De Tranquillitate Animi*.

Por isso, completamos essas informações com nosso soneto a seguir transcrito:

A Música de Deus

Se você puder abrir seu coração,
E verificar se a noite está calma;
Receber a luz, aceitar a emoção,
Deixar o cosmo falar à sua alma;

Talvez, trazida pela voz do vento,
Possa ouvir a música da Criação,
Onde Deus toca um instrumento
Do qual a natureza é o diapasão.

Através dela Ele ajusta a sintonia
Do mundo nascido em confusão,
E põe nele um tom de harmonia.

Porque no fim, é o nosso destino
Nos reunirmos, um dia, no salão,
Onde Ele afina e toca seu violino.[49]

49. O Parto de Deus. Ver Tondela (2015). Na imagem, uma alegoria da música das esferas, gravura de Agostino Carracci a partir de um original de Andrea Boscoli. Fonte: Wikipédia Foundation. Sobre as Sete Artes Liberais no currículo maçônico, ver Rodrigues (2010).

Capítulo 6

A DIMENSÃO DA LUZ INFINITA

A Essência da Alma

A Cabala chama o Criador de "Ele". Ele, o Ain, que gera o Ain Soph – o espaço sem fim –, que projeta Ain Soph Aur – a Luz Infinita –, para se manifestar no mundo como matéria-prima da Criação, é uma fonte inesgotável de Energia que não tem início nem fim. Como diz o rabino Michael Berg: "O Criador é uma força infinita de energia positiva, sem início nem fim; a essência de toda esperança, paz, satisfação, misericórdia e plenitude; a fonte de tudo na Criação que se opõe às forças da confusão e caos e sofrimento e dor; uma fonte infinita de Luz e uma presença eterna indescritível".[50]

Isso porque a Energia do Criador é cuidadosa e é distribuída por todos os segmentos da sua Criação. Ele faz isso porque o mundo foi construído justamente com a finalidade de que Ele pudesse tornar-se conhecido pelos seus atributos.

Como bem intuiu Platão, em sua ideia sobre a dimensão das formas ideais, a Energia do Criador é distribuída no mundo em forma de Luz, na qual habitam os arquétipos que nós chamamos de bondade, paz, felicidade, sabedoria, amor, justiça, enfim, todas as abstrações que nossa mente pode fazer para dar sentido à vida e conhecer o universo. Todos esses arquétipos

50. Ver Berg (2003).

são trazidos ao mundo real pela sua Luz Infinita, porque o Desejo Dele é compartilhar conosco Sua Plenitude.

"A Luz é boa. Separemo-la das trevas", disse o Criador no princípio. Tudo que é bom está na Luz. A ausência dela é a natureza do mal. Já a presença de Luz em nossas vidas nos dá a medida do prazer que sentimos em viver, e a ausência dela nos faz sentir constrangimento e dor. Obter prazer e evitar a dor são funções precípuas do nosso sistema neurológico.

Na Cabala, esse pressuposto se refere à recepção da Luz. Quem a recebe e compartilha nunca experimenta a dor da decepção, do constrangimento, do medo da morte e das agruras da vida, porque tem a Energia que vem do Criador. É como ter uma bateria cuja força nunca se esgota, porque é alimentada por uma fonte perene.

Esse também é o pressuposto que fundamenta a prática da verdadeira Maçonaria. Todo profano que nela ingressa tem como objetivo tornar-se um recipiendário da Luz. Por isso, ele tem que primeiramente conhecer as trevas. Esse é significado do simbolismo da iniciação, em que ele é vendado, passa um tempo em um subterrâneo escuro, convivendo com símbolos da morte e da escuridão, para, em um ritual de apoteose e exaltação, receber a Luz que foi buscar no Templo. Depois de passar pelas provas simbólicas a que é submetido, a venda lhe é retirada e ele recebe a Luz na presença dos Irmãos.

A Forma do Homem

Nossas almas são como uma bateria que acumula essa Luz. Elas são centelhas de energia que vieram do próprio Criador quando Ele se manifestou por meio da grande explosão que os cientistas chamam de Big Bang. Energia é poder. Ela move o mundo. Não serve apenas para acionar motores e iluminar nossas casas. Ela também é o estofo de tudo que existe no universo.

Nossas almas são centelhas dessa energia. Elas são células energéticas que alimentam nosso cérebro para que ele produza os pensamentos que estão na base das nossas ações. Além disso, provém, por meio do metabolismo energético, a força que movimenta nervos e músculos para que eles realizem as ações que o cérebro nos inspira. Por isso, a sabedoria popular diz que quando pomos a alma em um empreendimento, ele nunca falhará.

De onde vem nossa alma? A Cabala responde: vem da Energia inesgotável de Deus, essa Energia que Ele um dia concentrou em um Ponto Único no vazio cósmico e, em virtude dessa concentração (*Tzim Tzum*), fragmentou-se em uma formidável explosão de Luz.

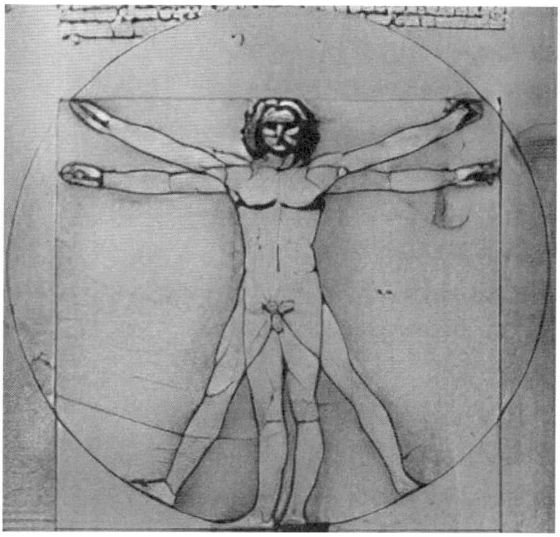

Nós somos um dos resultados que essas centelhas luminosas que Ele expeliu no vazio cósmico produziu. Realizamos múltiplas interações no mundo da matéria para nos tornarmos o que somos. Mas todos conservamos, dentro de nós, essa fagulha da Energia dos Princípios. E se quisermos mais Luz em nossas vidas, temos de acionar continuamente essa célula energética que está na razão principal da nossa existência. Isso significa assinar um compromisso com a vida. Participar, ativamente, da Obra do Criador como seu pedreiro. É a prática da pura Maçonaria, como diz Luiz Gonzaga em seu hino em homenagem à Irmandade.

O universo é um processo que está sendo construído dia a dia pelas nossas ações. Na ação de que nossa alma participa com a intenção de irradiar sua Luz, nós estamos realizando o

Desejo de Compartilhar, que foi o motivo pelo qual o Criador resolveu se manifestar como realidade física.

Foi para realizar o Desejo de Compartilhar Sua Potência que nós fomos feitos, segundo a Torá, "à sua própria imagem". Essa imagem não é, evidentemente, algo que pode ser representado por algum meio que a mente humana consiga imaginar, porque Deus não tem forma nem imagem; mas, sim, porque, sendo o universo o "corpo físico" Dele, entende-se a dicção bíblica como uma analogia bem ajustada à realidade desse fato, pois sendo Ele capaz de assumir todas as formas, nenhuma pode ser identificada como sendo a Dele. *Ele é todas as formas*, e por ser tudo o que pode ser formatado, nenhuma forma em particular pode ser reivindicada como sendo a Dele.

O desenho estrutural do homem reflete a imagem do corpo físico do Criador, manifestado no mundo real em todas as suas formas, e não o próprio Criador em sua Essência, pois essa ninguém conhece. Ela é pura Energia e, como sabemos, Energia não tem forma nem imagem.

A Cabala explica esse conceito com a formação do homem primordial, conhecido como Adão Kadmon. Segundo o *Zohar*, "a forma do homem é a imagem de tudo o que está acima [no céu] e abaixo [da terra]; e, portanto, o Santo Ancião [Deus] o selecionou para a Sua própria forma".[51]

Segundo essa visão, explorada pela primeira vez pelo filósofo judeu Philo de Alexandria no século II antes de Cristo, o homem primordial, Adão Kadmon, é a personificação de todas as manifestações divinas, ou seja, o *Logos* (Verbo), como ele o chama. Ele corresponde às dez sefirots da Árvore da Vida, que significa a própria imagem do universo manifestado. São os atributos de Deus refletidos no mundo real para que Ele se tornasse conhecido. Por isso, diz-se que Ele está em todas as coisas, mas as coisas não estão Nele. Ele é o mundo (expresso

51. *Zohar* (2018, p. 82). Na imagem, a representação do homem primordial, Adão Kadmon. Ver Rosenroth (2005), desenho de Leonardo da Vinci.

na ideia do *Logos*: Eu Sou), mas o mundo não é Ele, pois este é uma emanação da Sua Potência, ou seja, uma expressão do Seu Pensamento, e não Ele Mesmo em sua Essência.

Nessa visão, o Adão terrestre seria uma cópia do Adão celestial, criado pelo Pensamento Divino, como representação, no universo da vida, do mundo idealizado por Deus. Por isso, tanto Platão quanto Philo se referem ao homem como um microcosmo, feito à semelhança do macrocosmo (o universo).

O Homem Universal

O universo, nessa visão, e nós mesmos somos a própria consciência dele e da nossa existência dentro dele. Essa é uma dedução feita por um físico que estuda as propriedades da matéria e da energia quântica que lhe dá origem e forma.[52] Mas essa ideia já estava expressa no *Zohar*, como podemos ver: "A forma do Homem compreende todas as coisas, e todas as coisas podem sustentar a vida por meio dela. Como o Homem não havia ainda sido criado, os mundos que o precederam não puderam nem viver nem se sustentar e caíram em ruínas até que a forma do homem tivesse sido estabelecida. Após a criação do Homem, todos eles renasceram, mas sob outros nomes".[53]

O quer dizer essa estranha locução? Apenas que o universo e o próprio homem se refletem um no outro, e assumem forma e circunstância nessa reciprocidade. Nela é que se confirma o axioma fundamental da Cabala quando afirma ser o mundo real um Desejo manifesto do Criador de compartilhar Sua Potência, e a vida também como um Desejo manifesto dela mesma em compartilhar a sua.

Essas intuições também já haviam frequentado o pensamento de Pitágoras e Platão. Eles encontraram o ideal da perfeição universal nos números e na geometria. O físico Frank Wilczek, ganhador do prêmio Nobel em física, em seu livro *A Beautiful*

52. Ver Chopra e Kafatos (2017).
53. *Idem, ibidem*, p. 85.

Question, defende essa tese usando as modernas descobertas da matemática e da física nuclear. As questões por ele formuladas são: podem a realidade quântica e os fundamentos da matemática serem invocados para explicar a vida real? O mundo real teria condições de comportar-se como o mundo quântico? Como ver a participação da mente humana nesse processo, se sabemos que ela interfere em tudo que observa e de que participa?

Wilczek diz que "existe de fato uma música das esferas" incorporada aos átomos e ao conceito de vazio, não como uma música no sentido comum, mas algo equivalente ao conceito de harmonia, como diz Johannes Kepler – "um canto de anjos".

Wilczek lembra que o famoso desenho de Leonardo da Vinci, feito sob a influência do renomado arquiteto romano Vitrúvio, homenageia o conceito de humanismo recuperado pela Renascença. É uma referência à beleza do ser humano que resgata o ideal sofista contido no axioma "o homem é a medida de todas as coisas". O homem nu, com pernas e braços em duas posições, representa o círculo perfeito (primeira posição) e o quadrado, que no esquema pitagórico simboliza a quadratura do círculo. Na opinião de Pitágoras e de seus seguidores, essa era a representação perfeita do universo. Em analogia com a ideia cabalista do homem universal, Da Vinci colocou o corpo humano nessa moldura para mostrar que o homem e o universo estavam em perfeita sintonia, justificando o velho preceito hermético de que o macrocosmo (o universo) e o microcosmo (o homem) obedeciam às mesmas leis de construção. Como o próprio Wilczek diz textualmente, o desenho de Leonardo da Vinci: "sugere a existência de conexões fundamentais entre a geometria e as proporções humanas ideais".[54]

Voltando às intuições cabalistas constantes do *Zohar*, temos o seguinte texto: "Antes de se estabelecer o equilíbrio, O Rei e a Rainha – o mundo real e o mundo ideal – não se olhavam face a face. Portanto, os primeiros reinos morreram e os

54. Ver Wilczek (2015).

primeiros mundos tombaram em ruínas. Esse equilíbrio pertence completamente à vida interior e só repousa em sua própria invisibilidade. E as balanças sustentarão o que não é, e o que é, e o que ainda há de ser".[55]

Nessa intuição, podemos identificar tanto a visão de Pitágoras, de que a geometria é a ferramenta usada pelo Criador para dar forma à criação, quanto às especulações de Wilczek e Penrose sobre a tese de que o universo toma forma por meio da consciência humana. E da Cabala também, pois de acordo com Yochai, "o Eterno deu lugar em seu Pensamento à criação daquele em que nós vivemos. E quando esta última criação estava a ponto de ser cumprida, todas as coisas deste mundo, todas as criaturas do universo e tudo o que havia de ter vida e existir aqui embaixo passaram diante de Deus em suas formas atuais. Pois o que foi outrora também será no futuro e o que será já foi".[56]

Aqui se justificam duas famosas metáforas bíblicas: a do Eclesiastes 1:9, que diz que nada há de novo embaixo do Sol e tudo que foi voltará a ser; e a que consta em Gênesis 2:19, sobre o fato de Deus ter conferido ao homem a faculdade de dar nome a todos os seres: "E tudo o que chamasse o homem à alma viva, esse seria o seu nome".

Isso significa que nós somos os veículos pelos quais a Energia do Criador se distribui pelo cosmo. Talvez não exista no universo nenhuma outra espécie como a nossa. Mas se existir, certamente ela terá sido feita com a mesma finalidade. Porque a vida só se justifica como leito pelo qual a Energia do Criador escorre. Por intermédio da vida, ela flui pelo vazio cósmico, povoando-o com a presença Dele.

Nada de Novo sob o Sol

Diz o Eclesiastes que não existe nada de novo sob o Sol. Isso é verdade, porquanto tudo o que aconteceu, está acontecendo

55. *Zohar* (2018, p. 107).
56. *Idem*, p. 108.

e acontecerá já estava presente no universo quando ele saiu do Pensamento do Criador. Apenas esperava o momento certo e as condições adequadas para se manifestar. Quer dizer: o universo já estava delineado no Pensamento de Deus quando Ele resolveu se manifestar numa grande explosão de Luz. Era um plano, que à semelhança de uma obra de arquitetura, já tinha todas as suas linhas traçadas e regras de construção definidas, bem como toda a matéria-prima necessária alocada.

Faltava apenas definir a forma que o edifício tomaria. Por isso, diz o *Zohar*: "Deus é o Mestre do manto branco e de Rosto resplandecente. O branco do Seu Olho forma quatro mil mundos, e cada um dos justos deste mundo herdará quatrocentos mundos iluminados pelo Branco do Olho. Milhões de mundos têm sua base e seu suporte na Cabeça Dele".[57]

A forma que teria o edifício universal Ele deixou por conta dos seus pedreiros. É a consciência do homem que dá aparência de realidade a ele. Quanto ao resto, tudo já estava inserto na Luz Infinita do Criador: a gravidade, a relatividade, a eletricidade, a aceleração, o calor, a radioatividade, enfim, todos os componentes que dão vida e estrutura à realidade universal. Nada se criou depois que Ele se manifestou como Existência Positiva. Inclusive a nossa própria consciência já estava presente na Energia do Criador, pois dela Ele necessitava para pôr ordem no caos e dar identidade à Criação.

Aliás, nem antes da Sua manifestação no mundo físico nada foi criado. Quer dizer, antes disso nada havia sido manifestado, e depois Dele tudo que se formou e se forma no universo foi e é fruto de combinações entre os elementos energéticos que Deus colocou no mundo. Por isso a Cabala ensina que Deus se manifestou no universo real por meio da Luz projetada pela sua Energia. Depois disso, tudo é produção dessa Energia em múltiplas combinações naturais.

57. *Idem*, p. 89.

Criação, Perdas e Transformação

Dizem que aquilo que os olhos não veem, o coração não sente. Isso não é verdade. Os olhos podem não ver, mas os ouvidos ouvem, o nariz cheira, a língua e a pele captam o gosto e a sensibilidade dos alimentos, do ambiente, etc. Nem sempre é a visão das coisas que machuca ou alegra nosso coração, mas uma palavra, um som que ouvimos, um cheiro que sentimos, um paladar que nos desagrada, uma sensibilidade tátil que nos ofende, enfim, um estímulo sensorial qualquer que nossa mente capta no mundo.

Nossa visão nos dá apenas uma pequenina parte do nosso conhecimento do mundo. É somente o espectro de luz que nossos olhos conseguem captar. Mas ele é muito mais do que podemos ver. Por isso, Jesus disse: tudo é possível àquele que crê. Porque tudo que pudermos pensar, tudo que pudermos imaginar, existe no universo em forma de energia.

Nesse estofo energético que Deus colocou no mundo em forma de Luz, todas as combinações são possíveis. Isso significa que todas as coisas estão no mundo esperando para serem descobertas, todos os eventos estão esperando somente a combinação certa para ocorrerem, todas as ideias, tudo enfim que já aconteceu, está acontecendo e acontecerá. Nada se cria, nem se perde. Apenas se transforma e continua se transformando. Essa é uma lei deduzida pelo químico francês Lavoisier, mas já era uma informação conhecida muitos séculos antes pelos rabinos que codificaram a Cabala.

Deus nos deu olhos, ouvidos, língua, nariz e sentidos proprioceptivos para que possamos perscrutar o universo à procura das leis que regem seu processamento. Quando uma delas é revelada, o conhecimento geral da humanidade é acrescido de mais um degrau na escada que ela sobe em direção ao seu Criador.

Na Maçonaria, essa ascensão é conhecida como a Escada de Jacó, a escada do aperfeiçoamento espiritual. Esse é mais um simbolismo de extraordinário alcance espiritualista que a Cabala legou à Arte Real. Significa o caminho para o aperfeiçoamento espiritual que todo maçom procura ao ingressar na Ordem. Esse simbolismo é fundamentado na técnica da gematria, que é uma fórmula linguística que a Cabala usa para decifrar os significados de palavras contidas na Bíblia.

A Escada de Jacó

A Escada de Jacó é uma expressão linguística que no alfabeto hebraico corresponde ao mesmo valor numérico da palavra Monte Sinai. Como se sabe, o Monte Sinai é o lugar onde Moisés recebeu do Altíssimo os fundamentos para a elaboração do Decálogo. Foi onde ele contemplou a Chama Sagrada do Senhor – sua Estrela Flamejante. Por isso, no simbolismo da Maçonaria, subir a Escada de Jacó é o mesmo que subir o Monte Sinai para contemplar essa Estrela que simboliza o corolário da Criação.

Segundo o cabalista Abraham Abulafia, considerado o fundador da Cabala profética, há três vias para o progresso do espírito: a via ascética, que é menos boa; a via filosófica, bem melhor, mas não a ideal; e a profética, que é, na sua opinião, a via perfeita para se chegar à iluminação, porque apenas esta deslinda o mistério da Palavra de Deus. Isso quer dizer: somente com a contemplação dessa Estrela se completa o aperfeiçoamento do espírito, meta de toda iniciação.

A Chama Divina

De transformação em transformação, o mundo vai sendo construído pela Energia que vem do Criador. É como uma composição em que o autor vai combinando notas musicais para obter uma melodia. Mozart dizia que as melodias que ele compunha estavam no ar. Ele não as criava. Apenas combinava, com extrema competência, um repertório de sons que já existiam no universo e, com isso, obtinha maravilhosas melodias. "Em minha imaginação", disse ele, "não ouço as partes de uma sinfonia em uma sequência sucessiva; eu as ouço todas de uma só vez, simultaneamente. E com que prazer! Todo esse inventar, todo esse produzir, acontece em um sonho vivaz, prazeroso".[58]

Mozart era maçom e tinha a sensibilidade de um mestre cabalista. Ele mantinha sua mente em estreita conexão com a Luz Infinita do Criador, em que todas as notas musicais são geradas. Muito antes dos modernos cientistas do átomo, ele intuiu o fenômeno que está na base da Teoria das Supercordas.

Isso significa que as ideias, as descobertas, as inspirações não nos pertencem individualmente. Nenhum indivíduo, por si mesmo, descobre, idealiza ou cria algo novo. Todo conhecimento passa por nós, mas não vem de nós. São como nossos filhos, no dizer do poeta Khalil Gibran: eles vêm por meio de nós, mas não de nós. Embora vivam conosco, não nos pertencem.

Somos portadores de uma tocha que alguém já levou antes de nós e outros levarão depois. A natureza, que é o recipiente da Luz do Criador, é a detentora de todo saber. Por essa razão, os gregos intuíram a noção arquetípica de que o conhecimento humano era simbolizado pelo fogo que passava de civilização em civilização pelas mãos de um deus chamado Hermes, e era mantido aceso no templo da Deusa Atena, chamada pelos romanos de Minerva. Esse fogo sagrado era o responsável por toda a sabedoria existente na Terra e seu domínio pertencia aos deuses, que o davam a quem eles escolhiam. Por isso, uma das metáforas gregas, correspondentes à descrita na Bíblia como

58. Ver Berg (2012). Na imagem, o compositor Mozart. Fonte: Enciclopédia Barsa.

sendo o pecado de Adão, é a lenda de Prometeu, o titã que roubou o fogo dos deuses para dá-lo à humanidade.[59]

Shekinah

Na verdade, a Deusa Minerva também é Ísis, Eva, a Virgem Maria, a Sofia dos gnósticos, todas são imagens do mesmo arquétipo, existente nas mais variadas tradições religiosas dos povos antigos e modernos. Ela simboliza a "mãe" da humanidade, a deusa da maternidade. Sua função é sempre "parir" o princípio criador do mundo, ou seja, a Luz.

Essa iconografia, que se tornou uma referência mundial para simbolizar a aquisição da sabedoria, é, claramente, uma derivação do conceito que na Cabala é chamado de Shekinah. Como sabemos, na doutrina cabalista, Shekinah simboliza a presença da Luz Divina no mundo, a qual é responsável por tudo o que existe nele. Shekinah é a própria Luz do Criador. É uma expressão que também se refere à Glória de Deus preenchendo o universo. Ela é citada várias vezes na Bíblia como sendo a Presença Divina na Terra na forma de Luz ou de uma nuvem luminosa, como se lê em Êxodo 40:35, no qual se diz: "Moisés não pôde entrar na tenda da reunião, porque a nuvem tinha pousado sobre ela e a glória de Javé enchia o santuário".[60]

As derivações desse conceito místico e extremamente poético acabaram migrando para a política e a sociologia, que delas

59. No mito de Prometeu, o **fogo simboliza o conhecimento** e é o elemento capaz de realizar transformações na natureza. Em razão disso, esse mito é uma alegoria muito significativa na prática da alquimia e, por extensão, na Maçonaria, haja vista que em uma das "viagens" que o iniciando maçom faz, ele é "purificado" pelo fogo.

60. Na imagem, a Shekinah sendo contemplada pelos sacerdotes israelenses. Fonte: Wikimédia.org.

se vale para mobilizar a sensibilidade cívica das pessoas. Tanto que a Luz Divina, a Shekinah, que a Cabala mantém cercada por uma aura toda espiritual, na política das nações que adotaram esse arquétipo, tornou-se um símbolo de poder bastante profano, que é o Paladium.[61]

Por aí se vê como um conceito pode influenciar nossas crenças, de tal forma que jamais podemos desprezar a inteligência que o concebe. Cabe-nos aqui reverenciar o espírito do mestre cabalista que nos deu as chaves para penetrar na intimidade do mundo ilimitado da Luz de Deus, para de lá voltarmos com a plenitude que todas as almas procuram, mas tão poucas logram alcançar. É nesse sentido que encontramos no *Zohar* estes dizeres: "Sabei que todos os mundos superiores e inferiores estão compreendidos na imagem de Deus. Tudo foi e tudo será. Nunca mudou e nunca mudará. É o centro de toda perfeição. Encerra todas as imagens de cada coisa de que estamos conscientes com todos os nossos sentidos e em todas as formas. Mas só a vemos como uma reprodução, pois ninguém a viu e ninguém pode vê-la em sua verdadeira forma. Tudo o que sabemos é que o homem traz a maior semelhança com o original. E sabei que essas coisas só são reveladas aos que cultivam o campo".[62]

Cremos que a maioria dos maçons já deve ter ouvido um discurso semelhante. Essa é a diferença entre um iniciado e um profano. O iniciado cultiva o "campo", ou seja, ele, ao bater à porta do Templo à procura de Luz, está entrando para o seleto grupo das pessoas que descobriram o verdadeiro sentido da vida, que é de receber e irradiar, pelo mundo real, a Luz do Criador.

61 Ver Gibbon (1989).
62. *Zohar* (2018, p. 78).

Capítulo 7

A BIBLIOTECA CÓSMICA

A Biblioteca Cósmica

O rabino Yehuda Berg chama de "mundo dos 95%" aquela parte do universo em que nossa mente lógica não consegue penetrar. É o mundo desconhecido da Luz Ilimitada de Deus, que contém todas as possibilidades combinatórias que o universo já produziu, está produzindo neste momento e produzirá no futuro.[63]

Fazendo um paralelo com o mundo que se hospeda em nossa mente, diríamos que essa porção ignorada do universo, de que fala o rabino Berg, é semelhante ao território da nossa inconsciência. Quer dizer, aquela parte da nossa mente que é ilógica, atemporal, caótica e rebelde, mas não menos sábia e real do que a mente consciente, que tudo procura entender e organizar, mas cujo conhecimento não passa de 5% do que existe dentro dela, segundo a maioria dos estudiosos do assunto.

Em termos neurológicos, é aquela parte do universo mental que nós sabemos que existe, porque ela se manifesta em comportamentos inexplicáveis, em atos falhos, em nossos sonhos e desejos, mas que não conseguimos explicar nem entender. Nem mesmo como acontecem os processos que nela são medrados, os quais, muitas vezes, fazem um indivíduo se comportar de forma totalmente inexplicável.

63. Ver Berg (2012, p. 32).

Alguém pode acreditar em amuletos; pode achar que uma ferradura pendurada atrás da porta vai afastar os maus influxos, que um pé de coelho pendurado numa correntinha de ouro, um trevo de quatro folhas, etc. farão com que lhe aconteça coisas agradáveis. Ou então crer que um gato preto cruzando à sua frente, um chinelo com a sola virada para cima, um corvo empoleirado no telhado, etc. significam azar ou notícia ruim.

E quem acreditar nisso estará certo, já que, se essa crença existe, é porque em algum lugar, em algum tempo, alguém teve uma experiência concreta em que esses estímulos sensoriais estiveram envolvidos e o resultado foi bom ou ruim. E como os resultados de todas as experiências realizadas pelos seres humanos, em todos os tempos, estão registrados no inconsciente coletivo da humanidade, então é possível, para qualquer um de nós, acessá-los, e buscar nesse cabedal de memórias coletivas as justificativas para nosso próprio comportamento e alicerce para nossos pensamentos mais desencontrados.

O mesmo acontece para grandes descobertas e obras de reconhecido valor científico e artístico. Podemos dizer que Einstein não "descobriu" a relatividade, nem Newton a gravidade; que Edison não inventou a lâmpada elétrica, nem Santos Dumont e os Irmãos Wright o avião; nem Fulton, a máquina a vapor, e Henry Ford, o motor a combustão. Dante não "criou" a Divina Comédia, nem Shakespeare, suas magníficas obras; ou Michelangelo, Da Vinci, Picasso e todos os grandes pintores, suas esplêndidas telas.[64]

Todas as descobertas, invenções e obras artísticas já existiam no inconsciente coletivo da humanidade como informação, projeção arquetípica ou lei natural. Na verdade, elas foram *reveladas* por esses pesquisadores, cientistas e artistas que conseguiram estabelecer conexão entre suas mentes particulares e a Grande Mente Universal que hospeda todas as informações possíveis, imagináveis e inimagináveis.

64. Na imagem, afresco de Michelangelo, pintado no teto da Capela Sistina, no Vaticano, mostrando Deus criando (ou manifestando) o homem. Fonte: Enciclopédia Barsa.

A relatividade, a gravidade, a luz elétrica, a termodinâmica, a potência de um motor são coisas que sempre existiram na natureza. Só não eram conhecidas pela consciência humana, nem sabíamos como era o processo que as fazia funcionar. Os grandes artistas, inventores e cientistas revelaram sua existência e mostraram "como" elas funcionavam. Suas mentes visitaram a biblioteca cósmica chamada Luz Infinita do Criador e de lá voltaram com essas informações.

Uma prova disso é justamente a arte. Sabemos que ela é um produto da nossa mente. Mas um verdadeiro artista diria que ela, na verdade, é um produto da alma, pois, para ele, uma obra sem "alma" não é verdadeira arte. Hoje temos na inteligência artificial um sucedâneo da inteligência humana, e o temor de que ela acabe fazendo do nosso cérebro uma máquina obsoleta é algo bastante preocupante, porque ela pode digerir informações e compor soluções com uma velocidade muito superior à do nosso cérebro. Mas seja qual for a perspectiva pela qual olhemos esse fato, a verdade é que a inteligência artificial jamais conseguirá produzir algo que mereça ser chamado de arte. Ela até pode produzir algo parecido que enganará nossos sentidos, mas a verdadeira arte só mesmo a alma do artista consegue produzir.

Outro argumento: nenhum cientista descobriu ainda como nosso cérebro produz os pensamentos. Só sabemos que não há qualquer previsibilidade nesse processo. Nós não conseguimos controlá-lo sempre. Se pudéssemos mandar nele, fazê-lo pensar só no que queremos, a grande maioria dos nossos problemas estaria resolvida. Mas sabemos que isso é impossível. Se é assim, como negar que existem forças que atuam em nós além do que podemos controlar?

Um Fenômeno Quântico

O físico Roger Penrose e o anestesista Stuart Hameroff acreditam que a consciência é um fenômeno quântico que ocorre no íntimo dos neurônios, na estrutura microscópica conhecida como microtúbulos. Essa atividade do cérebro é conhecida como Orch Or (Orchestrated Objective Reduction – Redução Objetiva Orquestrada).[65]

Essa teoria elimina a possibilidade de reduzirmos o fenômeno da consciência a fórmulas matemáticas, que é o mesmo que dizer a processos físicos. Isso significa que nenhum modelo da física clássica conseguiu, ainda, explicar como se processa o pensamento humano.

Até porque ninguém consegue prever qual será seu próximo pensamento. Eles são espontâneos e imprevisíveis. O cérebro é uma máquina que não padroniza respostas. Uma prova disso: tente comunicar uma ideia duas vezes com as mesmas palavras. Você verá que ele sempre sugerirá uma ou outra palavra diferente. Da mesma forma, se você lhe fizer várias vezes a mesma pergunta, ele lhe dará um repertório inteiro de respostas, todas com palavras e fórmulas distintas.

Nossa mente é duplamente controlada. Uma parte dela, como já dissemos, é controlada pela nossa consciência. É a parte que toma decisões, sugere comportamentos e produz pensamentos lógicos. Mas há ocasiões em que perdemos o controle dela e parece que há outra entidade no comando. É, por exemplo, o que a esquizofrenia paranoide faz em nós. Parece que há uma voz dentro da nossa cabeça que nos controla.

De qualquer forma, como já dissemos, é impossível pensar só no que queremos. Por mais que nos esforcemos para manter o foco, há um momento, em qualquer tentativa de meditação, em que o pensamento sai do nosso controle. Uma paixão avassaladora, ou uma forte inspiração artística, também é um claro

65. Citado por Chopra e Kafatos (2017, p. 196).

exemplo da perda do controle mental. Nesses casos, parece que a mente trabalha independentemente de nós, obedecendo a uma outra fonte de comando.

A visão unilateral de um conceito ou o sequestro mental conhecido como fanatismo também pode ser considerado uma perda do controle mental. É claro que no caso de uma paixão amorosa ou uma inspiração artística, o sequestro emocional da nossa consciência tem seu lado positivo. Mas no caso do lunático, ou do fanático, o resultado é quase sempre catastrófico.

No primeiro caso, poderemos ter um Mozart, um Shakespeare, um Da Vinci. No caso da paixonite aguda, um exemplo é o de Romeu e Julieta, e no caso do fanatismo, tanto pode surgir um santo como Francisco de Assis, uma Joana d'Arc, ou um demônio, como Gilles de Rais, senhor feudal que sacrificou centenas de crianças em rituais satânicos; ou um Pol Pot, ditador cambojano que matou milhões de pessoas em nome de uma ideologia política. Sem falar de Hitler e de seus seguidores, autores do maior genocídio de que se tem notícia na História.

A importância de termos consciência disso nos dá mais liberdade de escolha. E liberdade de escolha é uma prerrogativa da nossa alma, que repercute sobre nossa mente. Tudo isso está inserto na Energia presente na Luz Infinita do Criador e funciona como fórmula prática para a construção do universo.

O Mundo dos Arquétipos

O cosmo e nosso inconsciente se nos apresentam caóticos, porque o cosmo é um todo e a nossa consciência só consegue vê-lo por partes. Essa intuição já estava presente no pensamento de Platão e de seus seguidores. Eles identificavam um universo dividido em duas dimensões de pensamento: uma física e outra espiritual. Esta última, por ser uma dimensão sutil, era onde se encontrava o Pensamento Divino, que se manifestava em conceitos arquetípicos ideais, como bem, caridade, amor, justiça, coragem, bondade, etc.; a outra, a dimensão física, compreendia a mente humana, que era influenciada por esses arquétipos. Jung, pensador moderno, médico e cientista, deu o nome de Inconsciente Coletivo a esse mundo das formas ideais platônicas. E viu nele uma espécie de enciclopédia em que tudo que a espécie humana já experimentou está registrado; e também tudo o que ela soube, sabe e saberá já está ali deduzido e informado, pois nada se cria, nem se perde, apenas se transforma, e o que há de vir sempre tem raiz no que já foi.[66]

Podemos encontrar outro interessante paralelo dessas visões nas ideias expostas pelo filósofo Teilhard de Chardin, quando ele se refere à totalidade das manifestações psíquicas emanadas pela espécie humana em todos os tempos. O que ele chama de "noosfera", ou seja, uma espécie de atmosfera espiritual que aureola a Terra e fornece à humanidade inteira uma fonte de experiências psíquicas, nas quais ela pode se suprir para desenvolver seu processo de aprimoramento espiritual, pode ser comparado, por analogia, ao mundo ideal dos Platão e ao inconsciente coletivo de Jung. E se esse mundo foi atingido pelas mentes privilegiadas desses grandes pensadores, é porque ele existe e é real. E mais: todos nós podemos acioná-lo e usufruir das informações nele depositadas.[67]

O físico inglês Roger Penrose, parceiro de Stephen Hawking em grandes e importantes descobertas no campo da física quântica, nos dá um interessante testemunho a esse respeito: "De acordo com Platão, conceitos matemáticos e verdades matemáticas habitam seu próprio mundo real, o qual não tem tempo nem localização física. O mundo de Platão é um mundo ideal de formas perfeitas, distinto do mundo físico, mas

66. Na imagem, o psiquiatra e filósofo Carl Gustav Jung. Fonte: Enciclopédia Britânica.
67. Ver Pierre Teilhard de Chardin (1968).

em cujos termos o mundo físico precisa ser entendido", escreve ele em seu livro *Sombras da Mente*.[68]

Quer dizer: Platão, Jung, Chardin, Penrose e outros pensadores e cientistas que já se debruçaram sobre esse tema concordam com um ponto em comum: nosso cérebro é uma espécie de rádio que está conectado com a totalidade do universo. Essa conexão é feita pela nossa mente inconsciente, por isso nossa relação com ele, muitas vezes, é incompreensível e até conflitante. Mas ela é possível, como foi demonstrado por eles. Basta ter sensibilidade, disposição e vontade para isso. Porque tudo está inserto no Desejo de Receber, que nos identifica como recipiendários da Luz do Criador, e no de Compartilhar, que nos faz veículos de distribuição dela pelo universo real.

Centrais de Energia

Para a Cabala, esse mundo ignorado e estranho é aquele a que nossa mente consciente tem dificuldade para acessar, porque consciência é energia que nossa alma transmuta em reflexões e estas pertencem à dimensão das coisas manifestas. Já mencionamos esse tema em outra obra de nossa autoria, referindo-se aos estudos realizados pela noética, ramo da filosofia que pretende, por meio de métodos teórico-experimentais, encontrar respostas para várias indagações da metafísica, como a existência da alma e a continuidade de alguma forma de vida depois da morte. Com essa finalidade, os pesquisadores têm produzido diversas experiências, no sentido de mensurar a relação mútua entre a consciência e o corpo físico, utilizando, inclusive, os conhecimentos trazidos à luz pelos estudiosos da mecânica quântica.[69]

68. Citado por Berg (2012).

69. Conferir MARILYIN, Schlitz *et al.* "Toward a Noetic Model of Medicine". *Noetic Sciences Review*, n. 47, Winter 1998. O termo noética deriva do grego *nous*, *noema* e *noesis*, que se referem à mente, ou alma racional, a inteligência, enfim, toda a parte psíquica que comanda a atividade humana em sua experiência física e intelectual. Platão destacava a *noesis* como a mais elevada atividade mental possível, que estaria ligada diretamente ao plano divino, que era o mundo das formas ideais (arquétipos). Atualmente, o termo tem sido usado no campo da psicologia e da ciência neurológica para designar estudos e pesquisas

Segundo o rabino Berg, nossos sentidos não percebem a existência do mundo da Luz Infinita do Criador em razão das nossas limitações físicas e, principalmente, por força da nossa própria descrença. Ele está numa dimensão espiritual que somente com nossa alma podemos conectar.

Nesse mundo, só as almas têm direito a ingresso. Às vezes, sucede que alguém, em algum momento – em virtude da sua própria capacidade sensitiva ou por algum acidente cósmico – consegue estabelecer uma conexão sensível com essa dimensão de Luz. E dessa conexão consegue trazer ao nosso mundo físico alguma informação que ainda não conhecíamos. Mas não foi a mente dessa pessoa que fez essa conexão, e sim sua alma. Só ela tem essa possiblidade, porque ela é uma centelha da Energia do Criador. A mente não. A mente é projeção da Luz que ela captura nessa biblioteca cósmica que é a Luz Ilimitada do Criador, e emite no mundo físico na forma que chamamos de pensamento.

Nesse esplendor capturado está a essência do que chamamos de mente. Por isso, entendemos o fenômeno mental como a projeção energética que vem da alma para ativar o cérebro na produção dos pensamentos. Por se manifestar em forma de Luz (produzindo as sinapses), essa energia se confunde com o que chamamos de Espírito. A mente, para os pesquisadores da noética, é um epifenômeno, ou seja, consequência de um fenômeno anterior que o antecede. Ela atua por força dessa luminosidade que recebe da sua alma e se transforma em seu Espírito, e lhe dá o sentimento do "ser".

---

sobre o impacto das crenças e do simbolismo sobre a mente humana e sua influência sobre a realidade em que vivemos. Modernos pesquisadores, como William James, Sigmund Freud, Carl Gustav Jung, bem como cientistas de renome, como Albert Einstein, Niels Bohr, Robert Oppenheimer, Wilhelm Reich e outros, reconheceram publicamente a influência que a noética, em especial, a resultante dos trabalhos publicados por autores espiritualistas, como Helena Blavatsky, os teosofistas e, principalmente, os cabalistas, teve sobre suas pesquisas.

De fato, é o sentimento de "ser" que distingue o ser humano das outras espécies vivas. Esse sentimento se identifica pela capacidade de refletir. Como diz Teilhard de Chardin, essa capacidade se dá pelo enrolamento da energia vital sobre um determinado órgão, que é o cérebro.[70]

Isso quer dizer que o cérebro é uma espécie de dínamo, que fornece a energia que provoca a reflexão, mas ele não é a reflexão. O "eu sou" que caracteriza o ser humano é uma realidade emancipada dele e tem uma identidade própria que podemos chamar de personalidade, se quisermos nos manter no mundo físico, ou de Espírito, se quisermos trabalhar com a realidade do mundo sutil. A mente, no que concerne ao cérebro, é como uma música em relação ao rádio que a toca ou ao músico que a executa. Igualmente, a *persona* que se forma a partir da mente também é uma realidade emancipada dela e sobrevive a ela na forma do seu Espírito, o qual se integra, como energia, na totalidade das reflexões emitidas pela humanidade, como pensa Teillhard de Chardin com seu conceito da noosfera.

Por isso, também, diz o mestre Shimon bar Yochai: "Em três coisas: no espírito, na alma e na vida dos sentidos, nós encontramos uma representação fiel dos mundos superiores. Pois essas três coisas não formam senão um só ser, onde tudo está junto e em unidade. A vida dos sentidos não possui por si mesma luz alguma, mas por essa mesma razão está intimamente ligada ao corpo, para o qual procura os prazeres e o sustento de que ele necessita. Por cima da alma se eleva o espírito que a domina e derrama sobre ela a luz da vida. A alma é clareada por essa luz e depende (em vida) inteiramente do espírito. Depois da morte a alma não pode encontrar repouso, nem estão abertas para ela as portas do Paraíso até que o espírito não tenha ascendido à sua fonte (integrado como energia) para reabastecer-se no Ancião dos Dias por toda a eternidade ".[71]

70. Ver Chardin (1968).
71. *Zohar* (2018, p. 144).

Podemos até dizer que nosso cérebro funciona como se fosse um computador. Mas ele não é o único que tem essa qualidade. O cosmo inteiro também tem seus "programas". Cada partícula e cada átomo são criados e controlados por uma "Mente" que exerce sua "Vontade" sobre eles, no sentido de que as leis naturais se cumpram e resultem no que chamamos de universo físico.

A Energia que constrói o universo é inteligentemente distribuída e manobrada para que as coisas aconteçam de determinado modo e não de outro. Não há aleatoriedade no universo. Por isso, Einstein disse que: "Deus não joga dados". É desse modo que ocorrem as grandes descobertas, as grandes obras do intelecto são realizadas, as formidáveis intuições dos taumaturgos se cristalizam, as ideias geniais são produzidas. Tudo no seu devido tempo e conforme a necessidade cósmica. Prova disso é o engenho construído pelo filósofo e engenheiro grego Herão de Alexandria (10 d.C.-80 d.C.), conhecido pela fórmula que leva seu nome e se aplica ao cálculo da área do triângulo. Esse artefato mostra como a pressão do ar sobre os corpos pode gerar energia capaz de movimentá-los com a força de muitos cavalos. Esse mecanismo, chamado com o curioso nome de eolípila, é considerado o primeiro motor a vapor documentado pela história da ciência. Se as condições históricas do século em que Herão viveu fossem as mesmas, a Revolução Industrial poderia ter ocorrido na Grécia do primeiro século cristão, em vez de na Inglaterra do século XVIII.[72]

72. Na imagem, o artefato chamado eolípila, inventado por Herão de Alexandria. Fonte: Wikipédia Foundation.

A Cripta dos Grandes Filósofos

O dono da mente que realiza uma proeza como a citada anteriormente é tido como gênio, e o prêmio Nobel é a síntese desse reconhecimento. Mas, na verdade, o melhor título que se poderia dar a ele é o de grande descobridor, porque o que ele fez é, na verdade, uma incursão em um mundo desconhecido, um mundo que a Cabala anuncia desde que a humanidade começou a refletir.

Newton, Einstein, Galileu, Platão, Sócrates, Dante, Hawking, Shimon bar Yochai, pensadores e cientistas, assim como todos os fundadores de religiões, como Moisés, Sidarta Gautama, Jesus, Maomé, Zoroastro, Lao-Tsé, Confúcio e outros, são algumas dessas mentes que conseguiram conectar-se com o mundo da Luz Infinita do Criador. É nesse sentido que acreditamos ser essa Luz uma verdadeira central de energia que abastece o universo de todas as realidades que nele são criadas.

Essa é a razão de a Maçonaria desenvolver em um de seus graus filosóficos mais avançados, o Trigésimo Segundo, o tema da Cripta dos Grandes Filósofos. Esse Grau contém um resumo final do catecismo da Maçonaria. Para os irmãos com algum conhecimento das antigas e das modernas filosofias que norteiam o pensamento humano, e que também estejam devidamente informados sobre as crenças e as esperanças que fazem o espírito de homem ser o que ele é, não será difícil entender o motivo de essa alegoria ter sido colocada justamente no Grau 32, quando o ensinamento maçônico, no que tange ao seu conteúdo filosófico, é encerrado.[73]

Na Cripta dos Grandes Filósofos iremos encontrar oito colunas, sobre as quais oito bustos, representando os fundadores das grandes religiões que orientam o espírito humano, foram colocados. Numa nona coluna, o resultado final dos ensinamentos

73. Cripta é um local secreto onde segredos são depositados. É o "útero" no qual a semente germina e dá nascimento à luz. Por isso, a cripta dos grandes filósofos, na Maçonaria, é o local secreto de onde nasce a sabedoria.

desses grandes construtores do espírito universal é simbolizado pelo aparecimento da Estrela Flamejante, que simboliza Gnose, Iluminação, Sabedoria, etc., como a demonstrar que tudo que procuramos, seja qual for a religião que adotemos, é simplesmente a Verdade contida na Luz Infinita do Criador.[74]

Ainda hoje, há quem chame as incursões que essas mentes privilegiadas fazem ao mundo da Luz Infinita do Criador de milagres, mas para a tradição cabalística, elas são apenas materializações de informações que o *Zohar* já vem veiculando há muitos séculos, as quais só agora estão sendo colocadas para nosso conhecimento mediante aplicativos desenvolvidos pelas pesquisas científicas modernas. Nós só temos que preparar nossos cérebros para acionar esses aplicativos, pois ele é o computador específico para esse fim.

A Simbologia do Aleph

Aleph é a primeira letra do alfabeto hebraico. Corresponde à letra Alpha do alfabeto grego e ao A do alfabeto latino. Seu significado literal é boi, mas ele pode variar, segundo a posição em que aparece na sentença. De maneira geral, ela sempre é usada como significado de começo, princípio, fundamento, geratriz, etc.

Existe uma tradição, muito comum entre os adeptos da Cabala, de representar a manifestação divina no mundo físico por meio dessa letra. Ela desempenha um papel fundamental no entendimento da cosmogonia cabalística, pois simboliza o começo de algo. Muito próprio, portanto, para dar veículo a uma ideia que está assente em todas as tradições cosmogônicas, em todos os tempos, que dizem que o universo teve começo numa explosão de Luz.

Para a ciência, como vimos, esse começo foi o Big Bang. Para a religião, ação de Deus. Para a Cabala, uma manifestação do Criador no seu Desejo de compartilhar Sua Potência. Em

74. A esse respeito, ver o capítulo XVII de Rodrigues (2010).

א

termos literários, temos um excelente exemplo dessa ideia, desenvolvida num conto de Jorge Luis Borges, chamado "O Aleph". A imaginação do grande poeta e escritor argentino "vê" a totalidade do universo manifesto e imanifesto (passado, presente e futuro) dentro de uma esfera de três centímetros de diâmetro. Ele chama essa esfera de Aleph, que é a primeira letra do alfabeto hebraico e, segundo a tradição cabalística, foi o primeiro som pronunciado pelo Criador no ato de criação.[75]

Muito apropriadamente o desenho dessa letra, no alfabeto hebraico, é feito com três letras, que são dois yods (י), um embaixo, outro em cima (ר), cortados por uma barra transversal, que é a letra vav. Segundo os estudiosos dessa tradição, a letra yod simboliza a presença manifesta de Deus no mundo das realidades fenomênicas. E a letra vav simboliza a separação entre os dois mundos. Dessa forma, um yod acima significa Deus em cima e o yod abaixo significa o universo, no qual ele se manifesta. Assim, o Aleph comporta a ideia de Deus na terra (o Yod abaixo) e Deus no céu (o yod acima). Ou seja, Deus na sua Existência Negativa (antes de manifestar-se positivamente) e Deus na sua Existência Positiva (o universo real manifestado). Algo semelhante ao *yin* e *yang* na visão taoista da Criação.

Há outras interpretações do significado dessa letra, que não cabem no contexto deste estudo, mas no geral é por meio do Aleph que a Cabala representa a integração do divino com o humano, ou Deus com sua Criação. Na Maçonaria também encontraremos fragmentos dessa tradição em alguns ensinamentos dos seus graus superiores.

Por outro lado, sabe-se também que toda letra do alfabeto hebraico, além de veicular um significado literal, também

75. Ver Borges (2008).

representa um som e um valor numérico. O valor numérico do Aleph é 1, simbolizando a unidade de Deus. Mas, sendo formado por três letras (dois yods e um vav), ele também tem um valor numeral igual a 26, já que um yod é igual a 10 e um vav é igual a 6: (10 + 10 + 6 = 26).

Esse número corresponde, na grafia alfabética grega, ao Tetragrammaton, ou seja, o Inefável Nome de Deus, que é composto pelas quatro letras Y- H-V-H (em português JEOVÁ ou JAVÉ). Esse nome todo maçom que já galgou os graus superiores deve ter ouvido. É um dos mais sugestivos simbolismos do catecismo maçônico, que tem origem nos ensinamentos de Hermes Trismegisto, um dos sábios que compõem as Colunas da Sabedoria da Gruta dos Filósofos referida.[76]

Todas essas especulações que envolvem a letra Aleph querem dizer que o universo não emergiu simplesmente por si mesmo, mas que há uma Vontade onipotente que o forjou a partir de um centro energético de inconcebível potência. Por isso, Deus é conhecido em algumas tradições cabalísticas pelo nome de Aluf (derivação de Aleph), que significa o Criador do universo, ou seja, seu Grande Arquiteto.

Nessa esteira de pensamento, Aleph seria o símbolo que representa o ponto único, primeiro e fundamental, no qual tudo que existe, existiu e existirá está contido. Por isso, no sistema numeral hebraico, ele é representado pelo número 1, ou seja, a expressão numérica da divindade. É nele que passado, presente e futuro, em todas as suas manifestações, se apresentam concomitantemente, na mais ínfima fração de tempo e espaço, noção essa que só pode ser representada pela imagem da unidade.

Essa noção está expressa no *Zohar* da seguinte maneira: "Deus separa a Si mesmo de todas as coisas, ainda que Ele não esteja separado delas; pois todas as coisas estão unidas com Ele, do mesmo modo que Ele está unido com elas. Ao dar forma a

76. Esse tema é tratado nos capítulos 13 e 14 do *Ritual do Rito Escocês*, com o título de Perfeito e Sublime Maçom, o iniciado que procura a Palavra Perdida. A Palavra Perdida é o Inefável Nome de Deus, que confere infinito poder a todo aquele que a conhece.

Si mesmo, Deus deu vida a tudo que existe. [...] Agora tentemos compreender a ciência da Unidade Sagrada. Olhai a chama de uma lâmpada. Primeiro vemos duas luzes: uma, de uma brancura brilhante; a outra, escura ou azulada. A luz branca está em cima e se eleva em linha reta; a luz escura está em baixo e parece formar a base para a outra. Mas tão intimamente juntas surgem elas que parecem uma única chama. [...] Quando o mistério dos mistérios quis manifestar-se, Ele criou um Ponto, que era o Pensamento Divino. Neste, Ele delineou todo tipo de imagens e gravou todo tipo de figuras. Ele também gravou a Lâmpada, que é o mais santo dos mistérios [...] a mais profunda emanação do Pensamento Divino. Esse foi o princípio do edifício que existiu antes de qualquer outra coisa existir...".[77]

O que quer dizer: Deus é Um e se manifesta no mundo físico por meio da Sua Energia em forma de Luz (emitida pela Lâmpada). Ele está em todas as coisas, mas as coisas não estão Nele. São duas chamas em uma. A de cima, que projeta a de baixo, a de baixo que justifica a existência da de cima. Causa gerando a Consequência e a Consequência justificando a Causa. Por isso, a Cabala chama uma (a de cima) de Desejo de Compartilhar, e a outra (a de baixo) de Desejo de Receber. E juntos, pela técnica da gematria, eles têm o mesmo valor numérico da palavra Elhoim.[78]

77. *Zohar* (2018, p. 84-85).

78. Literalmente, a palavra Elhoim significa divindade. Na Cabala, é usado para designar uma das comunidades angélicas surgidas numa das etapas de manifestação da Potência divina na construção do universo. No Judaísmo tradicional, Elohim é um dos nomes de Deus, utilizado principalmente no livro do Gênesis para referir-se ao Criador.

Capítulo 8

MAÇONARIA – A CABALA DO OCIDENTE

A Cabala do Ocidente

Quem já galgou os graus filosóficos da Maçonaria e conhece, de fato, as fontes da sua espiritualidade, não deixará de reconhecer que ela se fundamenta principalmente nas doutrinas gnósticas e cabalísticas.

Mais na Cabala, diríamos. Por isso, entendemos que a Maçonaria é a Cabala do Ocidente. De fato, encontraremos no seu catecismo muito pouco do ensinamento cristão desenvolvido pela Igreja de Roma e muito mais o Cristianismo gnóstico dos dois primeiros séculos da era cristã, cujas teses foram consideradas heréticas pelo Vaticano no grande expurgo realizado pelo Concílio de Niceia, em 325 da era cristã, por iniciativa do imperador Constantino.

Gnosticismo e Cabala são duas tradições muito próximas, havendo mesmo quem coloque a Cabala como uma doutrina gnóstica ou, ao contrário, a Gnose como uma derivação da Cabala. Por isso, ainda hoje a Maçonaria desperta muita desconfiança em alguns meios cristãos oficiais, que a tem como uma seita herética que pratica ritos estranhos e comunga de ideias condenadas naquele Concílio.

Na verdade, o cerne da doutrina espiritualista da Maçonaria não é mais do que a Cabala cristã desenvolvida por filósofos da Renascença, como Giordano Bruno, Marsílio Ficino, Giambattista della Porta, Jacob Boehme, Robert Fludd, Van Helmont, entre outros. Entre eles encontraremos alguns alquimistas de renome, como Paracelso, Roger Bacon e, principalmente, o grupo rosacruciano liderado por Cristhian Rosenkreuz, pseudônimo do alquimista alemão Johannes Valentinus Andreae, fundador do movimento conhecido como Rosa-Cruz, além de vários autores espiritualistas, como Eliphas Lévy, Stanislau de Guaita, Fabre d'Olivet e outros.

O nome mais importante desse grupo de pensadores renascentistas, porém, foi Giovanni Pico della Mirandola. Esse controvertido filósofo, nascido em 1463 e falecido em 1494, foi o grande responsável pela compatibilização das visões cabalistas com os ensinamentos de Platão, Aristóteles e vários outros temas cristãos, como a encarnação do Verbo, a Santíssima Trindade, a identidade do Messias, a Jerusalém Celeste, etc.

Seguindo seus passos, vieram outros grandes pensadores cristãos, como Johann Reuchlin (1455-1522), mestre incontestável de todos os cabalistas, e Guilherme Postel (1510-1581), que defendeu a ideia da Cabala como doutrina de redenção mundial. Esses filósofos renascentistas, além de recuperar para o Ocidente uma tradição que estava praticamente perdida por força da repressão católica, também adicionaram a ela um componente de misticismo e mistério que muito contribuiu para a aura de romantismo que ela assumiu desde então.

A Cabala Cristã e o Movimento Rosa-cruz

Rosenroth, em *A Kabbalah Revelada*, refere-se à crença de que a Cabala foi revelada aos homens por anjos encarregados por Deus para trazer à Terra uma forma de realizar sua reabilitação. Essa pretensão também se estende à Maçonaria, tanto que James Anderson, no preâmbulo das Constituições, diz

Allgemeine und General
REFORMATION,
der gantzen weiten Welt.
Beneben der
FAMA FRATERNITATIS,
Deß Löblichen Ordens des Rosenkreutzes / an alle Gelehrte und Häupter Europæ geschrieben:
Auch einer kurtzen RESPONSION, von dem Herrn Haselmeyer gestellet / welcher deßwegen von den Jesuitern ist gefänglich eingezogen / und auff eine Galleren geschmidet:
Itzo öffentlich in Druck verfertiget / und allen trewen Hertzen communiciret worden.
Gedruckt zu Cassel / durch Wilhelm Wessell /
ANNO M. DC. XIV.

que a Arte Real teria sido introduzida já no Jardim do Éden, pois Adão era versado nela.[79]

Isso porque, segundo aquele autor, em consequência da sua queda, os homens haviam perdido a nobreza e o esplendor inicial com que tinham sido revestidos pela ocasião da sua criação. Como diz a Bíblia, o homem tinha, antes da queda, um *status* semelhante aos dos anjos, mas em razão da sua desobediência, foi rebaixado a um nível inferior, em que o dever seria uma limitação à sua proficiência. Por si só, este é um paralelo que liga as duas tradições pelo compartilhamento das mesmas fontes de tradição.[80]

Como já dissemos em outra obra da nossa autoria,[81] a Cabala mística deve muitos dos seus temas aos filósofos neoplatônicos, sendo o precursor entre eles o judeu Fílon de Alexandria. Posteriormente, ela foi adotada por vários escritores e místicos gnósticos durante os primeiros séculos da era cristã e largamente ampliada pelos cabalistas medievais, em especial o grande Moisés de León, tido como o verdadeiro autor do *Zohar*. Por isso, muitos historiadores acreditam que a Cabala não é mais do que uma doutrina nascida na esteira da cultura hermética que foi dominante na Europa nos primeiros séculos do Cristianismo.

Gershom Scholem, um dos maiores historiadores da Cabala, acreditava nessa possibilidade, pois, segundo ele, a Cabala foi um movimento produzido pelos rabinos sefardistas como contraponto ao rigorismo e ao conservadorismo dos talmudistas.[82]

79. Anderson (1982).
80. Rosenroth (2005).
81. Rodrigues (2019).
82. Sefarditas ou sefaraditas (em hebraico ספרדים, *sefaradim*; plural de *sefaradi* ספרדי) é o termo usado para se referir à colônia judaica radicada na Península Ibérica (Portugal e Espanha), chamada pelos judeus de *Sefarad* (ספרד). Utilizavam a língua sefardim, uma espécie

Como vimos, a Cabala cristã alcançaria seu apogeu como doutrina no início da Idade Moderna, com os pensadores do chamado movimento Rosa-cruz. Foram esses místicos pesquisadores da natureza da matéria que deram origem à tradição da moderna Maçonaria.

Em nossa opinião, a Maçonaria institucional é uma aplicação prática da doutrina pregada por essa suposta Irmandade. Embora suas raízes e origens possam ser recenseadas em períodos bem anteriores ao surgimento do movimento rosacruciano, não há dúvida de que ela, como instituição que emergiu da fusão das quatro Lojas Inglesas, teve no movimento inaugurado pelos alquimistas alemães sua principal fonte de inspiração. A prova dessa assertiva pode ser encontrada no próprio manifesto que deu origem ao movimento Rosa-cruz.[83]

E esse movimento, como sabemos, tem na Cabala uma das suas mais fecundas inspirações. Esse é outro vínculo que liga a Maçonaria à Cabala de forma bastante clara.[84]

Por outro lado, o resgate do homem como "medida de todas as coisas", que foi o principal mote do Renascimento, teve no cabalista Isaac Luria seu principal articulador. Luria introduziu na doutrina da Cabala um sistema de moral que substituiu a ideia messiânica de uma salvação futura, em um mundo alhures, incognoscível e inatingível pela mente humana, como o que era pregado pelos doutrinadores judaico-cristãos, por uma doutrina de salvação aqui e agora. Esse resultado seria atingido pela adoção de um comportamento ético e moral que, segundo ele, estava todo previsto na Torá e era desvelado na doutrina cabalística em sua mística tentativa de explicar como funcionavam as leis de evolução cósmica e as intenções de Deus com relação à humanidade.

---

de mistura de hebraico com espanhol como língua litúrgica, e tinham tradições, língua e hábito próprios. Praticavam ritos diferenciados dos judeus que habitavam outras partes da Europa, por isso eram considerados hereges pelos judeus ortodoxos.

83. O manifesto *Famma et Fraternitatis*, de 1614. Na imagem, cópia do manifesto que deu origem ao movimento Rosa-cruz.

84. A esse respeito, ver Rodrigues (2019). A respeito da influência da Rosa-cruz na Maçonaria moderna, ver Frances Yates (1964; 1967).

Ele tinha razão, porquanto o *Zohar* veicula um conceito filosófico diferente daquele que é informado pelos comentaristas do Talmud e pelos teólogos do Cristianismo, no sentido de que ele ensina que há uma substância universal que pensa e age constantemente, submetendo o mundo a uma eterna e inexorável evolução, bem oposta à ideia de um mundo estático, saído pronto e imutável da Cabeça do Criador. E que, principalmente, era o homem, na sua função de pensar e agir, que dava vida e sentido ao universo.

Nessa visão, pensar, existir, desenvolver a si mesmo eram sinônimos de criar. Dessa forma, o ideal contido na frase sofista de que o homem era a medida de todas as coisas ganhava corpo e consistência, operando uma regeneração que as doutrinas anteriores não permitiam. Era um sistema que valia não só para a alma do indivíduo judeu, mas também para todos os povos, porque a Torá não era um livro escrito apenas para Israel, mas sobretudo para toda a humanidade. Com isso, ele lançou a tese de que a redenção espiritual estava vinculada à redenção social, e ela só viria quando ambas fossem realizadas.

Ideias, que como se pode supor, caíram como luvas perfeitas para mãos que desejavam construir uma sociedade livre de dogmas e obscurantismos, que castravam a criatividade humana em proveito de uma redenção incerta, em um mundo futuro onde ninguém conseguia provar que existia. Era simplesmente a volta triunfal de um ideal que havia sido esquecido com o fim do predomínio cultural grego e a vitória do Cristianismo dominado por Roma. Só que agora esse ideal vinha reforçado por uma interpretação liberal da Torá para reforçar o espírito dos seus apoiadores. A teologia associava-se à sociologia para fornecer ao homem uma justificativa para seu desenvolvimento espiritual e social.

Como se sabe, a teologia tem um poder de aliciamento espiritual muito maior do que a filosofia. O fato de a doutrina cristã vir agora revestida de uma roupagem nova, que valorava muito mais a atitude humana do que a própria fé, foi um dos grandes trunfos da Reforma Protestante, fazendo muitos adeptos entre luteranos, presbiterianos, batistas e calvinistas principalmente, justificando, em contrapartida, boa parte das especulações dos filósofos iluministas e, por consequência, dos maçons.[85]

Influência no Renascimento

Esses eram exatamente os argumentos que os pensadores da chamada Renascença estavam procurando para justificar suas especulações. Assim, como diz Gershom Scholem, se o messianismo sabataísta forneceu o estofo para os argumentos sociológicos dos teóricos do Iluminismo, foi Isaac Luria quem lhes deu a base para a sustentação teológica de suas teses, pois, como ele diz: "o desejo de libertação total, que desempenhou um papel tão trágico no desenvolvimento do niilismo sabataísta, não foi de maneira alguma puramente uma força autodestrutiva; ao contrário, debaixo da superfície da ausência da lei, do antinomismo e da negação catastrófica, poderosas forças construtivas estavam em ação".[86]

Scholem se refere à grande comoção que o sabataísmo provocou

85. O Calvinismo é uma seita cristã fundada pelo pastor francês João Calvino, que surgiu durante a Reforma Protestante. Sua doutrina se baseia na predestinação, na valorização dos bons costumes e na defesa do trabalho e do lucro, ideias que contrastavam com as defendidas pelo clero católico da época. A chamada "ética calvinista" foi o principal fundamento espiritual dos colonizadores europeus que se mudaram para a América do Norte, para ali praticarem seus valores. Eles estão no cerne da filosofia do povo americano. Ver, nesse sentido, Leo Huberman (1959), obra na qual o autor analisa o impacto da Reforma Protestante no pensamento social e econômico do Ocidente. O antinomismo é um sistema filosófico baseado em duas proposições contrárias, ambas coerentes e válidas, mas de conclusões e significados opostos. Em teologia, designa a doutrina pautada no princípio de que tudo se justifica pela fé, rejeitando as normas de conduta estabelecidas pelos dez mandamentos ou pela lei mosaica. Esse é principal fundamento do Calvinismo e de outras doutrinas evangélicas.

86. Ver Scholem (2009, p. 101). O sabataísmo é uma corrente do pensamento judaico fundada por Shabatai Tzvi, famoso rabino judeu-turco que se autonomeou Messias e deu origem à doutrina que leva o seu nome. Essa doutrina também é conhecida como messianismo. Na imagem, o rabino Isaac Luria. Fonte: Kabbalah Center.

nas hostes mais conservadoras do Judaísmo, com as ideias de um livre-arbítrio que concedia ao homem o leme de seu próprio destino. Nesse sentido, a ideia do Shabbat, introduzido pela locução bíblica que falava do descanso de Deus após a criação do homem, era um verdadeiro apelo ao niilismo ativo, no sentido de que tudo, a partir da chegada do homem ao cenário da criação, passava a ser de sua responsabilidade. Era como se Deus se ausentasse do mundo a partir desse momento e o universo passasse a ser regido pela mente humana. Assim, a Energia do Criador continuaria presente em todas as coisas, mas as coisas não estariam Nele. Ele forneceria aos homens o conhecimento, mas o que os homens fazem com este é de sua absoluta responsabilidade.

Essa assertiva estaria registrada na Torá, no episódio em que o casal humano, ao comer o fruto do conhecimento do bem e do mal, tornou-se responsável pelo seu próprio destino. Por isso, teria de "ganhar seu sustento com o suor do seu rosto", e a mulher daria luz aos seus filhos com dor e sofrimento. A partir daí, ele seria responsável por tudo que lhe acontecesse, porque, ao escolher ser "igual aos deuses", ficou por conta do seu próprio livre-arbítrio.

Essa é a interpretação cabalista cristã desse episódio, que serviu para o desenvolvimento das ideias niilistas que se propagaram a partir de então. Algo que, curiosamente, os cientistas que estudam a mecânica quântica também parecem acreditar a partir das descobertas feitas nesse campo particular da física.[87]

Como já referido, as ideias desenvolvidas por Luria e pelos cabalistas que aderiram a esse sistema de interpretação da Bíblia exerceram um papel preponderante na formação do pensamento ocidental, especialmente naquele que emergiu da Reforma Protestante. Como diz o referido autor, no plano teórico, essa

87. Niilismo (*nihil*, nada) é a doutrina que atribui à consciência humana a responsabilidade pelo preenchimento da realidade no universo, pois ele é um vazio sem ordem nem sentido, e só adquire essas qualidades por meio da mente do ser humano. Os principais representantes desse pensamento são os alemães Friedrich Nietzsche, Arthur Schopenhauer e o francês Jean-Paul Sartre. Quanto ao vínculo entre as ideias niilistas e a física quântica, ver Chopra e Kafatos (2017).

nova visão trazida pelo *Zohar* e pelos cabalistas da Renascença preparou o terreno para o moderno secularismo e o surgimento do chamado Século das Luzes. Isso porque a Lei expressa na Torá, como diz Scholem, agora era vista com claros contornos visionários, no sentido de que ela: "não é mais que uma sombra do Divino Nome, do mesmo modo que se pode falar em uma sombra da Lei, cuja projeção é cada vez mais longa ao redor da vida dos judeus. Mas, na Cabala, o pétreo muro da Lei se faz gradualmente, de forma transparente. [...] Essa alquimia da Lei é um dos mais profundos paradoxos da Cabala [...].[88]

Isso porque, na Cabala, a ideia não é a de que Deus fez o mundo físico a partir do nada (uma criação *ex-nihilo*) como anteriormente se pensava e que, no fim, voltaria ao nada por meio de um apocalipse final, mas que o universo é um cadinho de formas sem fim, manifestadas pela Vontade Divina de Ser e desenvolvida pelas leis universais, uma das quais, a mais importante, é a do pensamento. Tudo o que existe é parte da Essência Divina, mas só toma forma pelo pensamento humano. É um modo de niilismo ativo, que atribui à consciência humana a tarefa de construção da realidade. Um pensamento que, como vimos, está no cerne da proposta da Maçonaria como agente de construção do edifício cósmico.

Evidentemente, essas ideias nunca tiveram a concordância dos rabinos conservadores. Para eles, a Cabala era uma monstruosa heresia. Da mesma forma pensavam os padres católicos, que viam nas teses cabalistas mais uma estratégia dos reformistas protestantes para enfraquecer o domínio espiritual da Igreja Romana. E boa parte da liderança protestante acreditava que era a Igreja Católica que se valia da Cabala para contaminar as propostas reformistas. Porém, como bem observa Alexandrian, os humanistas que confraternizaram com os rabinos para estudar a Cabala foram os campeões da liberdade de pensamento.[89] Por isso, nós vemos nesse movimento a origem do próprio

88. Scholem (2009, p. 96).
89. Ver Alexandrian (1983).

Iluminismo, sistema de pensamento que se tornaria a religião da ciência e da intelectualidade nos séculos XVIII, XIX e XX, responsável pelas grandes modificações sociais, políticas e espirituais que aconteceram a partir de então.

A Cabala e os Templários

Como sabemos, certos ramos da Maçonaria alegam ser uma continuação da Ordem dos Templários, Irmandade de monges cavaleiros extinta pela Igreja em 1312, sob a acusação de heresia. Nessa mesma esteira, alguns historiadores acreditam que a Cabala teria sido trazida ao Ocidente justamente pelos Templários, cujos mestres a teriam recebido diretamente das suas fontes judaicas.

É difícil dizer quando a Cabala chegou à Europa. A hipótese de que ela tenha sido trazida pelos Cavaleiros Templários é bem plausível, considerando a história da Ordem do Templo e os acontecimentos nos quais essa Irmandade esteve envolvida ao longo da sua estranha e controvertida saga.

É bem possível, aliás, que o verdadeiro segredo dos Templários, e pelo qual essa Irmandade foi perseguida e extinta, tendo seus líderes queimados nas fogueiras da Inquisição, seja, na verdade, a prática da Cabala. Tudo indica que as lendas sobre o Santo Graal, do qual se diz que eles eram os guardiões, bem como os estranhos rituais que os Templários praticavam em suas iniciações, o suposto culto ao ídolo Baphomet, etc., nada mais fossem que lendas, rituais e práticas cabalísticas que esses cavaleiros adotaram, juntamente a outras tradições de caráter gnóstico, alquímico e hermético, que eles incorporaram em suas práticas ritualísticas.[90]

Historicamente, como bem demonstra Alexandrian em seu tratado sobre a filosofia oculta, o *Sefer ha-Zohar*, a Bíblia cabalista, só aparece no Ocidente em fins do século XIII, revelado por um rabino judeu espanhol, chamado Moisés ben Schemtob

90. Sobre esse assunto, ver Rodrigues (2019).

(1250- 1305), mais conhecido como Moisés de León, que ensinou os princípios da Cabala nos reinos de Leão e Castela.

Ou seja, exatamente na época em que os cruzados foram expulsos da Terra Santa pelos exércitos comandados pelo Sultão do Egito, Saladino. Os Templários, principal força militar dos cruzados, voltaram para a Europa e se tornaram uma espécie de Estado dentro dos reinos medievais. Dominaram a cena política, militar e econômica, provocando grande ciúme, inveja e preocupação entre as autoridades políticas e eclesiásticas do período.

Reis, príncipes e autoridades eclesiásticas europeias temiam que os Templários acabassem constituindo um Estado próprio, semelhante ao que os Cavaleiros Teutônicos fizeram na Europa Central e que resultou mais tarde no reino da Prússia Oriental. Principalmente porque nessa época, na região conhecida como Languedoc, ou Provença, que compreendia o sul da França e regiões hoje pertencentes à Espanha, florescia a chamada heresia albigense, religião praticada pela seita dos cátaros. A Provença foi um dos territórios onde os Templários tiveram uma grande atuação, auxiliando os monarcas locais nas suas lutas contra os mouros. Nessa região, havia também uma próspera colônia de judeus, o que proporcionava um caldo de cultura bastante propício à prática da Cabala.[91]

Investigações conduzidas por vários estudiosos chegaram à conclusão de que o *Zohar* teria sido um trabalho compilado no século XIII, e que dele teriam participado diversos autores, a maioria oriundos da região da Provença, liderados pelo rabino Moisés de

91. Na imagem, a provável figura do ídolo Baphomet, a quem os Templários foram acusados de adorar. Note-se que ele se assemelha claramente a um rabino com três rostos em uma só cabeça, algo semelhante à imagem do Ancião dos Dias, imagem cabalista de Deus, Criador do Tempo, olhando para o passado, o presente e o futuro.

León. Por isso, acredita-se que a Cabala seja um produto exclusivo dos judeus sefarditas.[92] Entretanto, ainda que se aceite o pressuposto de que a Cabala tenha sido introduzida na Europa só no século XIII, não se pode negar que essa tradição já era de largo conhecimento da comunidade judaica por toda a Europa, bem como entre os cristãos gnósticos, desde os primeiros séculos da era cristã.

Aliás, o que se conhece da filosofia ensinada por Moisés de León não deixa dúvidas de que ele sofreu grande influência das doutrinas gnósticas e pitagóricas. Em uma de suas "revelações", ele diz: "o homem que está neste mundo aqui, está pela associação dos três elementos que são um; *são eles, alma racional, a alma vital e a alma sensível* [...]. E graças a essa unidade, ela se torna o reflexo do que está acima, ou seja, a verdadeira imagem de Deus".[93]

Esse pressuposto é o mesmo encontrado na doutrina hermética, atribuída a Hermes Trismegisto, o lendário personagem que teria levado a civilização à Grécia e ao Egito. Na verdade, toda a doutrina exposta no *Zohar* guarda uma perfeita correspondência com o pensamento gnóstico e incorpora também muitas teses do neoplatonismo, doutrinas que causaram grandes preocupações no Vaticano durante a Idade Média.

A Cabala foi, reconhecidamente, a principal dessas doutrinas. Não só contaminou o comportamento dos Templários e as crenças dos cátaros, como também uma plêiade de intelectuais que nela viriam a encontrar respostas para suas próprias especulações a respeito das chamadas escrituras sagradas.[94]

92. Ver Biale (1982).
93. *Zohar* (2018).
94. Na imagem, o autor em visita ao Castelo de Tomar, sede dos Templários em Portugal. Foto: Maria Amélia Rodrigues.

Na época de Moisés de León, já existiam várias escolas de ensinamento cabalístico pelo continente europeu. Um exemplo dessas escolas foi a de Isaac, o Cego, que ensinou a Cabala entre 1160 e 1180 na Provença, bem como a de seu aluno Ezra ben Salmon, que lecionou, na mesma época, essa disciplina na Espanha. Na Itália, destacou-se o sábio cabalista Abraão Abulafia (1240-1291); na Alemanha, Yehuda Ben Samuel, o Piedoso, e Eleazar, rabino de Worms (1176-1238), os mais famosos cabalistas medievais.[95]

De qualquer modo, a hipótese de envolvimento dos líderes da Ordem do Templo com a Cabala parece ser um fato comprovado. Essas evidências ainda hoje são visíveis nas alegorias de templos, edifícios e documentos que sobreviveram à devassa que a Igreja Católica e as autoridades seculares promoveram contra a Irmandade Templária. E do que se lê no processo que condenou seus principais líderes à fogueira, depreende-se que essa misteriosa Ordem de Cavaleiros do Templo do Rei Salomão esteve, de fato, muito envolvida com essa tradição.[96]

O Salmo 133 – Cadeia da União

Pode-se dizer que foi o Rabi Shimon bar Yochai que conseguiu, com suas místicas visões, explicar como a Unidade Divina se insere dentro de nosso mundo material. No estudo dos Cinco Livros da Torá, ele via um processo com início, meio e fim, como se fosse uma empreitada sagrada, abrangente, que não só explicava a origem do universo, mas também como tudo isso podia influenciar e controlar até os mínimos detalhes da vida humana.

95. Ver Alexandrian (1983, p. 79 ss.).

96. A tradição sustenta que Jacques de Molay, o último Grão-Mestre templário, ao ser atado na fogueira, pronunciou uma maldição contra o rei Filipe, o Belo, e o papa Clemente V, responsáveis pela sua condenação à morte. Essa maldição, proferida com palavras cabalísticas (Nekan Adonai, Chol-begoal), significa uma invocação ao anjo vingador para que este cobrasse das referidas autoridades uma vingança contra o crime que estava sendo cometido contra ele. Ver, a esse respeito, Rodrigues (2019).

Uma interessante passagem do *Zohar* conta que, certa vez, a Terra de Israel enfrentava uma grande seca. O povo procurou o Rabi Shimon, pedindo que intercedesse aos Céus para fazer a chuva cair. Ele declamou o versículo 133 dos Salmos, que consagra a Irmandade como uma força capaz de eliciar energia suficiente para mover até mesmo a natureza. Terminada a oração, imediatamente nuvens negras se formaram no céu e uma chuva torrencial caiu sobre toda a terra de Israel.

Esse relato contém uma sabedoria muito especial que os maçons conhecem bem. Não é por acaso que as sessões de uma Loja maçônica são abertas com a leitura desse Salmo. Ele consagra o poder da egrégora que se forma com a energia cósmica aliciada quando várias mentes, em união, se dirigem ao Altíssimo.[97]

Aliás, é na poesia desse Salmo que está o grande segredo da força do povo de Israel, que, malgrado todas as vicissitudes pelas quais passou ao longo da sua extraordinária história, continua vivo e mantendo suas tradições, enquanto a grande maioria dos povos, mais fortes e desenvolvidos que ele, já faz parte do limbo da História.

Por fim, podemos dizer que na prática da Maçonaria também se percebe uma perfeita adequação da ideia cabalista inserta no conceito do Desejo de Receber, porque o que se pretende, nesse elemento ritualístico, é exatamente a captura da Luz que vem do Criador, a fim de que ela, distribuída entre os Irmãos, seja elemento de transformação de seus espíritos para a obtenção da plenitude de que fala a doutrina da Cabala. Isso é o que se entende por egrégora, palavra que todos os maçons conhecem muito bem.

97. "Ó, como é bom e prazeroso os irmãos viverem juntos em harmonia. É como o óleo precioso, que unge a cabeça de Aarão, do qual descem gotas sobre a sua barba e daí sobre a orla dos seus vestidos. É como o orvalho do Hermon que vem cair sobre as montanhas de Sion como bençãos ordenadas pelo Eterno. Sejam elas perpetuadas para sempre" (BÍBLIA SAGRADA, 2015).

Em tudo e por tudo, trata-se sempre de uma busca pela Luz, pelo que entendemos ser a Maçonaria uma forma prática de Cabala, o que a torna uma espécie de sucedânea cristã da Cabala no Ocidente.

Capítulo 9

A REALIDADE DA ILUSÃO

A Alma e o DNA

Tempo e espaço eram realidades que não existiam antes do Big Bang. Eles surgiram da grande explosão luminosa que deu origem ao universo. Na energia que se espalhou pelo vácuo cósmico, estavam as sementes de todas as coisas que existem no mundo, desde o mais ínfimo grão de poeira até as nossas almas. Almas são o centro energético das nossas vidas, a bateria que alimenta nossa existência. São centelhas que saíram do Centro Único de Potência concentrada, que é Deus, e depois de múltiplas interações pelas etapas mais inferiores da Criação, alojaram-se em organismos humanos para cumprir a fase final da sua transformação. Essa, pelo menos, é a visão cabalista desse fenômeno. Por isso, a Cabala vê o ser humano como um polo da relação entre o Desejo de Compartilhar (Deus) e o Desejo de Receber (o universo e dentro dele a vida). Destarte, todo ser humano que recebe a Luz – ou seja, uma alma encarnada – não pode se negar a compartilhá-la, pois, ao fazê-lo, não só obstrui a passagem da Energia criadora, como também acaba destruindo a si mesmo pela retenção dela em si. Energia que não circula torna-se uma força negativa que prejudica quem a hospeda.

Nossa alma pode ser comparada a uma lâmpada, cuja Luz é gerada por uma corrente de força que vem diretamente da Luz

Infinita do Criador. A partir dessa Luz, toda a nossa estrutura física e espiritual se desenvolve. O chamado DNA (ácido desoxirribonucleico) é uma estrutura celular que armazena todas as informações genéticas de um indivíduo. Ela pode ser considerada uma espécie de correspondente físico da alma, que é uma realidade energética, semelhante a um "quanta" que emerge de uma dimensão espiritual.

O DNA é uma nanomáquina que contém um programa avançadíssimo, que nenhum cientista da engenharia genética ou da tecnologia da informática conseguiu reproduzir até hoje. Nele está contida toda a programação que orienta a vida do organismo. Assim, se podemos falar em algo que contém traços do nosso destino, esse algo é o DNA.

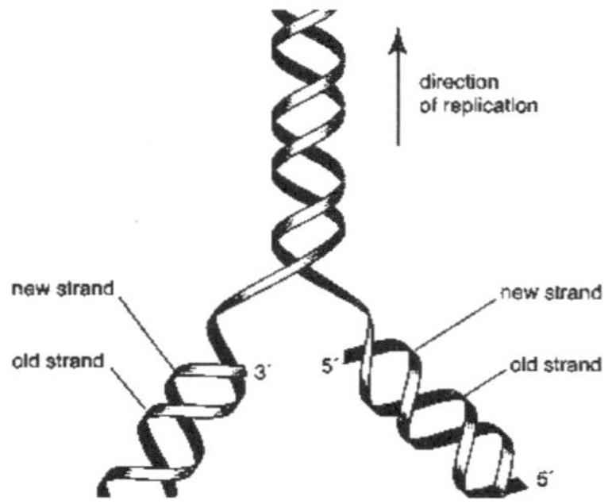

Como o DNA se formou ainda é um mistério para a ciência. E como ele se reproduz a fim de repetir, em cada célula, as suas propriedades, é algo maravilhoso que ainda está longe de ser explicado. Por isso, quem insiste em ver na natureza apenas um jogo em que o acaso é quem administra as possibilidades, talvez precise olhar um pouco mais para dentro de si mesmo para ver o universo que ele mesmo hospeda.[98]

Curiosamente, o desenho de uma molécula de DNA se assemelha à letra do alfabeto hebraico chamada Ayn, com suas pernas invertidas. Essa letra significa "olho", "ver", e, por extensão, entendimento e obediência (Jeremias, 5:21);

98. Nas imagens, a estrutura do DNA e a letra hebraica Ayn. Fonte: *Enciclopédia Britânica*.

(Isaías, 6:10); (Mateus, 13:15). O significado de Ayin conecta-se também com o conceito de *Luz dos Princípios*, ou seja, a luz espiritual de Deus mencionada em Gênesis 1:3, como origem de todas as coisas. Segundo a *Midrash*, a luz divina representada pela letra Ayin é muito maior do que a luz que emana do Sol e das estrelas, e só pode ser contemplada como *Ruach HaKodesh*, expressão com vários significados esotéricos, mas todos convergindo para um fenômeno luminoso que ocorre em razão da iluminação espiritual daqueles que realmente conseguem "ver" a verdadeira sabedoria contida na Torá.

A Relatividade e o Quanta

A revolução científica proporcionada pelas descobertas da física quântica é expressa pelas teorias dos quanta e da relatividade. Elas mudaram o conhecimento que tínhamos do universo. Nos cem anos antes de Einstein propor a Teoria da Relatividade, a grande maioria dos cientistas adotava uma visão extremamente materialista do universo. Para eles, tudo era regido por leis naturais. E a despeito das experiências diárias feitas por pessoas cuja sensibilidade ultrapassava o padrão comum – como os médiuns espíritas, por exemplo, que contradiziam essa visão do mundo –, a mente científica se manteve irredutível na sua postura cética.

A Teoria da Relatividade colocou esses cientistas em dificuldades, pois, com a prova dada pelas pesquisas de Einstein, e depois pelos que seguiram no mesmo caminho, ficou patente que um novo paradigma deveria ser incluído na noção de realidade que o mundo físico apresenta aos nossos olhos: esse paradigma era a consciência humana e as características que ela possui, que ainda estão longe de serem totalmente entendidas e mapeadas.

Assim, com as descobertas da física quântica, ficou ainda mais difícil excluir do processo de construção do universo a parte sutil do ser humano. Leis naturais existem sim e elas conformam os acontecimentos no mundo físico. Mas, depois que o homem adquiriu capacidade de refletir, o destino e a conformação do universo não podem mais colocá-lo à margem desse processo como protagonista. Como diz Teilhard de Chardin, após o homem ter dado o passo da reflexão, a evolução, que até então era natural, passou a ser autodirigida.[99]

Que a teoria dos quantas mudou a visão que tínhamos do mundo está patente na nossa vida diária. Ela nos possibilitou aplicações práticas que alteraram profundamente nossa forma de viver. Aparelhos como smartphones, computadores pessoais, MRis, GPS, drones, satélites, viagens espaciais são alguns exemplos de artefatos e conquistas que só se tornaram possíveis graças a essa teoria. Além disso – o que é mais importante –, mostrou que a consciência humana exerce um papel fundamental na formatação do universo real, a ponto de podermos dizer que a realidade é uma função da nossa mente e que sem ela nenhuma forma pode ser conhecida no universo real.

Outra conclusão que se tira dessa constatação é a de que, se o universo existe, é porque há uma Mente que pensa e o organiza para que ele seja o que é. No mundo físico, a mente do homem; no mundo espiritual, que é o mesmo que dizer no mundo da Energia que dá origem ao universo, a Mente Divina.

Se quisermos continuar a ser positivistas, sem admitir que existe algo mais além da realidade que podemos detectar com nossos sentidos, teremos de concordar que a teoria dos quantas vai contra o senso comum e é um grande desafio para a nossa mente lógica. Como diz o físico Richard Feynman, “ninguém entende realmente a mecânica quântica. De um ponto de vista comum, ela mostra uma natureza absurda”.[100]

Mas, para nós, ela revela apenas uma verdade que nossa mente lógica tem dificuldade para aceitar. Essa verdade é a existência de um

99. Ver Chardin (1968).
100. Ver Chopra e Kafatos (2017, p. 84).

mundo de energias desconhecidas, que pode muito bem ser aquele que chamamos de mundo da espiritualidade, o qual, na verdade, nada mais é do que o mundo da Energia Infinita do Criador que se manifesta na matéria e na consciência humana, em diferentes formas de mudança de estado. Em uma, produz a matéria que constitui a massa universal; em outra, formata o espírito humano pela sublimação da sua consciência em outra mudança de estado, produzindo mais energia. Daí a formidável intuição da tradição gnóstica/alquímica, que representa o universo por meio de uma serpente cósmica chamada Ouroboros, que morde a própria cauda, alimentando-se de si mesma.[101]

Mudança de Estado

Uma das revoluções que a física quântica também está provocando é no conhecimento que tínhamos a respeito do comportamento da consciência humana na composição da realidade. Até as experiências conduzidas por Niels Bohr, não se tinha percepção de quanto ela podia interferir na realidade objetiva do mundo. Os experimentos de Bohr nos mostram que a percepção que possuímos da realidade é tão ilusória quanto a própria imaginação que temos dela. Quer dizer: nós não podemos provar a existência objetiva do mundo onde vivemos, da mesma forma que não podemos provar a existência de um mundo espiritual. Isso se dá pelo fato de que o mundo físico é resultado da aplicação da energia quântica, e ela, como sabemos, tem propriedades tão bizarras que fogem ao nosso entendimento. Nós só sabemos que ela existe, mas não sabemos de onde vem e de que fonte se origina.

Uma das suas propriedades é a ubiquidade. Um elétron pode estar em dois lugares ao mesmo tempo, assim como pode

101. A serpente Ouroboros simboliza o ciclo da eterna evolução, ou seja, o universo se alimentando da própria energia que ele produz. É um símbolo que sugere as ideias de movimento, continuidade, autofecundação, eterno retorno. É um símbolo hermético criado pelos alquimistas gregos para simbolizar o próprio universo em seu processo de construção.

não estar em lugar nenhum. Isso ocorre em consequência de um princípio chamado "Princípio da Incerteza", formulado pelo físico Werner Heisenberg, em 1927. Esse enunciado estabelece que não há como determinar com precisão qual a posição, no espaço, que uma partícula de energia estará no momento seguinte em que ela é detectada, porque a própria conscientização da sua existência interfere na sua trajetória. Isso significa que, em nível quântico, simultaneamente, quanto menor for a incerteza na medida da posição de uma partícula, maior será a incerteza do seu momento linear e vice-versa.

Isso quer dizer simplesmente que o observador interfere no comportamento do objeto observado, gerando uma incerteza quanto à sua própria realidade objetiva. Ou seja, uma partícula de energia pode estar e não estar no mundo real, que é a mesma coisa que dizer que ela existe e não existe ao mesmo tempo. Em outros termos, a existência dela e sua posição no espaço dependem do que a consciência do observador determinar para ela.

É a mente humana dando forma e consistência ao mundo real, confirmando a hipótese cabalística e maçônica, segundo a qual nós somos os construtores do universo, nele participando na condição de "pedreiros", pois cada tijolo que nele é posto é nossa consciência que o assenta.

Outro cientista, Erwin Rudolf Josef Alexander Schrödinger, famoso físico austríaco, mostrou como isso é possível dentro da mecânica quântica com o seu conhecido experimento do gato. Nesse experimento, Schrödinger imagina um gato dentro de uma caixa fechada. Dentro da caixa, é colocado um frasco contendo um gás venenoso que pode ou não emitir partículas alfa no decorrer de um determinado tempo; dentro da caixa há também um dispositivo composto de um martelo e um detector de radiação. Se o detector registrar a presença de pelo menos uma partícula alfa, o martelo é acionado, quebra o frasco, libera o gás venenoso e o gato morre.

O frasco pode ou não liberar as partículas radioativas nesse período considerado. Há 50% de chance de que isso aconteça e 50% de chance de que não aconteça. Se ele não libera a partícula, o gato não morre, ou seja, o resultado será "gato vivo". Mas se o veneno é liberado, o resultado do experimento será "gato morto". Para a física clássica, basta abrir a caixa para ver se o gato está morto ou vivo. Porém, para a física quântica, o resultado não é tão simples assim. O gato pode estar morto e vivo ao mesmo tempo, pois no mundo quântico a energia apresenta dupla função ondulatória, o que resulta em um duplo estado de ser, que pode se apresentar superposto um no outro.

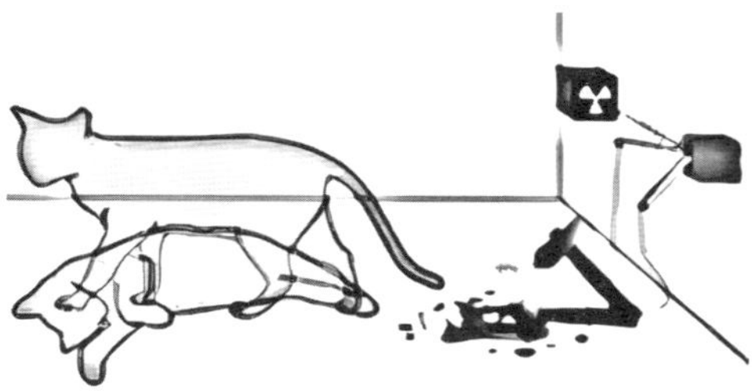

Segundo dispõe o Princípio de Heisenberg, qualquer observação que se faz em uma medida quântica concorre para alterar seu resultado, de modo que é impossível determinar qual é sua posição e estrutura na realidade observada. Assim, em termos de observação quântica, se abrirmos a caixa para ver o estado do gato, veremos o que nossa mente "pensa" que está vendo: um gato morto ou um gato vivo, pois quando observamos a matéria no seu estado quântico, nós interferimos no comportamento dela. Quer dizer: ela assume o comportamento que nossa mente projeta para ela.[102]

De Onde Vem a Energia?

O que queremos dizer com isso é que a energia que está na origem do mundo físico vem de uma dimensão além da nossa realidade física. Esse postulado tem confirmação nas descobertas da física quântica, por meio de estudos realizados em laboratório. As teorias da relatividade e a mecânica quântica mostram isso com bastante ênfase. Sabemos hoje que há uma dimensão

102. Na imagem, "O Gato de *Schrödinger*". Fonte: Wikipédia Foundation.

não detectada pela nossa consciência – e, por enquanto, nem pelos modernos aparelhos científicos existentes nos laboratórios –, de onde a energia que constitui a matéria universal emerge.

Agora, com esses novos conhecimentos, não podemos mais isolar o comportamento do universo da sua relação com a consciência humana. Quer dizer, o universo não é uma máquina que funciona por si mesma, obedecendo apenas a leis naturais. A consciência humana interfere no seu comportamento, como provam os experimentos referidos.

A importância dessa descoberta é o fato de que ela consegue interferir no comportamento de objetos físicos pelo movimento dos átomos que os compõem. Assim, por mais estranho que o mundo quântico apareça aos nossos olhos, e por mais positivistas que queiramos ser, não podemos mais sustentar que não existem no universo mais que matéria bruta e simples leis naturais que regem seu comportamento. Isso reforça o simbolismo maçônico presente na ideia de que Deus – seu Grande Arquiteto – pensa o universo e os homens – seus pedreiros – o constroem.

Em contrapartida, o fato de a consciência humana poder interferir no comportamento de ondas e partículas que constituem a massa física do universo significa que a relação entre o que pensamos e o que vemos é uma via de mão dupla. Isso quer dizer que a realidade influencia a imaginação e a imaginação influencia a realidade. Nós construímos o mundo externo com nossa imaginação, e nosso mundo interno se modifica na mesma proporção em que o externo vai sendo construído. Na mesma esteira de compreensão, podemos dizer que a mente pode desvirtuar o que os olhos veem e os olhos podem enganar a mente. Por essa razão, a realidade nos parece inconsistente e a verdade, muitas vezes, acaba sendo questão de ponto de vista.

As experiências científicas feitas com a observação do comportamento de um elétron mostram que ele só "entra no mundo real" depois que é detectado pela consciência humana. É paradoxal, mas é verdadeiro. Isso significa que se não houver um observador para detectar sua existência, ele simplesmente não existe para nossa realidade.

Esse paradoxo é chamado pelos cientistas do átomo pelo nome de "superposição quântica". A questão é: como criamos, com nossa consciência, uma realidade física? A maioria dos físicos que estudam esse fenômeno diz que o que faz um objeto tornar-se real é a consciência do observador expressando seu livre-arbítrio, ou seja, sua liberdade de criar. O pesquisador John Wheeler, um dos mais importantes físicos teóricos da atualidade, diz: "o universo sem a consciência do observador é igual a um motor sem força de propulsão". Essa proposição reforça nossa ideia de que nós somos os veículos pelos quais a Energia do Criador se distribui pelo universo. Fomos criados com essa intenção e, quando nos recusamos a distribuir essa Energia, estamos fazendo exatamente o contrário do que de nós deseja o Grande Arquiteto do Universo.

Vontade e Representação

Assim como a consciência do observador é essencial para a existência objetiva do objeto, a consciência humana é vital para a formatação do universo. Essa informação, que agora a física quântica comprova, nos remete às intuições de filósofos como Platão, com seu famoso "Mito da Caverna", e o alemão Schopenhauer, que dizia ser o mundo real uma questão de vontade e representação.

No "Mito da Caverna", Platão se refere à metáfora contada por Sócrates sobre um grupo de pessoas acorrentadas a vida toda em uma caverna. Elas só conseguiam ver as sombras do mundo exterior, que eram projetadas na parede pela luz de uma fogueira. Um dos prisioneiros consegue escapar e foge. Ao ver o que havia fora da caverna, ele percebe que o mundo real era bem diferente daquele que as sombras da fogueira projetavam. Ele se liberta do seu mundo de sombras, mas ao tentar convencer os outros prisioneiros de que o mundo lá fora era bem diferente daquele que eles viam, ele é tomado por louco.

Já o filósofo Schopenhauer sustenta que nós construímos o mundo por meio da nossa vontade de ser e da imaginação que acompanha essa vontade. É uma visão pessimista da realidade, uma vez que o irascível pensador alemão vê a vida como uma jornada de sofrimento que nossos desejos criam, e do qual só podemos nos livrar por um desapego dos bens materiais. Ou como ele mesmo expressa em sua obra mais conhecida: "por mais maciço e imenso que seja este mundo, sua existência depende, em qualquer momento, apenas de um fio delgadíssimo: a consciência em que ele aparece".[103]

O que essas experiências psíquicas, apresentadas por esses pensadores, nos ensinam?

Simplesmente que a realidade que vivemos é, em sua maior parte, uma interpretação muito pessoal que fazemos do mundo que habitamos e que ela é, fundamentalmente, um produto da nossa mente. Essa interpretação nos faz ser o que somos, por isso, somos tão diferentes uns dos outros.

À luz desse conceito, e somando a experiência que a física quântica nos revela, podemos concluir que a realidade que observamos e vivemos existe somente na presença do homem, como resultado da observação que ele faz dela; e que ela tem a medida exata do que ele observa. Isso nos remete novamente ao velho axioma sofista que afirma que o homem é a medida de todas as coisas.[104]

A consciência – fonte do nosso livre-arbítrio – é o que distingue o homem dos demais organismos vivos e dos objetos

103. Sobre esse tema, ver Platão (2006); e Schopenhauer (2007). Na imagem, o filósofo Arthur Schopenhauer.

104. Frase atribuída ao filósofo grego Protágoras.

inanimados que o cercam. E que este se mede pela sua liberdade de escolha. Como diz a menina Alice em sua aventura pelo País das Maravilhas: "Imaginar coisas impossíveis é um excelente exercício para a imaginação. E acreditar que coisas impossíveis podem acontecer é um exercício melhor ainda. Que tal imaginar seis coisas impossíveis antes do café da manhã?"

Pensar é Existir

Tudo isso está escrito na Bíblia em forma de metáfora. A ideia de que o universo real é construído pela mente humana é o significado da narrativa bíblica em que Deus dá ao homem poder sobre todas as criaturas da terra, do céu e do mar, e ainda lhe pede para que as nomeie.[105]

Quer dizer, o mundo real é aquele que a consciência do homem nomeia, aquele que a nossa consciência reconhece como tal. É o princípio da identidade, que estabelece quem é o quê, e o que este *quê* significa, ou seja: uma coisa é uma coisa, outra coisa é outra coisa. Ou como dizem Chopra e Kafatos, ao comentarem a estreita relação que existe entre a mente humana e a realidade criada: "Nós, seres humanos, só existimos porque participamos do universo. E o universo só existe porque nós temos consciência dele".[106]

Um interessante paralelo dessa intuição é a ideia desenvolvida pela Cabala de que a Shekinah, a Luz Divina, é manifestada no homem sobre sua cabeça, ou seja, entra pelo seu cérebro. Por essa razão, a tradição judaica de cobrir a cabeça com o *quipá*, uma espécie de touca que é um dos símbolos do Judaísmo, usado pelos judeus como sinal de respeito e de reverência a Deus, quando estão se comunicando com Ele por meio da oração. Essa tradição também repercute nas crenças cristãs, no

105. Gênesis, 2:19.
106. Chopra e Kafatos (2017, p. 175).

simbolismo da auréola que orna a cabeça dos santos e de todas as pessoas que, supostamente, lograram alcançar a iluminação.

O Mago e o Milionário

Eis uma metáfora que imaginamos para melhor entendimento desse tema:

Pai Rebas era um velho ermitão que tinha a fama de feiticeiro e mago. Morava numa velha casinha ao pé de uma montanha, onde recebia as visitas das pessoas que procuravam sua ajuda para resolver problemas de saúde e questões psicológicas mais profundas.

A todos que o procuravam, Pai Rebas atendia com cortesia e prontidão. Aceitava dinheiro de quem podia pagar, e comida e outros presentinhos de quem não podia.

Contudo, nunca negava atendimento a uns e outros, nem fazia discriminação entre aqueles que pagavam muito e os que nada deixavam. Aos doentes de corpo, receitava ervas e outras panaceias naturais; aos doentes de alma, dava conselhos, construía metáforas e fazia outros passes, que a uns parecia mágica, a outros bruxaria, a outros simples rituais sem significado algum, mas que sempre acabavam gerando benefícios para quem os praticava. A verdade é que ninguém saía da cabana de Pai Rebas sem se sentir melhor do que quando entrara.

Um dia, o velho mago recebeu a visita de um homem muito rico. Chegou num luxuoso automóvel, acompanhado de vários seguranças, que ficaram do lado de fora da cabana, guardando na porta.

– Em que posso ajudá-lo, meu filho? – perguntou o velho mago com seu cativante sorriso e aquele ar de absoluta tranquilidade que nunca abandonava sua postura.

– Não sei se o senhor pode me ajudar – disse o sujeito.

– Então, por que veio me procurar? – perguntou o velho mago, sem mudar de expressão.

– Disseram-me que o senhor é um bruxo, um sujeito capaz de fazer mágicas com as pessoas, e eu fiquei curioso em saber se era capaz de fazer comigo o que ninguém ainda conseguiu fazer.

– E o que eu devo fazer com você, meu filho? – perguntou Pai Rebas, sem se alterar.

– Sabe, eu sou um homem muito rico. Desde a adolescência, meu sonho era ganhar muito dinheiro e me tornar um milionário, amado, famoso e respeitado.

– E conseguiu tudo isso? – perguntou Pai Rebas.

– Dinheiro e fama, sim. Formei-me na universidade aos 22 anos, montei minha própria empresa e tive muito sucesso nos negócios. Minha marca está hoje em todos os países do mundo e ganho tanto dinheiro que, às vezes, nem sei o que fazer com ele.

– Já experimentou financiar obras de caridade e ajudar outras pessoas a alcançar o mesmo sucesso que você alcançou? – perguntou Pai Rebas.

– Já – disse o milionário. – Tenho uma fundação que aplica milhões em projetos sociais que beneficiam milhares de pessoas – respondeu o homem.

– Mesmo assim está insatisfeito, não é?

– Sim – respondeu o homem. Descobri que não é esse o tipo de respeito que eu quero. As pessoas me recebem e me bajulam. Os políticos me pedem conselhos, jornalistas escrevem minha biografia. Organizações empresariais pagam muito dinheiro para que eu dê palestras. Muitos jovens procuram me modelar. Mas eu sinto que tudo isso é falso. No fundo, todos só querem é saber o tamanho do cheque que vou deixar para seus projetos pessoais ou o que vou poder fazer por eles.

Continuou ele:

– Quanto aos relacionamentos, já me casei e separei três vezes e não consigo me sentir seguro em nenhum casamento. Tenho a impressão de que as mulheres que se aproximam de mim já vêm pensando no montante da pensão que irão pedir no momento da separação.

– E o que posso fazer pelo senhor? – voltou Pai Rebas a perguntar.

– Diga-me por que não consigo ficar satisfeito e, em seguida, faça um de seus trabalhos para que eu deixe de ter esse sentimento de frustração — pediu o milionário, com um indisfarçável sarcasmo na voz.

– O que me você pede é uma mágica – disse Pai Rebas, sem se alterar. – O senhor acredita em mágicas?

– Claro que não – disse o homem. – Mágicos são embusteiros que enganam as pessoas com truques de ilusionismo.

– Na vida tudo é ilusão, meu filho – disse Pai Rebas. Tanto as coisas que eu faço quanto as coisas pelas quais você lutou a vida inteira. Assim, seja o que for que eu faça por você, tudo continuará sendo somente magia e ilusão.

– Então, o senhor também é um velho enganador – disse o sujeito.

– Sim, meu filho. Sou um velho mago que engana as pessoas. E a vida também é um mago que engana todo mundo.

– Então, se tudo que fazemos é ilusão, que nos resta da vida senão morrer? – perguntou, desconsolado, o milionário.

– Essa é a única realidade da vida – disse Pai Rebas. – E se é essa a solução que você acha que lhe serve, eu posso ajudar.

E, como num passe de mágica, fez aparecer sobre a tosca mesa que os dividia um velho revólver carregado.

O milionário empalideceu.

– Está sugerindo que eu me mate? – perguntou o homem, surpreso.

– Eu não, a sugestão foi sua – respondeu Pai Rebas.

– O senhor é louco – disse o milionário.

– Todos somos loucos em algum grau – respondeu Pai Rebas.

– É só isso que pode me sugerir? – perguntou, decepcionado, o milionário.

– Há outra alternativa que pode resolver o seu caso – disse Pai Rebas.

– Qual? – perguntou o homem.

– Aceitar que tudo na vida é ilusão e aprender a conviver com ela.

O homem permaneceu em silêncio durante alguns minutos. Depois, com um largo sorriso, disse:

– Entendi, Pai Rebas, o que o senhor quer dizer. Acho que eu consigo aprender a conviver com a ilusão da vida.

– Muito bem, meu filho – disse Pai Rebas. Você acaba de ser iniciado na seita mais competente do mundo: a seita dos mágicos, na qual se aprende a conviver com a ilusão dos sentidos e fazer dela uma realidade agradável.

O milionário voltou para sua vida de ilusão e continuou iludindo a si mesmo e aos outros também. Só que agora ele tinha consciência desse fato e não sofria mais por causa disso, porque toda ilusão é real e toda realidade é ilusória. Só quem não sabe disso sofre, tentando alcançar uma e outra sem nunca distinguir o que elas de fato são.

Parceiros do Criador

Podemos agora dizer que o universo é resultado da Energia oriunda do Criador, projetada no vazio cósmico em forma de luz, e depois essa Energia se transforma em realidades físicas. Assim, tudo que nele existe é fruto da ação dessa Energia, que foi convertida em massa física. Daí podemos entender o que dizem os mestres cabalistas quando falam que o Desejo de Receber do recipiente (o universo) só pode funcionar em consonância com o seu Desejo de Compartilhar. Quando esse compartilhamento não ocorre, é como se a Luz que vem do Criador ficasse presa no recipiente, sem meios de circular.

É essa condição que as intuições dos místicos de todos os tempos e das religiões que se estabeleceram no mundo chamam de "prisão da matéria", ou seja, a conexão da nossa alma com a Luz Infinita do Criador sendo obstruída por falta da sua circulação.

Por outro lado, o fato de nós "criarmos" a realidade nos faz parceiros do Criador. Isso significa que nós não somos como bonecos manipulados por uma Vontade exterior, que traça nossos destinos antes mesmo de nascermos. Nada está escrito de antemão. Se fosse assim, não haveria livre-arbítrio, porque fosse qual fosse a escolha que fizéssemos, o resultado, no fim, seria o mesmo. Nós é que escrevemos nossa história e traçamos nosso destino com as escolhas que fazemos.

Como diz o Mestre Shimon bar Yochai, o tempo de temer o Senhor já acabou. Agora é tempo de amá-Lo. E Jesus completa essa sabedoria dizendo: "Buscai primeiro o Reino de Deus e sua justiça, e todas as coisas vos serão acrescentadas" (Mateus, 6:33).

O Reino de Deus é a Luz Infinita do Criador. Quem nela se envolve tem à sua disposição todas as possibilidades de escolha que o universo pode oferecer. Isso não significa que vai fazer a escolha certa; contudo, quem consegue ver com mais clareza as diversas opções de escolha que tem, certamente, terá melhores condições de dar a resposta certa do que aqueles que só conseguem ver umas poucas. Isso é, também, sinônimo de iluminação.

Já dissemos que uma ideia fundamental no ensinamento da Maçonaria é a de que Deus é o Grande Arquiteto do Universo e nós somos seus pedreiros. Ele projeta o edifício cósmico e nós o construímos com nossas ações. Nossa parceria com o Criador foi estabelecida no dia em que Ele manifestou Seu Desejo de Compartilhar Sua Energia e nos fez recipientes com o Desejo de Recebê-la.

Ele nos pôs no mundo para recepcionar Sua Luz e compartilhá-la com o restante do universo e todas as Suas criaturas, numa relação de troca simbiótica. Assim, um dia, todo o universo será inundado pela Luz do Criador. Nesse dia, o edifício cósmico será concluído. Como diz o profeta Isaías, precursor da Cabala, um dia toda a Terra estará cheia da Glória do Senhor.

Daí, teremos um novo começo. Por isso, a Cabala sustenta que nosso universo não é o primeiro, nem será o último, a ser criado pela Energia emanada do Criador. Essa esperança, como vimos, encontra sustentação na moderna ciência física e astronômica que suspeita da existência de universos paralelos, de onde viria, inclusive, a energia que sustenta o nosso. Portanto, não vivemos num espaço-tempo linear, nem há uma única dimensão de realidade em que a vida pode acontecer.

Quem sabe, o paraíso com o qual todos sonhamos já exista em alguma dimensão da realidade que pensamos estar vivendo. Afinal, se nossa mente consegue imaginar algo assim, é porque sua existência é possível. Todas as possibilidades estão presentes na Luz Infinita do Criador. E todas as imagens que nossa mente consegue eliciar são ilusórias, até que a energia que ela captura consiga trazê-las para o mundo das realidades manifestas.

Corresponsabilidade

O problema com esse pensamento é que, ao nos fazer parceiros na construção da sua obra, Deus também nos coloca uma enorme responsabilidade nas costas. Isso quer dizer que todas as virtudes que o universo possui têm nosso carimbo. E todos os defeitos também. Somos responsáveis pelo bem que nele existe e pelo mal que ele hospeda. Isso significa que nossas más ações causam sofrimento não só para nós, mas também para o universo inteiro. Assim acontece, igualmente, com o bem. O bem que fazemos, todos aproveitam.

Voltando à visão do pedreiro construindo um edifício, um tijolo que ele assenta no lugar errado pode fazer ruir o edifício inteiro. A construção de um edifício tem regras que precisam ser cumpridas rigorosamente: de estrutura, de ambiente, de segurança, de paisagismo, etc. A mínima violação de uma delas pode trazer consequências fatais para a obra inteira. No mundo espiritual também é assim. Quando tudo fazemos para satisfazer apenas a nós mesmos – nosso Desejo de Receber –, nossa alma se desconecta da Luz do Criador.

Nós somos como o próprio edifício cósmico, pois estamos sendo construídos pelo mesmo processo, com o mesmo tipo de Energia que dá vida ao universo. Destarte, se conseguirmos acreditar que nossas almas são centelhas de Luz oriundas da manifestação do Criador em seu Desejo de Compartilhar, então poderemos crer, realmente, que somos parceiros Dele nesta grandiosa obra de construção universal. Conscientes disso, procuramos fazer o melhor possível.

Então, o mundo de ilusão que nossos sentidos criam desaparecerá e a realidade virá à tona. Tudo que a matéria esconde se revelará e nós veremos que, na sua essência, ela nada mais é do que um resultado da Energia manifestada em infinitas formas geométricas e qualidades, atributos que são do Criador. E que todas elas estão incubadas em nossa estrutura neurológica.

Capítulo 10

A RELIGIÃO DO FUTURO

Espiritismo: Ciência ou Religião?

No século XIX, o Espiritismo apareceu como uma novidade para os adeptos da filosofia oculta, porque prometia provar, com métodos científicos, a existência do mundo espiritual. À frente dessas pesquisas estava o professor francês Hippolyte Léon Denizard Rivail (1804-1869), mais conhecido pelo pseudônimo que adotou, Allan Kardec.[107]

Em sua obra *O que é o Espiritismo?*, Kardec afirmava que suas experiências com os fenômenos espirituais têm paralelos com as teorias que procuravam explicar o magnetismo. Essas teorias, como se sabe, foram desenvolvidas para explicar a origem e a aplicação dos fenômenos elétricos, obtendo como resultado o extraordinário desenvolvimento econômico e social proporcionado pelo uso da eletricidade.

107. Na imagem, o educador Allan Kardec, o codificador do Espiritismo. Fonte: revista *Galileu*, abr. 2008.

Essa afirmação nunca foi aceita pela ciência oficial, dada a absoluta falta de provas materiais. Todavia, garantiu ao Espiritismo uma grande aceitação entre os intelectuais que procuravam uma doutrina mais coerente com suas próprias crenças positivistas, mas não descartavam a possibilidade de que, oculta pelo véu da realidade não manifesta, pudesse existir algo mais do que a fria mecânica newtoniana apontava. Isso era o que suas sensibilidades exigiam e o Espiritismo lhes prometia conceder.

Foi assim que o Espiritismo se tornou uma religião que, na sua fundamentação teológica, procurava oferecer aos seus seguidores um caminho de aperfeiçoamento espiritual diferente do que era ofertado pelas demais religiões, as quais se baseavam unicamente nas intuições pessoais de seus fundadores e seguidores. Nesse sentido, seus praticantes diziam que sua religião se revestia de princípios científicos, pressupondo-se que seu codificador e, depois dele, seus seguidores tenham feito experimentos que permitiam classificá-la como científica, ainda que os cientistas refutassem essa qualidade.

Darwinismo Metafísico

Na verdade, o Espiritismo, tal como foi concebido por seu codificador, sofreu uma sensível influência das teorias evolucionistas propostas por Charles Darwin. Como a filosofia da época em que Allan Kardec começou seu estudos estava profundamente influenciada pelo positivismo – que só aceitava os pressupostos que pudessem ser submetidos aos métodos científicos de comprovação – os adeptos dessa doutrina foram buscar em pesquisas e modismos da época (a maioria pseudocientíficos) algumas fundamentações teóricas e práticas para poder colocar sua crença dentro de condições aceitáveis para o rigor científico que se exigia para qualquer realização intelectual sobreviver no difuso mundo da cultura de então. Nessa lavra, encontraremos teorias sobre magnetismo, medicina natural e até elementos do socialismo utópico, no sentido de dar contornos lógicos a temas como reencarnação, solidariedade, harmonia e caridade, que estão no cerne da doutrina espírita.

Destarte, esses eram temas muito caros ao sentimento religioso europeu do século XIX, que procurava integrar conceitos como o monoteísmo, justiça divina, a imortalidade da alma, o destino escatológico do universo, etc. A inserção desses conceitos no Espiritismo buscou torná-lo aceitável para uma mentalidade positivista. Nesse sentido, ele nos aparece bastante próximo do evolucionismo proposto por Darwin em sua obra, porque faz com que as almas individuais, as sociedades, as ciências e as religiões também se submetam a um processo de aperfeiçoamento ao longo do tempo, até atingir um estado ideal. Algo semelhante ao processo de evolução que o filósofo jesuíta Pierre Teilhard de Chardin viria a desenvolver para a própria espécie humana em seu famoso tratado de antropologia, publicado no livro *O Fenômeno Humano*, já citado neste trabalho. A diferença era que o darwinismo se aplicava exclusivamente no terreno biológico, científico, e o kardecismo levava o tema para o terreno da espiritualidade, um campo ainda minado para a intelectualidade do século XIX.

Mas para Kardec e seus seguidores, na cadeia universal do desenvolvimento cósmico, o Espiritismo constituiria um passo evolutivo na história da filosofia, da ciência e das religiões, eliminando desse campo cultural o caráter pseudocientífico que fazia os positivistas torcerem o nariz para todas as experiências metafísicas. Esse foi seu principal motivo de atração para a intelectualidade da época.

O Espiritismo e a Física Quântica

Entretanto, foi a própria pretensão de Kardec e alguns de seus seguidores, de dar às suas pesquisas uma roupagem científica, que proporcionou a alguns estudiosos modernos motivos para ligar os pressupostos do Espiritismo com as descobertas da física quântica, e começar a fazer ilações que hoje preocupam os praticantes mais tradicionais dessa doutrina.

Na opinião destes últimos, o Espiritismo é uma religião e, como tal, não pode ser submetida aos métodos da ciência, já que a ciência está circunscrita ao mundo material, profano e passível de conhecimento pela inteligência humana, enquanto a religião pertence a um mundo sobrenatural, sagrado e inconcebível pela nossa mente, e que só pode ser atingido por um estado superior de consciência chamado de iluminação. Destarte, dizer que os fenômenos espirituais podem ser explicados pela física quântica é desvalorizar o Espiritismo em seus valores sacros, trazendo para o mundo da matéria um conteúdo que é essencialmente transcendental.

Para nós, essa é apenas uma questão de metodologia. É que a física quântica estuda o comportamento da energia em escala microscópica (o átomo e seus componentes), enquanto o Espiritismo o faz nas suas aplicações no que tange ao fenômeno da vida e suas relações com a própria estrutura cósmica.

Grosso modo, podemos dizer que a física quântica é o estudo da origem da própria matéria, ou seja, da energia que está na sua gênese. Ela se origina nos experimentos feitos há pouco mais de um século pelo físico Max Planck, e se baseia na descoberta de que a troca de energia entre sistemas atômicos só pode ocorrer em múltiplos de um determinado valor, que é o chamado "quantum", ou seja, uma indeterminada quantidade de energia. Essa energia se manifesta ora em forma de partículas, ora em forma de ondas, apresentando estranhas propriedades, como a ubiquidade (estar em dois locais ao mesmo tempo), a vacuidade (não localização espacial) e outras bizarrices que fazem os mais imaginativos estudiosos dessa matéria pressuporem que estão na presença daquilo que os sensitivos chamam de mundo espiritual.

Essas interpretações ganharam corpo com as publicações de Jack Sarfatti e Fritjof Capra, dois físicos teóricos que criaram, na Califórnia, o Fundamental Fysiks Group, um círculo informal de debates entre estudiosos dessa matéria para desenvolver e popularizar as descobertas da física quântica. Esses debates geraram várias obras do gênero, ligando as descobertas desse ramo da física a temas da Cabala, da cosmogonia védica, da filosofia gnóstica e, principalmente, do Espiritismo.

Por sua vez, o conhecimento enciclopédico oficial nos ensina que a física quântica é uma disciplina que se destina ao estudo das coisas materiais, das partículas subatômicas e das leis que regem o universo. O mundo espiritual nunca foi objeto de seus estudos, já que estes sempre ficaram confinados no âmbito da religião e da filosofia. A codificação do Espiritismo no século XIX, feita por Allan Kardec, não mudou essa situação, embora, como foi observado neste texto, ele alguns de seus seguidores tenham tentado dar ares de ciência à doutrina espírita.

A física moderna ainda hoje ignora e, muitas vezes, é até adversa à ideia de que possa existir uma parte espiritual nesse ramo da ciência. Por isso, uma possível interação entre o mundo da matéria e o mundo espiritual continua sendo descartada pela comunidade científica como algo digno de ser investigado. Além disso, as constantes fraudes apuradas nessa área têm contribuído ainda mais para que uma disposição contrária ao estudo da fenomenologia espiritual persista entre os estudiosos dessa matéria.

Nesse contexto, não é difícil entender por que pesquisas na área de física quântica (ou em qualquer outra área da física) e suas relações com o Espiritismo não sejam consideradas dignas de estudos mais sérios. Além das dificuldades experimentais que se apresentam numa pesquisa dessa ordem, o cientista que se aventurar nessa nova área do conhecimento certamente terá grandes dificuldades para obter recursos financeiros e o suporte logístico necessário para a realização do seu trabalho. Daí podemos dizer que não existe, hoje, qualquer resultado científico que estabeleça alguma relação provável entre mecânica quântica e Espiritismo, ainda que alguns autores tenham procurado estabelecer essa relação como se fosse uma verdade comprovada. Artigos dessa natureza só podem ser considerados no seu valor especulativo.

Entretanto, isso não quer dizer que seja improvável uma relação entre o plano físico e o plano espiritual. Se o universo (como o próprio vocábulo designa) é uno, então estamos falando de planos diferentes de existência, mas que pertencem a uma mesma realidade. Alguns fenômenos mediúnicos de natureza física, como materialização e telecinese, por exemplo, são realizações provadas no plano da realidade objetiva e um dia serão explicados pelas teorias da física vigente. Dentro dos contornos da lei de gravitação, teremos também a explicação do fenômeno das mesas girantes e sua relação com a órbita elíptica dos planetas. Da mesma forma, não é ousadia supor que as mesmas leis físicas que governam as interações dos elementos básicos da matéria possam, no futuro, explicar os fenômenos de materialização já reproduzidos em laboratório. Assim, se a mecânica quântica, a Teoria da Relatividade ou qualquer outra teoria da física moderna desenvolverão, no futuro, ferramentas e modelos capazes de descrever esses fenômenos, é algo que podemos esperar que aconteça, sendo a inteligência humana o que é.

Destarte, os praticantes do Espiritismo tradicional, que veem sua prática como uma religião e sentem que ela está sendo desvalorizada pelo conteúdo materialístico que lhe está sendo dado pelos imaginativos adeptos da teoria quântica, não devem se preocupar demasiadamente. Como diz um eminente cabalista, o universo é criado pela manifestação da Potência do seu Criador. Essa potência se instrumentaliza pela vontade humana. Por isso, "quando o justo deseja, ele pode criar um mundo". Tudo é passível de conhecimento pela inteligência do ser humano. Inclusive o mundo espiritual, porque se trata de um mundo manifestado por Deus juntamente ao plano material, ou seja, ele está sujeito às mesmas leis que o Criador colocou no processo de criação universal. Só há um território onde a mente humana jamais poderá penetrar: o plano divino, o qual somente o próprio Criador pode conceber.

Hoje, com os conhecimentos do mundo que se hospeda no interior do átomo, que a física quântica trouxe para a ciência positiva, fica mais fácil especular com a ideia – já defendida por Jung e outros pesquisadores – de que o espírito de que falam os kardecistas é uma função da consciência humana. Até porque esta, sendo formatada a partir de impulsos elétricos, pode extrapolar os limites do mundo físico e até sobreviver no tempo e no espaço como partícula ou onda, tal como ocorre com o chamado quanta. Quer dizer: não seria nada estranho dizer que *o espírito de que falam os kardecistas pode ser um fenômeno quântico.*

Assim, a possibilidade de que o mundo espiritual venha a ser, um dia, desvelado pela física quântica é algo que está dentro da realidade concebível. Até porque, se o mundo espiritual existe, é porque ele foi "pensado" pela mente humana. E tudo que a mente humana concebe é porque tem existência no mundo real, já que ela não trabalha no vazio. Essa, aliás, é uma das chaves que a Cabala nos proporciona para entender o funcionamento do processo que dá origem e sustentação ao universo: essa chave é a reciprocidade, que é definida como o Desejo de Receber e o Desejo de Compartilhar. É nesse sentido que nossa intuição caminha. Se nossa alma é uma centelha da Luz Infinita do Criador, então ela recebe energia desse Princípio Único que está na origem de tudo. Nas suas interações no mundo físico, ela distribui essa energia na forma de pensamentos e ações que formatam a essência da mente humana e dá forma ao que chamamos de espírito. Nesse processo de Receber e Compartilhar a Energia do Criador está o grande segredo da vida.

Esse pressuposto estipula que quem recebe algo deve compartilhar o que recebeu. Esse é um dos dois princípios da conservação da energia. O primeiro estipula que ela tenha dois polos para se manifestar: um positivo e um negativo. O segundo exige que ela seja transmitida, pois energia que não se transmite esgota-se no próprio recipiente que a recebe.

Por fim, podemos dizer que em nada as ilações das mentes que procuram explicar os fenômenos espirituais pelas leis da física quântica desvalorizam o Espiritismo como doutrina religiosa, porque ela, na verdade, trata do aperfeiçoamento do ser humano, pregando, acima de tudo, um extremado amor pelo bem, pelo justo e pela virtude, como caminho para uma volta triunfal da nossa alma ao núcleo gerador, de onde um dia ela veio como partícula de energia expelida pelo próprio Criador. Nesse sentido, o Espiritismo e a Cabala cantam um belo dueto. Ambos, alimentados pelos conhecimentos revelados pela física quântica, talvez possam constituir a religião do futuro.

Prisão de Ventre Espiritual

Tanto na Cabala quanto no Espiritismo o objetivo é mitigar a força do nosso Ego, no seu Desejo de Receber só para si, e compartilhar a Energia que nossas almas recebem do Criador e têm a obrigação de veicular pelo universo da Criação.

Quem não recebe não tem para dar, mas quem recebe e não doa provoca dor e sofrimento no mundo. Essa é a causa de toda infelicidade que grande parte da humanidade sofre. É o resumo do processo que gera a pobreza e a ignorância.

Todos fomos feitos com o Desejo de Receber. Ele é a noção nuclear da formação do nosso Ego. Todos podemos querer riqueza, poder, fama, autoestima, reconhecimento, amor, felicidade, prazer; essas são todas as coisas boas que a Luz Ilimitada do Criador pode nos conceder e não é errado, nem pecado, desejá-las.

Só que não podemos ser egoístas a ponto de querer receber e retê-la somente para nós. A Luz Ilimitada pertence a todas as criaturas do mundo, bem como a todas as demais realidades que a natureza desenvolve em seu processo de criação, porque todas são feitas da mesma Energia que compõe a nossa alma.

Por isso, o Desejo de Receber, sem o desenvolvimento de um correspondente Desejo de Compartilhar, ou seja, a ambição de ter a Luz do Criador só para nós mesmos, é como o desconforto da pressão que um excesso de alimento provoca em nosso estômago. Ele gera um grande acúmulo de gases provocando a chamada "prisão de ventre". Da mesma forma, a retenção da Luz Infinita do Criador também nos provocará uma "prisão de ventre espiritual".

A prisão de ventre intestinal provoca um desconforto físico muito grande. A prisão de ventre espiritual é pior ainda, porque faz uma pessoa se sentir infeliz mesmo ostentando as melhores condições de vida possíveis. Já vimos isso acontecer com pessoas muito ricas ou famosas. Elas perdem o sentido da vida justamente pela opulência em que vivem.

O sentido da vida está justamente no equilíbrio entre o Receber e o Compartilhar. É o princípio da conservação da energia. Ela precisa circular. Acumulada em um ponto único, só gera calor e pressão, fazendo o recipiente inchar e explodir. Podemos fazer uma analogia com uma represa que só recebe a água de um rio e não tem um sangradouro. Um dia ela se romperá por força da pressão da água acumulada nela.

Assim também acontece com a Energia que o Criador nos fornece. Todos nós a recebemos. Ela está armazenada em nossa alma. Se não a retransmitirmos, ela poderá causar em nós um "curto-circuito" espiritual. E este, como sabemos, é a pior de todas as doenças.

Pagando o que se Deve

Eis uma metáfora que imaginamos para ilustrar esse tema:

Houve uma vez uma terra devastada por uma longa seca. Com tantos anos sem chuva, os rios secaram, as plantas morreram, as pessoas e os animais definharam de sede e fome. Tudo ia de mal a pior. Ninguém sabia mais o que fazer.

Um dia passou por lá um velho feiticeiro. Vendo a pobreza, o desespero e a angústia daquela gente, ele foi até o rei e prometeu fazer a chuva cair de novo naquela terra.

– Como? – perguntou, desconfiado, o rei.

– É fácil – disse o feiticeiro. – Vós não sabeis, mas na verdade, quem levou a chuva embora foi um dragão prateado que ficou muito zangado com o vosso comportamento em relação aos répteis que habitavam vossa terra. Sabeis que cobras, lagartos, jacarés, salamandras pertencem todos à família dos dragões? E vós os matais sempre que os encontrais. Por isso, o Grande Dragão prateado, que é o rei dessa espécie de animais, ficou aborrecido convosco e levou a chuva embora.

– E como ele pode fazer isso? – perguntou o rei.

– Ele é, na verdade, um poderoso mago que controla as forças da natureza – disse o velho feiticeiro. – Guarda as chaves das comportas do céu e manda no tempo.

– E o que devemos fazer? – perguntou o rei.

– Eu posso trazer a chuva de volta, Majestade, mas antes deveis vos comprometer a me pagar duzentas moedas de ouro por esse resultado – disse o feiticeiro.

– Pagarei o que for preciso, se fizerdes chover de novo no meu reino – disse o rei. – Mas como vós fareis isso?

– Usarei minha mágica para aprisionar os espíritos de todos os répteis da Terra dentro da minha sacola – disse o feiticeiro. – Depois, negociarei o resgate deles com aquele dragão prateado do qual vos falei e ele abrirá as comportas do céu.

O rei ficou meio desconfiado, mas acedeu. Afinal, o que perderia se não desse certo? Não custava tentar.

Assim fez o feiticeiro. Abriu sua sacola, cantou mantras, recitou encantamentos e rabiscou na terra signos e símbolos estranhos e misteriosos. Então, fechou a sacola e tornou a recitar, cantar, dançar e rabiscar incompreensíveis garatujas no chão.

Terminados os rituais, ele abriu a sacola novamente e o espaço aéreo do reino encheu-se imediatamente de carregadas nuvens negras. Relâmpagos rasgaram o céu por todos os lados e não demorou muito até uma copiosa chuva desabar sobre o país inteiro. Choveu por muitos dias e os rios voltaram a correr em seus leitos, as plantas começaram a brotar na terra, as pessoas a replantar suas lavouras e a vida voltou a sorrir para todos.

Então, o feiticeiro voltou ao palácio para cobrar do rei o seu pagamento.

– Majestade, vós me deveis duzentas moedas de ouro – disse o feiticeiro.

– O quê? – respondeu o rei. – Duzentas moedas por um truque de mágica? Quem garante que foram vossos encantamentos que trouxeram a chuva de volta e não a própria natureza que resolveu abençoar novamente nossa terra? Podeis provar que foi vossa mágica a responsável por esse resultado? – perguntou, sarcasticamente, o monarca.

– Quando estáveis necessitados não pedistes nenhuma prova do meu poder – disse o feiticeiro. – Por que agora, que tendes o que pedistes, estais a exigir tal prova como obrigação para que eu possa receber o que me deveis? – questionou o feiticeiro.

– Não quero ser logrado – respondeu o rei – pagando tão caro por uma farsa.

– Que vos importa como as coisas acontecem, se elas acontecem conforme vossa necessidade e desejo? Acaso não recebestes o que contratastes?

– Sim, mas eu quero saber pelo que estou pagando – insistiu o rei.

– Então, não me pagareis se eu não vos der essa prova?

– Não – respondeu o rei.

– Se não cumpris vossa palavra, então não mereceis o resultado – disse o feiticeiro. – As árvores não perguntam de onde, nem de quem, nem como vem a chuva ou o sol que as alimenta. E, no entanto, pagam pontualmente os frutos que devem. A terra não sabe quem lhe dá a água que a nutre, nem por isso sonega a parte que lhe cabe pagar. Mares e rios não se importam em saber de onde vêm e como são produzidas as fontes que os alimentam, mas nunca negam o alimento para a vida que neles se hospeda. Se vós entendeis que saber por que pagais é mais importante que o bem que recebestes, ficai com vossa sabedoria. Tentai sobreviver com ela. O que fiz posso muito bem desfazer.

Então, o feiticeiro transformou-se num grande dragão prateado e voou, desaparecendo no céu já sem nuvens e seco como o ar do deserto.

E nunca mais choveu naquela terra.

Capítulo 11

AS LEIS DA EVOLUÇÃO

A Fé do Futuro

Na nossa concepção, a Cabala filosófica poderá ser sim, não a religião, porque religião é forma, mas a fé do futuro, pois fé é conteúdo. A religião é difusa, particular e está vinculada à individualidade. É um produto da nossa mente. Já a fé é um sentimento inerente à nossa alma e não se presta a interpretações particulares. O significado dela é o mesmo para todas as pessoas.

Essa assertiva que sustenta a Cabala como a fé do futuro está amparada principalmente nos conhecimentos que a moderna ciência atômica está revelando a partir dos estudos feitos sobre o comportamento da energia em suas esferas mais íntimas. Comportamento esse que tem muito a ver com as chamadas manifestações do mundo espiritual já registradas. Esse conhecimento, como vimos, já havia sido intuído pelos mestres cabalistas muitos séculos atrás. E uma fé que tenha amparo no conhecimento científico será muito mais palatável para as novas gerações do que crenças alicerçadas em elucubrações metafísicas.

Deus é pressão, diz um eminente mestre cabalista. Pressão que originou o Big Bang? Por que não? Já vimos que a moderna ciência astrológica diz que no início o universo estava contido numa região tão densamente carregada de energia que um dia explodiu. Essa explosão deu início ao universo físico. Daí em diante, as partículas que saíram dessa explosão espalharam-se pelo nada cósmico, combinaram-se, e dessas combinações surgiu a massa física universal.

Se tudo isso é verdade provada ou mera especulação, só Deus poderia dizer. Nós só podemos deduzir e acreditar ou não. Mas há algumas coisas que não podem ser ignoradas. Uma delas é o que sustentam os defensores da teoria da evolução. Segundo essa teoria, todas as espécies vivas são "fabricadas" com um "programa" específico que as submete a um processo evolutivo obrigatório. Esse processo é necessário, tendo em vista as constantes mudanças ambientais a que o universo está sujeito. Essa é uma lei existente na vida das espécies, chamada lei dos revezamentos.[108]

Contudo, ela também é válida para o restante do universo, inclusive para os elementos químicos e a matéria bruta em geral, pois todos os elementos químicos e físicos também são obtidos pela combinação de seus componentes, da mesma forma que as espécies vivas.

A ciência já tem algum conhecimento de como isso acontece. Porque assim é mais difícil de descobrir. Temos a consequência, mas não sabemos a causa. O próprio universo é uma consequência e, sem dúvida, ele também deve ter uma causa. Mesmo que grande parte dos cientistas e dos pensadores positivistas teime em descartar Deus como a causa provável da existência do universo, quando eles são confrontados com o tema da Causa Primeira de tudo, também se veem num beco sem saída, onde tudo que podem fazer é especular e acreditar nas próprias intuições.

As Leis da Evolução

Em nossa concepção, a teoria da evolução é mais compatível com a doutrina da Cabala do que com outras tradições religiosas. Essa doutrina revela uma sugestiva analogia com as modernas

108 Lei dos revezamentos, em antropologia, é a lei segundo a qual os organismos que não desenvolvem uma estrutura capaz de sobreviver em ambientes diferentes daqueles nos quais vivem são substituídos por outros, mais competentes. Com isso, a natureza mantém o processo da vida sempre ativo e com sentido evolutivo.

teorias da física que explicam o processo de nascimento do universo, bem como combinam, com bastante aproximação com especulações antropológicas modernas, especialmente aquelas já citadas do filósofo jesuíta Pierre Teilhard de Chardin.[109]

Na Árvore da Vida cabalística, esquema mágico filosófico desenvolvido pelos cabalistas para explicar o nascimento e o desenvolvimento do universo, nós temos um tratado completo de escatologia, em que a obra de Deus nos aparece como um processo com início, meio e fim.

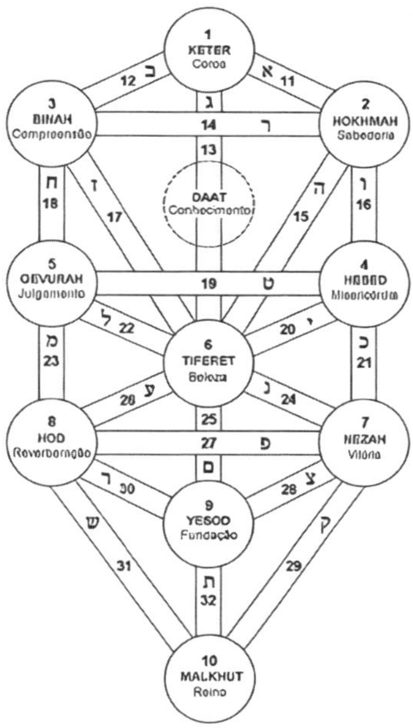

Uma das funções dessas esferas, chamadas de séfiras, segundo Yehuda Berg, é funcionar como cortinas que foram apostas sobre a Luz Infinita do Criador para que ela pudesse contrair-se e concentrar-se em atributos (arquétipos), de onde ela sai para dar existência a todas as formas universais, inclusive nós mesmos. Essa foi a estratégia do Criador para permitir que Sua Criação pudesse desenvolver-se por si. É como dizer que cada fragmento de massa existente no universo físico foi feito com a capacidade de recepcionar a Luz Infinita, concentrá-la e promover seu próprio *Tzim Tzum*, ou seja, sua própria manifestação como realidade física, gerando outras massas pelo compartilhamento das suas propriedades com outros elementos do ambiente por meio de uma simbiose natural. Por isso é que no fenômeno da vida todo nascimento é visto como "dar à luz", e na nossa atividade psíquica, toda intuição é considerada um "*insight*",

109. Ver Chardin (1968). Na imagem, a Árvore da Vida Cabalística, com cada séfira representando um atributo de Deus, ou arquétipo, formando 32 caminhos.

ou seja, uma iluminação. Em termos cabalísticos, essa seria a explicação da fórmula deduzida por Einstein: $E = mc^2$, isto é, a massa do universo tem uma equivalência com a energia que ela concentra em seu processo de aceleração.

Dessa forma, a Árvore da Vida é um diagrama que representa um processo de evolução perene, constante e ordenado do universo, como um lago que transborda e vaza para outro lago, até o grande mar universal, onde todas as formas de existência, físicas e orgânicas, podem ser encontradas. Logo, cada séfira da Árvore, que são em número de dez, corresponde a um arquétipo, ou seja, um atributo de Deus. Eles são interligados para constituir os 32 caminhos que o espírito humano tem de percorrer para poder contemplar a plenitude da Luz Infinita do Criador.

A explicação dessa visão cabalística é simples. Quando dois elementos se juntam, eles formam um composto. Conservam suas propriedades particulares, mas também constituem um terceiro elemento, com diferentes propriedades. O composto, que é o filho nascido dessa união, possui as propriedades dos elementos que o formaram e as que são desenvolvidas por ele mesmo. Nesse processo está o segredo da evolução. Dois átomos de hidrogênio, combinados com um de oxigênio, formam uma molécula de água. A água é um composto, "filho de H_2O", que tem H e O na sua composição, mas também tem outras propriedades que seus "pais" não têm. Entre elas, a propriedade de incubar a vida, porque ela é a matéria-prima necessária para a execução desse processo, sem o qual a vida não teria se manifestado no universo. Por isso é que a Cabala diz que quem tem a Luz nunca a perde; quem a compartilha aumenta seu brilho e sua potência, pois a Luz que o recipiendário recebe é o investimento que o Criador faz nele; e a Luz que o recipiendário emite é o investimento que ele faz na sua própria alma.

Como aprendemos em nossas aulas de ciência, a molécula de água apresenta uma região positiva, que são os hidrogênios, e uma negativa, que é o oxigênio, dando origem a uma molécula polar. Essa composição polarizada detém diversas propriedades essenciais para os seres vivos, provenientes de sua estrutura bipolar, além de possuir a capacidade de deteriorar substâncias inorgânicas e orgânicas, que é uma função estritamente necessária à conservação do ambiente no planeta.

Assim como se forma a água, também acontece com o restante do universo. Cada fase da evolução é uma combinação de elementos. Cada nova fase desenvolve suas próprias particularidades, que são suas propriedades. Por isso, cada fase é sempre um passo a mais no processo de evolução, pois o composto que nasce da união dos elementos é, invariavelmente, um resultado mais complexo dos que os elementos que o formam. Nada se perde do que já foi conquistado, apenas se transforma em algo novo. O novo é sempre maior que a soma das suas partes. Novas capacidades são adicionadas ao universo a partir de cada interação.

Com isso, não podemos compartilhar os receios daqueles que temem pelo futuro da humanidade. A humanidade não perecerá: ela se transformará. Os adeptos do evolucionismo dizem que a humanidade evoluiu de uma matriz animal até a configuração que temos agora: os criacionistas afirmam que nós já nascemos assim e que temos sofrido várias quedas e ascensões em nosso processo evolutivo. Isso quer dizer que já fomos piores e melhores do que somos hoje. Não importa saber quem tem razão. Na verdade, o que nos parece tão preocupante com os rumos que a humanidade vem tomando é resultado apenas da nossa ignorância, do nosso afastamento da Luz do Criador, que os desejos do nosso Ego provocam. Quando deixamos o Ego obstruir nosso Desejo de Compartilhar, a escuridão da ignorância ofusca o brilho da luz existente na alma e a confusão se instala em nossa mente, fazendo com que tomemos por verdade aquilo que é apenas o desejo inspirado pelo Ego. E por conta dessa conformação ilusória que nossos sentidos transmitem à nossa mente, fundamentamos toda a nossa vida.

O Processo de Evolução

Não temos como saber o que poderá acontecer a cada nova experiência interativa que a energia que está na origem do universo promoverá. Isso porque Deus colocou nesse processo um "princípio da incerteza" para garantir a eterna evolução do mundo por meio dessa corrente energética que a Cabala chama de Desejo de Receber e Desejo de Compartilhar. Esse duplo desejo, ambos oriundos do Criador, é o que nos faz buscar sempre um patamar superior de satisfação, tanto neurológica quanto espiritual, também querer transmitir o que pensamos ser e ter. E, principalmente, perpetuar nossa espécie por intermédio dos nossos descendentes.

Ninguém precisa doar mais do que recebe. Porque quem assim fizer acabará necessitando mais do que aquele a quem doou. Doar teve ter a mesma medida do receber na régua da vida. Deus sabe disso e providenciou a Luz Infinita para que todos possam se abastecer nela, na medida das suas necessidades e na extensão do seu Desejo de Compartilhar. Nesse sentido, Jesus disse: "Dai, e ser-vos-á dado; boa medida, recalcada, sacudida e transbordando vos deitarão no regaço; porque com a mesma medida com que medis, vos medirão a vós". [110]

Esse é o processo pelo qual a Energia do Criador circula no universo. Nós, todas as formas de vida, e toda a massa universal, somos recipientes dessa Luz. Nós a recebemos na medida da potência que a centelha de Luz que habita em nós possui. Essa potência aumenta ou diminui na proporção que fazemos bem ou mal em nossas experiências de vida.

Como o Sol, ela brilha para todos. Só não podemos reter a Luz apenas para nós. Ela precisa circular através de nós. A alma que a retém somente para si acaba, fatalmente, sofrendo um "curto-circuito" em algum momento da sua existência. Essa circulação não se refere apenas à questão espiritual, ela também diz respeito aos bens materiais. De que serve à nossa alma só ganhar

110. Lucas, 6:38.

e entesourar? Por acaso a vida dura para sempre, para que precisemos acumular um tesouro inesgotável? Felicidade é ser ou ter?

Por isso, a Cabala diz: escolha receber incalculáveis suprimentos de Luz para compartilhá-la com o universo. Isso é felicidade. Isso é plenitude. Afinal, para que serve uma sabedoria que não se transmite? Para qual finalidade um professor aprende se não for para ensinar? Para que um profissional adquire uma competência se não for para aplicá-la na produção de um artefato ou de um serviço? Para que serve um mestre sem pupilos, um profissional sem clientes, um recurso que não se aplica?

O progresso, o desenvolvimento e o bem-estar social são as polaridades necessárias para que a energia de uma sociedade circule e gere mais energia. Essa é a sabedoria inserta no Desejo de Receber e no Desejo de Compartilhar. A relação professor-aluno se torna mais forte quanto mais o docente aprende e aplica o conhecimento adquirido. E o aluno, ao receber o aprendizado, quando acrescenta a ele mais conhecimento, fortalece a relação, fazendo dela mais que uma simples fórmula de transmissibilidade. Ela torna-se uma corrente que concorre para o aumento da potência criativa da relação. Com o relacionamento profissional-cliente sucede o mesmo: satisfação em doar-satisfação em Receber e Compartilhar.

A relação simbiótica do prazer contém a fórmula da felicidade. É a circulação irrestrita da Luz Infinita do Criador – Ain Soph Aur – pelo universo da vida, produzindo e purificando a Criação.

A Plenitude do Prazer

O mesmo raciocínio podemos aplicar ao ato de procriar. O desejo de procriar faz parte do nosso Desejo de Compartilhar. Recebemos a vida e devemos transmiti-la. A procriação é uma forma de transmissão da energia que está na fonte da vida. A vida que recebemos também comporta um Desejo de Receber: de receber para a alma que encarna; de compartilhar para a alma que a transmite. Dessa forma, o sexo, com o prazer que ele nos dá, é uma satisfação do nosso Desejo de Receber.

Nós só conseguimos procriar depois de certa idade. É preciso maturidade física e psicológica para isso. Quando essa maturidade acontece, o Desejo de Receber, sexualmente, incorpora o Desejo de Compartilhar. Porque o filho é alguém que precisa de nós até certa idade; ele vai exercer seu Desejo de Receber até se tornar capaz de exercer o seu Desejo de Compartilhar.

É evidente que isso não acontece com todo mundo, porque não são todos que têm essa consciência. Nem todos se dão conta de que são receptores da Luz do Criador, que precisam recebê-la e redistribui-la. Muitos procuram retê-la só para si mesmos. E promovem a escuridão para si e para quem está no raio da sua influência. Sua escuridão é tão densa que, às vezes, até ofusca a Luz dos outros.

Paternidade e maternidade responsáveis são a síntese orgânica do Desejo de Compartilhar. Sendo assim, quem a cumpre com rigor, competência e, sobretudo, Amor, experimenta a plenitude do prazer, porque não há prazer maior do que criar uma família saudável. Nada é mais santo do que compartilhar a semente da vida. Quando executamos essa ação, cumprimos um dos mandamentos do Criador: crescei e multiplicai-vos, como comandou Ele ao nosso ancestral Adão.

Nada é por Acaso

A Cabala nos ensina que nada acontece abruptamente. O que parece acontecer de repente nada mais é do que a manifestação de uma realidade que nos era desconhecida, mas que já era existente em algum momento da vida do universo. É uma interação energética de potências, cujas condições de ocorrência ainda não estavam prontas para acontecer. Tudo, no mundo, é fruto de relações entre elementos hospedeiros de energia e relações entre as relações que eles estabelecem. O que ainda não aconteceu apenas não encontrou a relação apropriada nem o tempo certo para ocorrer.

Isso porque todo evento tem uma causa que o provoca. Esse evento é um processo que se desencadeia, muitas vezes, sem nosso conhecimento, mas que existe e não pode ser cancelado.

Até no nosso próprio sistema neurológico esse processo acontece. Na atividade do nosso cérebro, quando ele está processando nossos pensamentos, comandando nossos desejos ou planejando nosso comportamento, não há expectativa de erros nem acertos. Há apenas escolhas que nos levam a estes ou aqueles resultados. E elas são feitas com base em "programas" que nele instalamos para nos orientar nessas escolhas. Esses programas são criados com base nas informações que adquirimos em nossa vida e constituem o alicerce das nossas crenças, valores e critérios de julgamento. Tudo isso é resumido em uma palavra processual, chamada sabedoria. É com base na sabedoria que pensamos ter adquirido que nós fazemos nossas escolhas.

Portanto, nada acontece de repente, nem por acaso. Sempre há um processo (uma causa) por trás de todo acontecimento. Catástrofes repentinas, acidentes, coincidências, sorte ou azar, tudo é efeito de uma causa.

É isso que a Cabala nos proporciona como conhecimento. Seja o que for que aconteça, o universo está preparado para isso, porque nele tudo está assente no processo de equilíbrio entre os dois polos da Energia que o Criador distribui no universo. E para que essa distribuição aconteça são necessários os dois polos, o negativo e o positivo.

Esse processo vale também para nós mesmos. A fórmula da vida foi desenvolvida com todos os elementos necessários para superar qualquer obstáculo que ela vier a nos apresentar. E como todas as fórmulas, uma vez ou outra ela pode falhar. Mas essas falhas sempre ocorrem pelos erros de manipulação feitos pelo operador. O livre-arbítrio a nós concedido é que, geralmente, nos leva a essas falhas.

Tudo no universo se compõe em função do equilíbrio entre o positivo e o negativo. Bem e mal são lados da mesma moeda. Assim como a morte se alimenta da vida, a vida não seria possível sem a presença da morte. Nessa dicotomia está a justificativa da estranha preocupação do Senhor com respeito ao perigo de o casal humano comer do fruto da Árvore da Vida e se tornar imortal,[111] porque se o fizessem, o ciclo da vida não seria possível, pois a Luz do Criador seria retida eternamente no casal primordial e o seu compartilhamento seria interrompido.

A metáfora a seguir, extraída de um ensinamento zen budista, nos ajudará a entender o conceito do equilíbrio entre os dois polos da energia que sustenta a vida do universo.

O Equilíbrio Universal

Um jovem discípulo, com o desejo de homenagear seu mestre, a quem muito respeitava, foi ao belo jardim do mosteiro e colheu as mais belas flores que encontrou. Fez com elas um lindo buquê e entrou, muito alegre, na sala de chá, onde o mestre o aguardava.

Ele sabia que o mestre adorava flores. Todos os dias, ele trocava as *tsuba kides* do belo vaso *ikebana* que ele mantinha diante do seu *tokonoma* (altar).

Tão alegre e afoito estava o jovem discípulo para entregar as flores ao mestre que não percebeu a borda do tatame. Tropeçou, caiu e elas se esparramaram pelo chão. Eram flores muito lindas, mas extremamente frágeis as *tsuba kides*, com suas delicadas pétalas brancas.

As pétalas se despregaram dos caules e se espalharam pelo tatame que cobria todo o espaço da sala de chá. O jovem discípulo começou a chorar.

– Por que chorais? – perguntou o mestre.

111. Gênesis, 3:23.

– Eu vos trouxe essas flores. Eram tão belas no jardim e ficaram ainda mais belas quando eu as dispus num buquê. Agora estão mortas – choramingou o discípulo.

O mestre não disse nada. Apenas tocou de leve no ombro dele e pediu que se sentasse. Em seguida, pegou o belo vaso *ikebana* e o colocou no centro do tatame. Em seguida, recolheu os caules nus e os colocou dentro dele, com esmerada delicadeza, num artístico arranjo. E, por fim, juntou as pétalas espalhadas pelo chão e as dispôs em um arranjo harmonioso, em volta do vaso.

– Quando tirastes essas flores do seu tronco – disse o mestre – prejudicastes a harmonia do universo, porque provocastes uma mudança na sua estrutura. Mas logo tudo se recompôs, porque elas deixaram de ser flores e passaram a ser um belo presente que estavas trazendo para mim.

O mestre prosseguiu:

– Elas não faziam mais parte da terra, que as gerou e alimentou até aquele momento, mas passaram a fazer parte de vós, do vosso desejo, da vossa alegria em contentar-me. O universo se recompôs com esse ato, pois todo desejo realizado faz o universo funcionar.

– Quando elas caíram, se despetalaram e se esparramaram pelo tatame, o universo se desequilibrou novamente, pois vosso desejo não se realizou e vós vos magoastes. Todo coração que se magoa é causa de desequilíbrio no universo – disse o mestre.

– Mas agora elas passaram a fazer parte desta sala. Continuam belas e úteis, ao compor com ela um lindo arranjo. E tudo está em harmonia novamente – concluiu.

Então, o jovem discípulo uniu as mãos e com uma inclinação saudou o mestre. Tinha compreendido. Na natureza nada se cria, nada se perde, tudo se transforma. Todo sofrimento é causado pelo apego ao que já fomos, ao que já tivemos, ao que já vivemos. Isso, muitas vezes, nos impede de viver a forma presente e sermos úteis nas nossas formas futuras.

Assim, com equilíbrio do universo recomposto, mestre e discípulo, silenciosamente, tomaram seu chá.

Por que Temer o Futuro?

Estudar a Cabala e procurar entender as visões que ela sugere nos ensina que o universo sempre existirá porque ele sempre existiu, mesmo antes de se manifestar na forma como o conhecemos hoje. Antes de ele tornar-se uma realidade positiva, já estava presente na Mente do Criador. Ele era energia latente que só precisava de um recipiente onde pudesse ser incubada para se tornar a "criatura universo".

O vazio cósmico, que Ele criou, foi esse recipiente que recebeu a doação da sua Energia Criadora na forma de uma Luz Infinita. Mas o vazio cósmico, prenhe de Luz, não tinha a quem transmiti-la. Por isso, o Criador contraiu sua Luz em um Ponto Único de extrema densidade energética e estilhaçou-se, como uma panela onde a pressão do vapor não tem uma válvula de escape. Os fragmentos dessa inconcebível explosão de energia resultaram no universo físico. E centelhas dessa energia expulsa constituem nossas almas.

Assim, toda a matéria física que existe no mundo é feita de um fragmento da Energia do Criador. Diante disso, não devemos odiar o mundo da matéria, como ensinam algumas seitas religiosas, mas, sim, amá-la e respeitá-la com todo o nosso coração, porque ela provém da própria manifestação do Criador no Seu Desejo de Compartilhar.

A Existência Negativa de Deus é um conceito puramente cabalístico, mas que também tem paralelo na tradição vedanta, que é a base da religião do povo hindu. É um conceito de difícil entendimento, mas numa simplificação, podemos dizer que significa entender Deus como a Energia que existia antes de o universo material ser feito. É como a eletricidade. Não sabemos dizer qual é sua origem, nem o que ela é. Só podemos conhecer suas consequências, porque ela é uma força que provoca muitos efeitos no mundo real. Ela ilumina nossas cidades e move nossos motores. É inconcebível imaginar hoje uma civilização sem ela.

A diferença é que a eletricidade, como sabemos, não é energia que gera a si mesma. Ela é fruto de uma interação entre átomos de carga positiva e negativa. Está presente na natureza, e nela foi posta de alguma maneira que ainda não sabemos. Deus não. Ele é o que É. Incriado e onipotente, não precisa de uma causa para existir. É a única força cuja Potência é de si mesma. Ele é o único fenômeno sem causa que existe no universo.

Nós existimos como parte do mundo físico. E sabemos que ele é produto de energia condensada em massa. De onde vem essa energia também não sabemos, embora já tenhamos descoberto que ela está presente no núcleo atômico dos elementos que formam a massa física do universo. De alguma forma, essa energia foi posta lá. Ela vem de um polo oculto numa dimensão que nossa mente não consegue penetrar. Na física atômica, esse polo é definido como "o nada negativamente carregado", expressão encontrada pela linguagem científica para explicar um fenômeno cuja existência já é bem conhecida, mas ainda não explicada.[112]

Se o universo futuro será bom ou ruim para nós, isso não importa, nem quantos apocalipses possam ocorrer. Primeiro porque não estaremos lá para saber, pelo menos não nesta nossa forma atual. E se for em uma outra forma, com certeza a Luz Infinita do Criador já nos terá provido as condições necessárias para suportar. Por essa razão, ela nos submete ao processo transformista de uma seleção natural. Segundo, porque bem e mal são conceitos puramente humanos. Quando não formos mais o que somos hoje, talvez não precisemos mais deles para justificar nossos sentimentos a respeito. Aliás, se pudermos ver o bem e o mal apenas como resultados bons ou ruins, consequentes das

112. A expressão "o nada negativamente carregado" foi usada na apresentação de um trabalho desenvolvido pelo físico dinamarquês Niels Bohr, em 1913, para demonstrar a presença da energia no núcleo do átomo.

nossas escolhas, talvez possamos dar um salto qualitativo nesse processo de evolução a que o Criador nos submete.

De agente passivo de uma seleção natural passaremos a ser ativos, dela participando como protagonistas conscientes e não como atores desavisados que cumprem seu papel sem saber por que o fazem. Aliás, isso é o que já somos e fazemos, mas muito poucos de nós têm consciência disso, e vivemos fazendo escolhas que mais prejudicam do que facilitam nossa ascensão.

O que podemos dizer com certeza é que o mundo só não teria futuro se não existisse Deus. Mas Ele existe, e é Ele que fornece o estofo para que o mundo possa existir. Destarte, o universo só deixará de existir quando o próprio Criador também desaparecer. Mas essa é uma hipótese impensável, pois sabemos que Ele não obedece às leis da vida e da morte. Ele é pura Energia Espiritual, e esta não está sujeita ao desgaste nem à voragem da entropia.

Capítulo 12

ENTRE O BEM E O MAL

O Super-Homem

Shimon bar Yochai, o codificador da Cabala, diz: "o *Zohar* reflete a Luz da Mãe Suprema (a Shekinah) que é a fonte da penitência. Aqueles que estudam o *Zohar* provarão da Árvore da Vida e não estarão mais sujeitos à provação. Então, Israel (e a humanidade através dela) não dependerá mais da Árvore do conhecimento do bem e do mal e não terá mais que submeter-se às leis do 'deves ou não deves fazer'".[113]

A referência ao poder/dever, que na sua origem é um tema cabalístico que se refere ao livre-arbítrio concedido ao homem, foi aproveitado por Nietzsche no seu discurso sobre o super-homem, constante da sua obra mais conhecida *Assim Falou Zaratustra*. Para o controvertido filósofo alemão, o sentimento do dever, para ele simbolizado na ética judaico-cristã, inoculado no espírito do homem, constitui uma limitação ao seu poder. Como ele diz, textualmente, em uma de suas obras: "O homem, assenhoreando-se das forças da natureza, o homem, assenhoreando-se de sua própria selvageria e de seus instintos desencadeados (os desejos aprenderam a obedecer, a serem úteis) – o homem comparado a um pré-

113. Shekinah é definida como a "presença" da divindade no mundo. Essa presença é sempre referida no feminino, simbolizando a mulher que "dá à luz" à vida humana. Em analogia com a história de Israel, a própria nação israelense seria a Shekinah, aquela que levaria a Luz da Torá à humanidade, para que ela alcançasse sua redenção.

-homem, representa enorme soma de potência e não um plus de felicidade! Como pretender que ele tenha aspirado à felicidade?"[114]

Na sua obra mais famosa, encontramos ainda os seguintes dizeres, pronunciados pela boca do filósofo Zaratustra: "Quem é o grande dragão a que o espírito não quer chamar Deus nem Senhor? 'Tu deves': assim se chama o grande dragão; porém, o espírito do dragão diz: 'eu quero'.

O 'tu deves' está plantado no seu caminho, como animal escamoso de fulgor áureo; e em cada uma de suas escamas brilha em douradas letras: 'Tu deves'!

Valores milenários cintilam nessas escamas, e o mais poderoso dos dragões assim fala: 'Em mim cintila o valor de todas as coisas!'

Meus irmãos, que falta faz o valor em todas as coisas! Todos os valores já criados foram, e eu sou todos eles. Para o futuro não deverá existir o 'eu quero'. Assim disse o dragão. Meus irmãos, que falta faz o leão ao espírito? Não bastará a besta de carga que renuncia e cultua?

Criar novos valores é coisa que o leão ainda não consegue: contudo, criar uma liberdade para a nova criação, isso o consegue o poder do leão" [115]

O dragão a que Nietzsche se refere é o sentimento de dever inoculado no espírito do homem ocidental pela teologia judaico-cristã. É um sentimento que nele pesa como um fardo que o limita e o conforma, tolhendo sua liberdade de ser. O leão é a vontade do espírito do homem de rebelar-se contra essa conformidade, mas ele não consegue justamente pelo fato de seu espírito já estar conformado a essa cultura. Por isso, ele só pode inspirar as novas gerações a fazê-lo, e essa era sua esperança. A se ver pelo que aconteceu na Alemanha nos 50 anos após a publicação das obras de Nietzsche, os alemães absorveram muito bem essas ideias.

114. NIETZSCHE, F. *Vontade de Potência.* São Paulo: Escala, 2010. Livro terceiro, segunda parte, p. 305.
115. Ver Nietzsche (1979).

Nietzsche, Cabalista Disfarçado

Não é segredo para ninguém que Nietzsche era antissemita e ferrenho inimigo da cultura judaico-cristã, que ele tachava de pobreza e conformidade lastimosa. Na linguagem tonitruante que usou para escrever *Assim Falou Zaratustra*, ele anunciou a morte de Deus (o Deus judaico-cristão) e o despertar do homem-deus, o super-homem, galante guerreiro ariano, libertado da moral tacanha e servil do indivíduo contaminado pelas crenças de um povo que durante toda a sua história sempre foi escravo de um Deus ciumento, injusto e cruel, que em vez de fazer dos seus escolhidos um modelo de felicidade, força e virtude, só os submeteu a um rol imenso de desgraças, servidão e agruras.

Algumas das suas diatribes contra a cultura judaico-cristã foram usadas pelos nazistas para justificar as atrocidades que eles cometeram contra os judeus e os outros povos que eles julgavam inferiores. Mas essa deturpação das ideias de Nietzsche não deve ser levada em conta quando se julga o valor filosófico delas e se busca a verdadeira origem desse pensamento que, na verdade, por mais paradoxal que seja, encontra ecos no próprio pensamento judeu, expresso na tradição da Cabala.[116]

Isso porque o Zaratustra de Nietzsche é um profeta que contesta Moisés e todos os profetas da Bíblia em nome de Zeus e dos deuses olímpicos da Grécia e de Roma. É, pois, um contraponto ao pensamento judaico-cristão que, na sua opinião, inocula no homem um comportamento de limitação e servilismo.

116. Na imagem, o filósofo Friedrich Nietzsche. Fonte: Enciclopédia Barsa.

Na ótica do irascível filósofo alemão, a civilização greco-romana forjou grandes homens e magníficos heróis, mas foram vencidos por Moisés e seus pastores de ovelhas e, finalmente, subjugados por um carpinteiro pregador de uma filosofia que só servia para fazer escravos.

Dessa forma, o *Assim Falou Zaratustra*, na verdade, acaba sendo uma espécie de *Zohar* produzido por um filósofo antissemita para contrastar a grande obra dos rabinos judeus sefardistas que desenvolveram a Cabala, para justificar, com visões míticas e fantasmagóricas, o conteúdo da sua doutrina de conformidade lastimosa. Se o contraditório filósofo alemão não teve essa intenção, pelo menos uma coisa a nós parece bastante clara: *Assim Falou Zaratustra* foi inspirado no *Zohar*. Sua composição, abusiva em termos de imagens psicodélicas e permeada de simbolismos, metáforas e alusões a temas tão caros a místicos e taumaturgos, lembra demais o Livro do Esplendor para que se possa negar que uma coisa não tem nada a ver com a outra.

Dessa forma, com as mesmas armas – o simbolismo e a visão gestaltiana de um mundo formatado pela mente humana –, ele contrasta as visões bíblicas de um mundo criado por um Deus patriarcal e tirano, que submete seus súditos a uma escravidão espiritual degradante, enganando-os com a promessa de uma felicidade futura em um mundo que não existe. Em vez disso, ele cria um mundo construído pelo próprio homem, na própria Terra, onde o ser humano, agora transformado em um super-homem, "mata Deus" e se torna, ele mesmo, senhor da Terra.

O Antissemitismo Alemão

A composição dessa obra iconoclasta não foi apenas uma inspiração de Nietzsche para combater uma cultura que ele, como vários intelectuais na Alemanha e em outros países da Europa, achavam que estava destruindo o espírito ocidental. De fato, há vários séculos, desde o início da Idade Moderna e, principalmente, com o advento da chamada Renascença, um movimento intelectual de repúdio à chamada cultura judaica

Von den Jüden vnd jren Lügen.
D. M. Luth.
Gedrückt zu Wittemberg/ Durch Hans Lufft.
M. D. XLIII.

havia sido instaurado em vários países europeus. As guerras religiosas, as dificuldades econômicas e a instabilidade política que se instalou na Europa com a Reforma Protestante encontraram nos judeus seu principal centro de responsabilização. Especialmente na Alemanha, o antissemitismo entranhou-se no sentimento do povo como se fosse um verdadeiro elemento cultural.

Esse caldo de ódio seria fermentado inclusive nas pregações de Martinho Lutero, que como se sabe, era violentamente antissemita. No início de sua carreira eclesiástica, Martinho Lutero até se mostrou solidário aos judeus em sua resistência à Igreja Católica e ao esforço que ela fazia para converter os filhos de Israel. Ele esperava que os judeus se unissem a ele na Reforma Protestante, mas como isso não aconteceu, Lutero voltou-se contra eles com uma virulência que só encontraria paralelo séculos depois no próprio Hitler e em seus seguidores.

Num tratado escrito em 1543, chamado *Sobre os Judeus e Suas Mentiras*, Lutero diz que aqueles que aderem ao Judaísmo "devem ser considerados como sujos", e que eles são "cheios de fezes do Diabo... que chafurdam como um porco". Nesse trabalho, Lutero pede aos alemães que queimem suas sinagogas, forcem-nos a trabalhar como escravos e tratem-nos com toda sorte de severidade, porque são inúteis e devem ser tratados como cachorros loucos, "para não sermos parceiros em suas blasfêmias e vícios". [117]

A origem do ódio dos nazistas aos judeus vem desse movimento. É paradoxal que o próprio pensamento judeu, a

117. Na imagem, capa do tratado de Lutero, *Sobre os Judeus e Suas Mentiras*, obra que inspirou o antissemitismo contido no *Mein Kampf* (*Minha Luta*) de Hitler. Fonte: domínio Público via Wikimedia Commons.

respeito do livre-arbítrio que Deus concedeu ao homem, tenha servido de fermento para desenvolver a cultura antissemita que desembocou na tragédia do Holocausto. Mas é assim que a história humana se constrói, dialeticamente, como disse Marx. De contradição em contradição, como o sistema capitalista que ele tanto criticava.

Assim Falou Zaratustra

É que com essa nova visão do mundo, justificada na própria Torá pela interpretação cabalista, o "tu deves" foi substituído pelo "tu podes". Essa, entre outras, é a principal razão de pensarmos que Nietzsche, na sua psicodélica visão atribuída ao profeta persa Zaratustra, se inspirou no *Zohar*, o Livro do Esplendor. Porque, como diz Maquiavel, às vezes, o inimigo é mais facilmente destruído quando usamos suas próprias armas contra ele.

Tudo, nessa obra, faz lembrar as intuições cabalistas. Desde o estilo literário, as visões gnósticas de um universo que reflete continuamente a si mesmo, até a redenção do homem como senhor do seu próprio destino, ele mesmo liberto do seu temor a Deus para ser o Senhor da terra e coautor do universo. Num cenário desses, não é estranho que o homem renegue a Deus como seu Senhor e passe a reivindicar uma condição de igualdade com Ele, justificando a própria metáfora bíblica que diz que o "homem tornou-se um de nós".

Nessa nova visão, que coloca o homem como senhor do seu destino, a presença de Deus torna-se descartável, como já dissera Pierre-Simon de Laplace (1749-1827), o grande matemático, astrônomo e físico francês, para quem Deus era uma hipótese perfeitamente desnecessária. Por isso é que Nietzsche e os niilistas que o acompanham diziam, peremptoriamente, que Deus está morto.[118]

---

118. Essa assertiva apresenta, evidentemente, uma contradição nos seus termos, porque para pressupor que alguém está morto é preciso aceitar que em algum momento ele estava

O super-homem de Nietzsche nada mais é do que o Homem Universal da visão cabalista, que desce à Terra para conquistá-la e fazer dela seu reino. Ele é o próprio antecessor dos nefilins, os filhos dos anjos caídos com as filhas dos homens, a que a Bíblia se refere como gigantes que habitaram a Terra antes do Dilúvio. Uma criatura sem medo e sem pecado, porque não tem a consciência tacanha do bem e do mal, mas apenas uma mente que o leva a superar a tudo e a todos, e nessa superação, mostrar seu poder. Uma criatura sem Deus, que, no entanto, é capaz de "criar" seu próprio Deus como extensão de si mesma. Uma criatura que pode dizer, sem receios psíquicos: "Tudo é corpo e nada mais; a alma é simplesmente o nome de qualquer coisa do corpo". [119]

Enfim, alguém que fala "eu posso", em vez de "eu devo". Ou seja, claramente, a expressão maior do niilismo, a crença de que é a mente humana que preenche o vazio da existência e não uma força que vem de alguém chamado "Deus".

Um Novo Conceito de Virtude

Embora o pensamento de Nietzsche possa ser considerado uma forte contraposição à cultura judaico-cristã e tenha contaminado boa parte do povo alemão com um ódio profundo ao povo que a produziu, nós temos a impressão de que esse pensamento aproveitou muitos conceitos da Cabala para sua fundamentação, embora os tenha distorcido para fazer cabê-los na sua arenga. Um desses conceitos é o da virtude que um verdadeiro homem deve cultivar. Um amor por si mesmo e pelo mundo onde ele vive, porque esse mundo, com sua beleza ou fealdade, com o bem e o mal dentro dele, é o mundo que ele mesmo constrói.

Quando os mestres cabalistas dizem que já não devemos temer o Senhor, e sim amá-Lo, eles querem dizer que Deus não é um patriarca iracundo e vingativo, que ao menor deslize das

vivo, já que não existe morte sem vida. Assim, ao negar a existência de Deus com a imagem da sua morte, os niilistas ateus estão, na verdade, testemunhando a favor da sua Existência.

119. Ver Nietzsche (1979).

suas criaturas tem um raio nas mãos pronto para fulminar o pecador, mas que Deus tem uma face que quer ser conhecida. Essa face é o universo que Ele manifestou como resultado da sua Potência. Ela está exposta na Torá e nas leis que regem a criação da matéria universal e no desenvolvimento que ela experimenta em suas múltiplas transformações.

Nietzsche e os adeptos da filosofia niilista nada mais fizeram do que adaptar conceitos extraídos da filosofia grega, especialmente a de Anaxágoras (o homem como medida de todas as coisas) e dos atomistas, cujo pensamento também admitia um universo sem deuses a concebê-lo, mas, sim, alguma forma de energia na sua origem. Essa fórmula também é a da Cabala, só que nesta a presença de Deus é fundamental para a existência da própria Energia.

Foi essa mesma visão que fundamentou a revolta intelectual que varreu a Europa no episódio que se convencionou chamar de Renascimento. Cientistas, pesquisadores, filósofos, exploradores da geografia do planeta saíram a campo para desafiar velhos dogmas que enclausuravam a mente humana num território de sombras e ignorância. Novos conceitos surgiram para mudar a forma de pensar da humanidade. Inclusive um novo conceito de virtude que, no nosso entender, tinha fundamento nas ideias defendidas pelos filósofos cabalistas.

A Verdadeira Santidade

Como ensina a doutrina da Cabala, a mente humana anseia por Luz. Tudo que fazemos é informado por um desejo ardente de recebê-la. Mas receber a Luz e compartilhá-la não significa "ser bonzinho". O objetivo da doutrina cabalista não é tornar ninguém santo. Na verdade, a santidade é um conceito que não existe na Cabala nem na Maçonaria. Os anjos da Cabala não são "virtuosos" no sentido da teologia judaico-cristã tradicional. Eles são "mestres construtores" do universo, transmissores da Energia do Criador. Eles administram cada fase de construção do edifício cósmico, orientando os "pedreiros" dessa construção, que somos nós. Eles são "arquétipos" e, como tais, hospedeiros e transmissores dos próprios atributos do Criador.

Há quem compare a comunidade angélica de que fala a Cabala às diferentes forças energéticas que dão origem à massa física universal. Nesse sentido, prótons, nêutrons, elétrons, pósitrons, quarks, neutrinos, mésons, etc. seriam os correspondentes quânticos dos seres que chamamos de anjos. Sem querer ir tão longe, diríamos que a analogia é válida, mas preferimos ficar com a intuição cabalista, que tem no anjo (em hebraico, (ךְאָלְמַ, *malach*, "mensageiro") um ente espiritual que serve de elo transmissor entre o homem e o Criador. Ou, como o entendemos, um mestre vigilante que comanda seus pedreiros na obra de construção do edifício universal.

Jesus, Mestre Cabalista

Por isso, o homem bom, na tradição cabalista, é o homem competente, capaz de refletir, com eficiência, no plano da existência terrestre, a Luz do Criador. É aquele que consegue realizar, com empenho, o Desejo de Compartilhar. Mas, para compartilhar, é preciso ter. Ninguém pode compartilhar o que não tem. Então, é necessário exercer também, com denodo, o Desejo de Receber. Nesse sentido, o homem bom constrói para si e para a sociedade. Ele busca a abundância não só para si, mas também para compartilhá-la com os outros. Acima de tudo, procura aperfeiçoar seu espírito na sabedoria do Criador, na recepção da sua Luz. A santidade, nesse caso, consiste em ser iluminado, ou seja, refletindo a Luz Infinita, realizar, no mundo profano, o trabalho para o qual o Criador o designou.

O ser iluminado recebe suprimentos robustos de Luz. Por isso, tudo o que ele faz é bem-sucedido. Essa proposição contrasta, naturalmente, com a ideia de que o sofrimento é necessário para que alguém possa receber a Graça de Deus. Há quem pregue a ideia de que o Reino de Deus pertence aos pobres, aos humildes, aos que nenhum sucesso conseguem obter na Terra, aos sofredores do mundo. Esse conceito foi desenvolvido a partir de uma equivocada interpretação dos ensinamentos de Jesus e, também, de Sidarta Gautama, o Buda, que aconselhavam aos seus seguidores a prática pelo desapego aos bens materiais. Esse desapego é necessário, sim, para que nossa alma possa se livrar das *kelipot* (cascas que lhe são aderidas pelos desejos da vida material), mas não significa, necessariamente, que devamos passar nossa vida como mendicantes, submetidos a todas as agruras da vida para poder conquistar o Reino dos Céus. Como já dissemos em outra parte deste trabalho, o fundo da agulha só se torna estreito para os avaros e os egoístas, mas não para o rico. Especialmente quando ele exerce, com plenitude e espontaneidade de espírito, o Desejo de Compartilhar a Luz Infinita que o Criador reflete em sua alma.

O culto à pobreza e ao sofrimento como forma de obter a Graça de Deus não faz parte da proposta da Cabala nem da Maçonaria. Nelas não se conclama o indivíduo a doar primeiro para receber depois. A proposta é que primeiro o indivíduo realize seu Desejo de Receber e, por ter recebido tudo a que tem direito, ele possa compartilhar esse dom com o restante do universo. Nisso consiste a dualidade do sistema cabalístico: um Desejo de Receber, alimentado pelo Desejo de Compartilhar. Nesse caso, o trabalho, o suor do rosto, o dispêndio de energia que se gasta na execução do Desejo de Receber são polos necessários para que a existência da relação energética se realize e nos traga a devida recompensa.

Assim o homem cumpre o famoso mandamento de Jesus: dai de graça o que de graça recebestes. E não estamos falando aqui de esmolas. Como diz o Zaratustra de Nietzsche, só os pobres dão esmolas. E, ao dar esmolas, fazem com que quem as recebe continue mais pobre ainda e quem as deu também acabe empobrecendo.

Não nos referimos aqui a bens materiais, dinheiro, fama, reconhecimento, ou qualquer outro objeto de desejo dos nossos sentidos. Como disse Jesus, quem os tem já recebeu sua recompensa. Se souber usá-los, exercitando com alegria, empenho e entusiasmo seu Desejo de Compartilhar, terá recompensas ainda maiores. Deles Jesus também disse: a quem mais tem, mais será dado.

Falamos, sim, de plenitude espiritual, de felicidade, paz, um estado de espírito que só se atinge quando estamos plenos da Luz do Criador. Não importa se acumulamos bens materiais ou não. Aqui, riqueza não é sinônimo de perdição. Aliás, seria ótimo que a abundância ocorresse para mais pessoas, pois assim teríamos mais a compartilhar. Porém, se todos tivessem tudo de que precisam, não haveria campo para a execução do Desejo de Compartilhar. Ninguém necessitaria e, de novo, a Luz do Criador seria obstruída por falta de recipientes para recebê-la e de difusores para irradiá-la.

Talvez a opulência de uns poucos e a carência de muitos se justifique nesse pressuposto. A Luz Infinita do Criador precisa de emissores e receptores, e que cada um realize essa dupla função, necessária para a construção da Obra. Por isso, vivemos muitas vidas. Em umas somos mais receptores, em outras mais transmissores.

Realiza-se, dessa forma, a famosa parábola dos talentos, em que Jesus nos ensina que quem recebe mais deve devolver mais, quem recebe menos, devolve menos, mas a ninguém é lícito receber e não devolver nada. Cada um deve devolver na medida em que recebe. Por isso, pensamos também que, se Jesus não era adepto da Cabala, ele conhecia muito bem seus pressupostos, pois sua doutrina tem muitos paralelos com ela.

A parábola a seguir pode nos ajudar a entender melhor esse conceito.

A Quem Mais Tem, Mais Será Dado

Certa vez, um multimilionário, conhecido como Sr. M., publicou num jornal de grande circulação diária um estranho anúncio: “Precisa-se de uma pessoa que saiba gastar dinheiro.

Enviar currículos para o Sr. M...., na rua X, nº ......, historiando as experiências que já teve nesse trabalho".

Como é óbvio, centenas de candidatos, de todas as idades e procedências, se apresentaram. Estelionatários, estroinas, pródigos, *bons vivants*, *playboys* de todos os tipos e muitas, muitas mulheres, pois é de domínio público que ninguém, melhor do que elas, sabe gastar dinheiro.

Todavia, após uma rígida seleção, foi escolhido um pródigo jovem que já havia solapado duas grandes fortunas: a que o pai lhe deixara, e depois uma herança de um tio rico, que também lhe caíra nas mãos.

– Eu já fui um homem muito pobre e era muito feliz. Hoje, eu sou um homem muito rico, mas me sinto muito infeliz – disse o milionário. – Cheguei à conclusão de que o dinheiro não me traz felicidade, por isso quero livrar-me dele. Seu trabalho será gastar toda a fortuna que eu vou lhe mostrar. Não importa como você vai fazer isso, mas tem que desaparecer com esse dinheiro até o último tostão. Não receberá nenhum centavo enquanto tudo isso não for gasto e eu ficar pobre novamente. Já reservei uma parte da minha fortuna e ela será sua depois de feito o serviço. Mas você tem que torrar esse monte de dinheiro aí. Não vale rasgar, nem doar, queimar ou jogar nenhuma nota fora.

E mostrou ao rapaz um quarto repleto de dinheiro, cheio até o teto com notas de cem reais, empacotadas em maços de dez mil cada um. Havia milhões e milhões de reais ali.

"Que trabalho mais estranho", pensou o rapaz. Mas torrar grana era com ele mesmo.

Por isso, aceitou a incumbência com o maior prazer. A primeira coisa que fez foi comprar um caminhão baú e colocar nele todo o dinheiro. Depois saiu gastando a rodo. Comprou um avião e um iate e saiu pelo mundo afora, visitando os melhores balneários, hospedando-se nos melhores hotéis, namorando as mulheres mais bonitas. Comprou joias para elas e vários carros de luxo, que usava apenas um dia e, no dia seguinte, doava para amigos e parentes. Almoçou e jantou nos restaurantes mais finos, levando uma multidão de parentes e amigos para comer de graça. Comprou casas, apartamentos e terras, que doou aos sem-teto e para os sem-terra. Promoveu suntuosos banquetes, para os quais convidou todos os mendigos da cidade. Presenteou, com presentes caros, milhares de conhecidos e desconhecidos.

Tanto fez que conseguiu gastar toda aquela montanha de dinheiro. Por fim, após gastar o último real na compra de um sorvete, compareceu ao escritório do milionário para receber o pagamento pelo trabalho. Mas o que encontrou foi um sujeito sentado sobre uma montanha de dinheiro três vezes maior do que aquela que ele gastara. E o homem estava possesso.

– Não adiantou você gastar todo aquele dinheiro. Eu estou agora três vezes mais rico do que antes. Por isso, não vou lhe pagar nenhum centavo.

– Mas como isso aconteceu? – perguntou o jovem gastador. – Eu torrei sem dó todo aquele dinheiro.

O contador do milionário explicou:

– Um milionário excêntrico andou pelo país gastando uma imensa fortuna. Comprou joias nas joalherias do Sr. M., vários carros de luxo nas lojas do Sr. M., adquiriu diversos imóveis construídos pela construtora do Sr. M., almoçou e jantou, pagando a conta para centenas de pessoas, nos restaurantes do Sr. M.; comprou até um iate no estaleiro do Sr. M. e um avião feito em sua fábrica, de modo que não adiantou nada você ter gastado toda aquela fortuna. Agora temos outra três vezes maior. Você vai ter que ralar mais duro ainda para gastar tudo de novo se quiser receber seu salário.

E assim foi. O pródigo rapaz recomeçou umas e outras vezes o serviço de gastar dinheiro, até que ele mesmo começou a achar aquilo muito enfadonho, pois a cada montanha de dinheiro que gastava, outra muitas vezes maior aparecia para ele gastar.

Para terminar, vamos dizer que o Sr. M. acumulou uma fortuna incalculável, e o jovem estroina morreu de enfado, sem nunca receber seu pagamento.

A Dor e o Prazer

Pobreza é sinônimo de dor. A carência é inimiga da Luz. Para pensar é preciso comer, disse Teilhard de Chardin, um dos maiores filósofos do século XX. E é verdade.

A carência atrai para nossas almas as cascas que as tornam impuras. Essas cascas, na Cabala, são chamadas *kelipot*, ou seja, aderências espirituais que as contaminam e as tornam pesadas. Nós conhecemos essas "cascas" pelos nomes de inveja, despeito, ira, maledicência, preguiça, mentira, descrença, luxúria, ambição egoísta e mesquinha, autopiedade e falta de autoestima, enfim, todos os pensamentos e sentimentos que nos assaltam quando a dor da falta do necessário para que nosso organismo, ou nosso Ego, sinta prazer se instala em nós.

A massa que constitui o organismo humano também é feita da Luz do Criador. Por isso, ela não está preparada para sentir dor, para sofrer. Ela é feita, sim, **para realizar a felicidade**, porque a felicidade também é um atributo de Deus e ele está presente na Sua Luz Infinita. Ela é um dos arquétipos, ou formas ideais, que saem da mente dos deuses, no dizer de Platão, para inspirar os homens em suas vidas na Terra. Tudo que fazemos na vida é para conquistar esse estado de plenitude sensitiva e espiritual.

Por isso, tudo que fazemos visa a este resultado: viver sem dor e sentir prazer em viver.

Para isso trabalhamos, estudamos, lutamos. O Desejo de Receber também hospeda coisas ruins. A guerra, a disputa por poder, a arrogância e a violência, tudo isso também faz parte desse Desejo. E também ocorre de procuramos os prazeres fáceis das drogas, do sexo, do álcool, do jogo. E quando essas fontes começam a provocar dores maiores do que o prazer que trazem, procuramos nos livrar delas, às vezes com maior sofrimento ainda.

Não há felicidade na pobreza, na dor e na promiscuidade que geralmente acompanham a indigência. Tudo isso é apenas ausência de Luz. É escuridão. A Luz Infinita contém bondade, paz, amor, felicidade, prosperidade. Seu oposto é a escuridão, sinônimo de sofrimento, carência, estresse, angústia e de dor.

Mas para que a Luz possa brilhar, é necessária a presença das trevas. Dessa forma, o sofrimento e a pobreza existem. É o mecanismo do positivo/negativo, o *yin* e *yang* em ação, e não há como fugir dessa dicotomia. Como disse Jesus: "aos pobres sempre os tereis convosco, mas a mim nem sempre o tereis".[120] Isso quer dizer: sempre haverá necessidade da carência para incentivar nossa disposição em superá-la.

Assim, não é a riqueza material que impede nossa alma de alçar-se ao território onde reina a Luz Infinita do Criador. É seu apego a ela. Quando deixamos que nossa alma se apegue à massa que a envolve, ela se torna tão pesada que não consegue alçar o voo necessário para voltar ao centro irradiador de onde veio. E quanto maior é esse apego, mais aderente e mais pesada se tornam essas "cascas" (*kelipot*). Por isso, a maioria das religiões diz que no céu só se entra em forma de Luz, porque a luz não tem peso nem massa. E, para entrar no céu, não se admite que a alma leve qualquer carga.

Essa é razão de a Cabala ensinar o desapego. Podemos muito bem ser ricos em bens materiais. A riqueza e o prazer não são inimigos da virtude. Não prejudicam a salvação da nossa alma. Só não podemos viver por eles. Não é o rico que terá dificuldade para entrar no céu, mas o avarento. Nem o pródigo, mas o mesquinho. Ou o ambicioso, e sim o ganancioso. Ou seja: aquele que recebe e não compartilha. O que tem muito Desejo de Receber, contudo, mitiga o de Compartilhar, retendo só para si a Luz do Criador.

Repetimos: não é para o rico que o buraco da agulha é estreito, mas para o avaro e o egoísta.

120. Mateus, 26:11; João, 12:8.

Capítulo 13

REDENÇÃO E ILUMINAÇÃO

O que Queremos da Vida?

Qualquer coisa que desejarmos na vida, pela qual labutamos com todas as nossas forças, pode ser descrita com uma palavra, ou uma frase processual que resume um processo longo e complexo que, muitas vezes, nem conseguimos descrever. Por exemplo: quem não quer ter independência financeira, liberdade, prazer sexual, amor, relações pessoais satisfatórias, sucesso profissional, sabedoria, felicidade, saúde, etc.?

Todas essas coisas são fases da vida que só podem ser alcançadas por meio de um processo complexo de informações, desenvolvido pelos nossos neurônios e praticado pelos nervos e músculos, como resultado de um intenso trabalho neurológico e físico. Nessas atividades, há mais utilização de energia mental do que física. Como ensina a doutrina da Cabala, sua parte fundamental está inserida no território da Luz Infinita −que são os 95% da capacidade cerebral que não usamos, ou seja, aquela parte considerável do território inconsciente que temos dentro da nossa mente, mas não conseguimos mapear. Por conta dessa incapacidade, muitas vezes nos perdemos dentro dele ou, simplesmente, não conseguimos encontrar caminhos para nele operar.

Passamos a maior parte da nossa vida tentando operar fisicamente aquilo que primeiro tem de ser realizado em nossas mentes. Em outras palavras, operamos de preferência no mapa que temos do território e não no território, especificamente. Mas no mapa, que é a sabedoria que pensamos ter, as possibilidades de escolha se reduzem a 5% das chances de sucesso. O restante, 95%, é território desconhecido, inexplorado, e para muitos de nós, até assustador, porque parece estar povoado de criaturas malignas e perversas. No entanto, é nesse território que se encontram todas as possibilidades, todas as informações e todas as respostas de que precisamos para realizar, no campo da realidade, nossas ações. É o território que o rabino Yehuda Berg chama de "mundo dos 95%", ou seja, o Mundo da Luz Ilimitada do Criador.[121]

A Cabala nos ensina que o Desejo de Compartilhar é a chave que nos coloca em conexão com a Luz Infinita em toda a sua extensibilidade e profundidade. Essa Luz está presente tanto nos objetos físicos, como um piano, uma fruta, um automóvel, quanto nos objetos ideais, como amor, bondade, justiça, piedade e em outras abstrações, como a matemática e a geometria. Por isso, a religião judaica ritualiza até as refeições, numa ação de glória ao Senhor, que nos prodigaliza todas essas coisas. A Luz do Criador está em todas as coisas, animadas ou inanimadas. Quando consumimos um alimento, estamos integrando a nós a energia que ele contém. Em se tratando de alimentação, essa integração é o resultado prático da energia que cada alimento nos fornece, por isso a religião judaica tem tantas prescrições alimentares e trata esse assunto de maneira tão judiciosa. Quando utilizamos um objeto qualquer, também estamos estabelecendo com ele uma relação de troca energética; da mesma forma, quando estamos trabalhando na produção de algum objeto. Essa era, exatamente, a crença dos alquimistas quando trabalhavam, em seus laboratórios, na procura da pedra filosofal. Eles acreditavam que esse trabalho era uma espécie de ascese em direção a um refinamento do espírito, que os levaria a um estado superior de consciência. Essa também era a crença dos pedreiros medievais, quando construíam igrejas e

121. Ver Berg (2012).

outros edifícios sacros. Daí se acreditar que a origem formal da Maçonaria tenha sido exatamente as confrarias formadas por esses profissionais.

A ideia que está inserta nessa crença é a de que por meio das entidades do mundo ideal – os chamados arquétipos, que na Cabala são os atributos de Deus –e dos objetos que a Energia do Criador transmutou em massa, nós podemos captar um vislumbre da sua verdadeira Natureza, porque Ele está em todas as coisas, embora as coisas não estejam Nele. Ele manifesta o mundo físico, mas a criação que o próprio mundo físico produz não O contamina. A Essência do Criador é pura, intocável, incontaminável. Assim é porque Ele é a fonte dessa Energia.

Quando compartilhamos com o restante do universo a energia que anima nossa alma, do universo também recebemos a energia que o movimenta. Assim, cumpre-se o ditado que diz que as estrelas, em seu percurso, combatem pelo homem justo e que, quando as intenções são puras, o universo conspira a nosso favor.

Destarte, podemos então responder à pergunta que encabeça este texto: **o que queremos da vida é a plenitude da Luz do Criador**, porque ela tem tudo de que precisamos. Ela é o que Jesus chama de Reino de Deus e sua Justiça, cuja posse nos acrescenta tudo o mais. Nada mais além dela precisamos para termos tudo de que necessitamos na vida.

A metáfora seguinte pode dar uma ideia melhor do que queremos transmitir com esse discurso.

A Metáfora do Espelho

Certo mestre tinha fama de ser bastante sábio e muita gente costumava procurá-lo em busca de conselhos. Um dia, ele recebeu a visita de um jovem bem rico, que acabara de herdar uma grande fortuna. Mas por ter sido criado numa família muito religiosa, ele tinha algumas ideias restritivas com respeito à riqueza, inspiradas por ensinamentos doutrinários que interpretavam a posse de vários bens como um perigo para alma.

– Mestre – disse ele. – Como devemos interpretar o ensinamento de Jesus que diz ser mais fácil um camelo passar pelo fundo de uma agulha do que um rico entrar no reino dos céus?

O mestre se levantou e pediu que o jovem o acompanhasse até a janela da sala onde estavam. A janela estava fechada, mas através dos vidros se podia ver, ao fundo, uma favela, onde centenas de homens, mulheres e crianças maltrapilhas, magras, de rostos macilentos e aparência doentia, subiam e desciam suas ruas estreitas e lamacentas.

– O que você vê através desses vidros? – perguntou o mestre.

– Vejo uma favela, com a gente que nela vive. Pobres, tristes, famintos, malvestidos – respondeu o rapaz.

Então, o mestre pegou o rapaz pela mão e o conduziu para a frente de um espelho.

– E agora, o que você vê? – questionou.

– Vejo um rapaz bonito, bem-vestido, saudável – respondeu o rapaz.

– Você agora está vendo a si mesmo e não está vendo os outros – disse o mestre. – Na janela, você via os outros.

– Repare – continuou ele – que tanto o vidro da janela quanto o cristal do espelho são feitos da mesma matéria. Mas no vidro do espelho há uma camada de prata, que não deixa que os olhos vejam o que há além dele; essa camada de prata retém a luz que bate sobre ela e reflete os objetos que nela se conformam. Assim pode ser entendida a questão da riqueza: você pode ser o vidro da janela e ver o mundo onde vive e fazer alguma coisa por ele, ou pode ser um espelho que reflete apenas a si mesmo. Depende de você ser uma luz que atravessa o vidro e se espalha pelo mundo, ou uma luz que é aprisionada dentro de um cristal. Completou o mestre:

– Não deixe a prata aprisionar sua luz, pois no céu só se entra em forma de luz.

O Diabo é Nosso Ego

É isso. Somos como espelhos que refletem a Luz do Criador. Quando sobre nossas almas apomos uma camada de prata – que é O Desejo de Receber só para si –, a Luz é obstruída e só reflete nossos desejos. Por isso, a Cabala insiste na ideia de que somos retransmissores da Luz do Criador. Para isso fomos feitos e postos aqui: para recepcioná-la e retransmiti-la.

Isso significa receber e compartilhar. Quem se nega a cumprir esse processo e recebe só para si, prejudica o processo de construção e desenvolvimento do universo. Para este, a jornada de reencontro com a Luz Infinita do Criador se torna mais longa e difícil. Nesse pressuposto está a justificativa da teoria da reencarnação e do carma. Todo efeito tem uma causa e toda causa gera um efeito.

Nós somos os responsáveis por tudo o que acontece no universo, porque somos parte de um Todo que se estilhaçou para poder se tornar uma realidade compartilhada. Deus, no seu Desejo de Compartilhar, criou o mundo físico com um grande Desejo de Receber justamente para que ele pudesse recepcionar Sua Luz, Sua Energia, e com ela poder também exercer a função de Criador.

Infelizmente, o Desejo de Receber, que devia ser a ferramenta com a qual o homem participaria do processo de construção do universo, acabou ocasionando também sua perdição, porque, com esse desejo, ele desenvolveu seu Ego. Em razão disso, a Torá, em seu primeiro livro, o da Criação (Bereshit, o Princípio), diz que o Senhor, ao ver que o casal humano comera o fruto do conhecimento da árvore do bem e do mal e se "tornou um de nós" (como um Deus), o expulsou do Éden, para que Adão e Eva não se tornassem também imortais, comendo o fruto da árvore da vida. A imortalidade do ser humano, como já dissemos em outra parte deste trabalho, estancaria o fluxo da Luz do Criador e não haveria uma continuidade genética para dar curso ao rio da humanidade. Por isso, o Eterno Deus expulsou o casal humano do Éden, e lhe tirou a cobertura etérea (a luminosidade) que os fazia igual aos anjos. E eles verificaram que estavam nus e se envergonharam disso, se escondendo dos olhos do Criador.[122]

A Cabala ensina que o Diabo é nosso Ego. Ou seja, é nosso Desejo de Receber só para si. O Ego, figurado na Torá como a Serpente, é uma estrutura neurológica (os nossos sentidos) que se arrasta sobre seu ventre, chumbada à Terra, porque só os bens materiais, para ela, têm valor. E assim ela obstrui a Luz do Criador, porque apõe sobre nossa alma cascas que funcionam como camadas de impurezas que impedem que a energia presente nela se irradie. Elas ocultam a presença da divindade no homem, impedindo que ela se manifeste.

A Tentação da Serpente

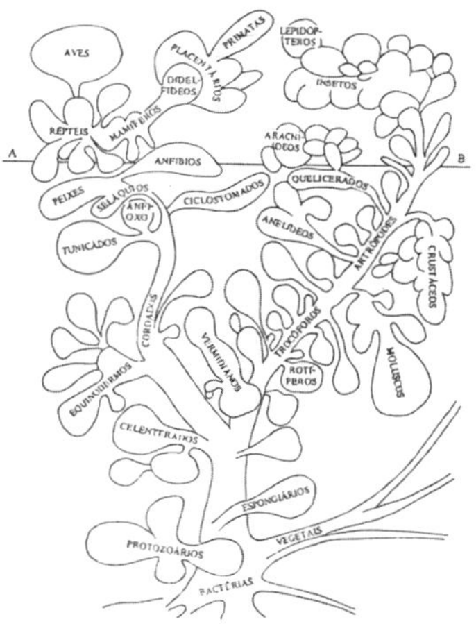

Essa é uma constatação que pode ser comprovada até em modernas descobertas feitas pela neurociência, na assertiva de que nosso cérebro é resultado de uma evolução que remonta a uma fase reptiliana. Como sustenta o psicólogo Daniel Goleman, a evolução do cérebro humano é um processo desenvolvido em milhões de anos, no decorrer dos quais ele evoluiu de baixo para cima, os centros superiores desenvolvendo-se como elaborações das partes inferiores, mais antigas, até resultar no que temos hoje. Quer dizer, de répteis a mamíferos, de mamíferos a primatas, de primatas a humanoides, eis a Árvore da Vida do ser humano.[123]

122. Gênesis, 2:25.

123. Ver Goleman (1995). Na imagem, ramo da Árvore da Vida genealógica, no qual se vê o primata (ancestral do homem), como uma derivação reptiliana. Desenho de Luciene Cuénot. Fonte: Chardin (1968, p. 137).

Essa mesma visão é encontrada nos textos cabalistas, descrita da seguinte forma: "Quando o homem inferior descende (dentro deste mundo), do mesmo modo que quando entra na forma superior (nele mesmo), ao mesmo tempo isso lhe confere a base de suas almas ou dois espíritos. (Ou seja) o homem está formado por dois lados: tem o direito ou reto e o esquerdo ou sinistro. E pode ser observado de ambos os lados. Em relação ao lado direito, ele tem Nshmtha Qdisha (Neschamotha Qadisha), a sagrada inteligência; enquanto em relação ao lado esquerdo, ele tem NPShChIH, (Nephesh Chia), a alma animal".[124]

Entende-se, assim, a visão bíblica da tentação da Serpente como a evolução do cérebro humano, desde sua conformação reptiliana até o passo fatal da reflexão que, segundo Teilhard de Chardin, é um processo de acumulação de propriedades neurais, o qual ocorreu por concentração energética no cérebro humano durante alguns milhares de anos.

Tikun e Shekinah

Por isso, a Torá diz que Deus, após expulsar o casal humano do Éden, colocou no seu portão um querubim com uma espada flamejante, para evitar que Adão e Eva voltassem sem cumprir um longo processo de recuperação da Luz que foi obstruída quando deram ouvidos ao seu Ego. Foi exatamente isto que o Ego lhes disse: "certamente não morrereis: Deus sabe que, no dia em que dele comerem, seus olhos se abrirão, e vocês, como deuses, serão conhecedores do bem e do mal".[125]

Como escrevemos em *A Maçonaria e a Cabala* (2019), a Cabala nos ensina que o Adão terrestre foi refletido na Terra a partir do seu modelo celeste, Adão Kadmon, para cumprir uma tarefa messiânica. Essa tarefa era a de resgatar as "centelhas" da Luz de Deus que se espalharam pelo vazio cósmico no momento em que Ele se manifestou (ou as centelhas da sua energia, as

124. Ver Rosenroth (2005, p. 11).
125. Genesis, 3:7.

quais se espalharam em consequência do Big Bang e se perderam no âmago da matéria formada por elas).

Se ele houvesse cumprido sua tarefa, a Criação teria terminado no Sabbath (o Sábado), consumada na união do masculino com o feminino (a união de Adão e Eva). O paraíso seria o prêmio final dessa tarefa, não só para o casal humano, mas também para toda a sua descendência.

Mas Adão fracassou e a história humana começa, então, com a retirada da vestimenta etérea que cobria o corpo do casal adâmico. Assim se explica a estranha informação constante de Gênesis, 3;21: "*E o Eterno Deus fez para o homem e para sua mulher túnicas de pele e os fez vestir*". Isto é, deu vestimentas de ser humano aos seres que antes eram espirituais. O pecado de Adão fez com que a *Shekinah* (a Luz de Deus, presença divina no universo) fosse espalhada pelo mundo, por meio da descendência humana do casal. Dessa forma, a missão do homem Adão, como ser humano, passou a ser a tarefa de reunir, de novo, as centelhas dessa Luz dispersa, o que se dará quando se concretizar o processo da *Tikun Olam*, ou seja, a restauração da ordem que foi quebrada com a queda do homem. Essa restauração (*Tikun*) será conduzida pelo Messias, mediante um

processo do qual todos participaremos. Assim, a redenção de todas as almas passou a ser uma consequência dos nossos atos. O Messias é visto como um "professor", um guia que nos conduzirá nesse processo. Essa nossa assertiva é inspirada na visão do historiador Gershom Scholem ao comentar esse tema. Diz ele que não devemos nos esquecer de que essa concepção da doutrina cabalista, que encampa várias ideias gnósticas, reflete a própria vida de Israel como nação, com sua história de ascensões e quedas, bem como o exílio que marcou a vida do povo judeu.[126]

Nesse sentido, diz esse autor: "Israel é a correspondente sociopolítica da *Shekinah* e sua dispersão histórica pelo mundo é o símbolo do caos, o qual só será ordenado com a realização da *Tikun"*. Por isso, escreve ele: "*no decurso do seu exílio, Israel deve ir a toda parte, a cada um dos cantos do mundo, pois em todo lugar há uma centelha da Shekinah à espera de ser descoberta, apanhada e restaurada por um ato religioso*".

É nesse sentido que a própria nação de Israel é considerada como o "Messias" realizador desse processo.[127]

Receber e Compartilhar

Qual é a interpretação que podemos fazer da metáfora bíblica que fala da expulsão do casal humano do paraíso? Simplesmente que ele deixou que seu Desejo de Receber se tornasse dominante. O conhecimento do bem e do mal, aqui entendido como a Luz do Criador, é o egoísmo falando mais alto e sugerindo que ao reter a Luz só para si, eles se tornariam iguais ao Criador.

O Desejo de Receber é inerente ao ser humano e a todas as criaturas do universo. Faz parte do fenômeno da vida. O Desejo de Compartilhar também, mas este não flui tão naturalmente quando o de Receber. Enquanto o de Receber é uma característica de todo organismo que existe no mundo, o de Compartilhar é algo que se desenvolve à medida que a experiência existencial se consolida e nós sentimos a necessidade de retransmitir a energia que recebemos. O melhor exemplo, como já dissemos, é a maternidade e a paternidade. A transmissão da vida é um desejo que já vem inscrito em nosso próprio DNA. Podemos até renunciar a ele em razão do nosso direito de escolha, mas isso decorre pura e simplesmente do nosso livre-arbítrio.

---

126. Na imagem, p.189, o historiador Gershom Scholem. Fonte: Wikipédia Foundation.
127. Ver Rodrigues (2019).

O Desejo de Compartilhar é imprescindível para nosso desenvolvimento espiritual. Se ele não for exercido, a Luz que recebemos é bloqueada e a energia não flui. Esgota-se no próprio indivíduo e extingue-se com ele. O espírito de uma pessoa assim, após a morte, continua aderido à forma material que o hospedou, porque espírito é energia que a própria vida psíquica do indivíduo produz durante sua existência. Enquanto não encontra um canal para fluir, essa energia continua procurando formas para se hospedar. Essa é a razão dos fenômenos mediúnicos e espirituais relatados pela prática do Espiritismo.

O Desejo de Receber, na nossa vida diária, é um processo orgânico e psíquico que se constrói com muitas páginas. Podemos chamá-lo de dinheiro, poder, reconhecimento, fama, prazer sexual, paz de espírito, etc. Mas todas essas páginas têm só um nome: Ego. Esse Desejo pode atuar como uma droga. Quem a toma e faz dela um prazer constante, vicia. E todos nós sabemos o quanto é difícil dominar um vício depois que ele se instala em nosso sistema neurológico.

Esse desejo está inserto na própria vida e nós não temos como descartá-lo. Só podemos conviver com ele e controlá-lo, para que não torne nossa alma demasiadamente cascuda, impedindo-a de refletir a Luz Infinita do Criador.

Isso porque nós temos o livre-arbítrio de escolher entre o Desejo egoísta de reter a Luz só para nós e o Desejo de compartilhá-la, dando-lhe livre fluxo para que ela se espalhe pelo mundo, como Deus faz com a Dele. Mitigar o Desejo de Receber em proveito do Desejo de Compartilhar não significa renunciar a ele. Pelo contrário, esse desejo deve ser ativo e constante, crescente e vigoroso. Mas o de Compartilhar precisa ter medidas de entusiasmo ainda mais vigorosas. É que a Luz Infinita tem essa propriedade: quanto mais se a compartilha, mais ela energiza nossa alma, pois ela é como um dínamo que se recarrega à medida que os equipamentos que rodam com sua energia são usados.

Assim, o Desejo de Receber deve ser exercido com vigor e muita vontade. É uma ambição boa. Toda ambição é boa, e só se torna prejudicial para nossa alma quando fazemos dela um objetivo em si mesmo, ou seja, um exercício de gratificação do Ego. Dessa maneira, é preciso tomar certo cuidado com ele. Ele deve alimentar nosso Ego, mas não podemos deixar que ele **se torne o próprio Ego**. Isso porque o prazer que ele produz tem efeitos transitórios que se esgotam no momento da sua realização. Quer dizer, quando ansiamos por obter alguma coisa que muito desejamos, o pico do prazer ocorre quando o desejo se realiza. Mas logo depois o sentimento vai se arrefecendo aos poucos até nossa neurologia não o registrar mais. Por isso, se diz que prazer maior do que receber alguma coisa é o de conquistá-la.

Essa é a razão que muitas vezes leva pessoas muito bem-sucedidas, que chegam ao auge da riqueza ou da fama, a perderem a alegria de viver. Algumas tentam reencontrá-la nas drogas, no álcool, no desregramento sexual e em outras formas transitórias de prazer que acabam provocando mais dor e sofrimento. Tudo isso é decorrente do esgotamento do Desejo de Receber pela própria saciedade que ele provoca.

Já o Desejo de Compartilhar nunca se esgota em si mesmo. Ele flui eternamente como um rio, simplesmente porque é diferente do mero cumprimento de uma obrigação. Ele é uma escolha que fazemos e, ao fazê-la, nos tornamos um canal pelo qual a Luz Infinita do Criador flui livremente. O resultado todos sabemos: plenitude espiritual, felicidade completa, prazer e alegria de viver. Exemplo disso são as pessoas que deixam grande legado social e espiritual para a humanidade, como Madre Teresa de Calcutá, Irmã Dulce, Alexander Fleming, Helen Keller, Bernard Kouchner, Melvin Jones, Francisco de Assis, Allan Kardec, Mahatma Gandhi, entre outros que a História registra como benfeitores da humanidade.

Outro exemplo: trabalhar duro para alimentar a família é uma ótima forma de compartilhar, mas não é suficiente nem a mais eficiente para fazer circular a Energia do Criador. É que essa é uma obrigação que se assume pelo simples fato de termos procriado. Não é anseio de uma alma que fez a opção de servir de Parceiro do Criador, transmitindo sua Energia.

Compartilhar é uma função biológica. Todo organismo a possui. Ser honesto também não é uma escolha, é uma obrigação. As chamadas virtudes teologais – caridade, alegria, paz, paciência, bondade, longanimidade, benignidade, mansidão, fidelidade, modéstia, continência, castidade – estão mais para a categoria de um código de moral do que para o Desejo de Compartilhar. São parte de um catálogo de obrigações que assumimos por conta do fato de estarmos vivos. Já o exercício do Desejo de Compartilhar é uma escolha que fazemos em função do nosso livre-arbítrio. Não somos obrigados a fazê-la, mas se não a fizermos, a consequência é a condenação da nossa alma a um longo e doloroso processo cármico.

Essa é uma sensível diferença entre as doutrinas religiosas do Ocidente e os fundamentos mais caros da Cabala e da Maçonaria. O homem realmente virtuoso não se preocupa com filantropia. Ele compartilha a própria Luz. Não doa apenas para satisfazer o desejo egocêntrico de obter reconhecimento. Ele irradia sua Luz sem perguntar para onde vão seus raios e quem dela se beneficia.

Como se diz na Maçonaria, ele levanta templos à virtude e cava masmorras ao vício. A filantropia pode fazer parte das suas ações, mas não é o objetivo fundamental delas. O cerne da prática maçônica está na esperança de uma iluminação espiritual, que se atinge quando o Irmão galga todos os degraus da Escada de Jacó e contempla a Estrela Flamejante. E cumpre, dessa forma, o preceito ensinado por Jesus: "Buscai primeiro o Reino de Deus e sua justiça, e todas as demais coisas vos serão acrescentadas".[128]

128. Mateus, 6:33.

Templos à Virtude e Masmorras ao Vício

Por isso, se diz que a Maçonaria não é uma religião nem uma entidade filantrópica. O maçom não faz filantropia, embora seu coração esteja sempre disposto a ajudar quem dele necessita. A Maçonaria é uma sociedade teosófica que procura promover o desenvolvimento espiritual dos seus membros por meio do estudo e da prática do bem sem olhar a quem. Logo, ela é espiritualista em sua essência.

Em seus postulados metafísicos, a busca da Luz Infinita do Criador, na Maçonaria, é instrumentalizada em símbolos e rituais que procuram conectar a alma do maçom com ela, para que a recebam em abundância e possam fazê-la circular com prodigalidade. Em sua prática, em ações que trazem paz, equilíbrio e sustentação à sociedade, que é o mesmo que dizer, ao universo. É isso que entendemos por "levantar templos à virtude e cavar masmorras ao vício". Postura espiritual, ética e proativa em favor de um mundo justo e perfeito.

Essa é a razão de entendermos que o cerne do ensinamento que informa o catecismo maçônico vem fundamentalmente da Cabala filosófica, a qual recebeu muitos aportes do Cristianismo, nela inseridos pelos filósofos cristãos que aderiram a essa tradição a partir do chamado Renascimento.

Quem conhece de fato a história da Maçonaria, e está bem-informado sobre o conteúdo e o verdadeiro significado dos temas tratados no catecismo maçônico, não terá dúvidas da enorme influência que a doutrina cabalista exerce sobre ela. E não estranhará nossa propositura de que a estrutura simbólica da planta do templo maçônico foi inspirada na Árvore da Vida, porque ela é uma

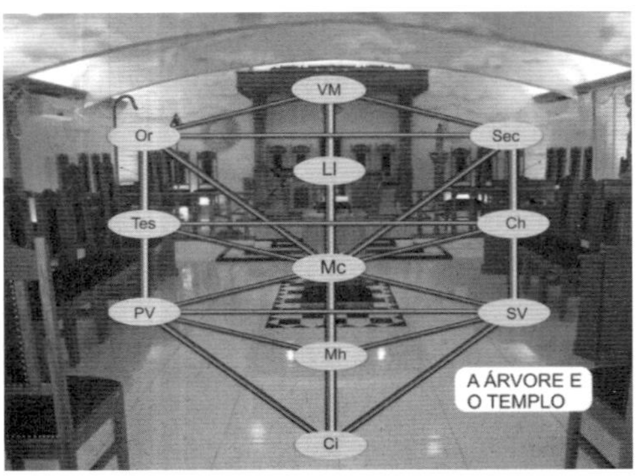

espécie de mandala mágica, preparada para transmitir ao iniciado maçom a ideia de que ele ali está em busca de Luz.[129]

É isto exatamente o que se diz quando um recipiendário é levado à porta do Templo para ser iniciado: que ele bate à porta do Templo à procura de Luz. Pergunta-se como ele pode conceber tal pretensão, e o Irmão que o conduz responde que se trata de uma pessoa pura e de bons costumes. Assim, depois de submetido a um ritual dentro da mandala mágica que é a Loja, a venda com qual ele entrou no templo é retirada dele e recebe a Luz na presença dos, agora, seus Irmãos.

Fundem-se, dessa maneira, os postulados da Cabala, que se referem à recepção da Luz Infinita do Criador, com os objetivos da Maçonaria, que é recepção dessa Luz pela iniciação nos Mistérios Maçônicos. Essa é a fórmula pela qual o maçom se torna "pedreiro do universo", do mesmo modo que o cabalista é o "cultor do campo", no dizer de Ben Yochai.

Cabala, Maçonaria e Alquimia

Pretendemos ter desvelado aqui a profunda correlação entre a filosofia da Cabala e o simbolismo da prática maçônica moderna. A simbologia maçônica vê em cada iniciado uma pedra bruta que deve ser desbastada. Essa ideia não é mais que um simulacro da intuição cabalista que sustenta que em toda massa física presente no universo existe uma centelha da Luz Infinita do Criador. E, principalmente em nossas almas, essa centelha brilha num grau maior, porque, nesse caso, trata-se de uma concentração de Energia acumulada em milhões de anos de experiência de vida, desde que a primeira célula viva despontou no caldo primacial do universo.

Mas os maçons sabem que esse não é um trabalho que possa ser feito sem o apoio de certa mística, porque da mesma forma que na Cabala é preciso uma reunião de espíritos

129. Na imagem, a planta de uma Loja Maçônica, com seus respectivos oficiais. Note-se a disposição dos lugares, que são distribuídos de uma forma semelhante às sefirots da Árvore da Vida cabalística. Para mais informações sobre esse assunto, ver Rodrigues (2019).

concentrados no estudo da Torá para capturar a Luz que ela encerra, é necessário também que o obreiro da Arte Real siga uma orientação adequada, a fim de não se perder no labirinto de símbolos e alegorias que constituem a prática maçônica.

É preciso entender adequadamente o significado dessa mística, pois senão o neófito correrá o risco de ficar eternamente repetindo gestos, passos, invocações e palavras de passe sem jamais entender seu verdadeiro espírito. E acabará dando mais importância aos detalhes técnicos do ritual do que ao seu verdadeiro conteúdo espiritual. Isso será mero condicionamento e nunca aquisição de *gnose*, ou verdadeiro conhecimento, ou seja, Luz.

Esse é o motivo de a marcha do maçom em busca da Luz, dentro da mandala mágica que é o desenho da Loja, ser sempre uma marcha do Ocidente em direção ao Oriente. O simbolismo dessa orientação é evidente. O Ocidente é o mundo materializado do homem que vive apenas para a satisfação dos sentidos, ou seja, para o Desejo de Receber só para si; e o Oriente simboliza o território de onde vem toda manifestação de espiritualidade. Isso porque no Oriente nasceram todas as religiões, todos os grandes profetas, os fundadores de seitas, os criadores de doutrinas espiritualistas, os mais famosos taumaturgos.

E é também o caminho que a Luz do Sol percorre na sua viagem sobre a Terra, fato esse que dá um sentido geográfico a essa visão. Essa simbologia nos indica igualmente que, no plano mais sutil do nosso psiquismo, a marcha do espírito humano é também uma jornada que vai do *Ocidente* para o *Oriente*, sendo esse o sentido que pode ser comparado a uma caminhada de fora para dentro de si mesmo, ou seja, da matéria para o espírito.

Por essa razão, a Maçonaria também integra uma farta simbologia ligada à alquimia, pois era essa prática que buscava descobrir, em operações de laboratório, como isolar a Luz que existe dentro de um metal, considerado bruto, para transformá-lo em um metal precioso. Quer dizer: a alquimia era mais que uma operação prática, uma experiência espiritual, motivo pelo qual o próprio local onde ela se realizava recebeu o nome de laboratório, que quer dizer "lugar onde se ora e se trabalha (labor-oratório).[130]

Essa era a simbologia do magistério alquímico que visava à transformação de metais comuns em ouro. Ou seja, simbolismo que equivale, na prática maçônica, à transformação do profano em iniciado. Na verdade, como afirmam vários pesquisadores, a própria alquimia nada mais é do que a parte operativa da sabedoria cabalista, e o compartilhamento entre as duas tradições, de várias fórmulas e símbolos, mostra, de modo insofismável, essa relação.[131]

130. Ver Hutin (1987).
131. Na imagem, representação alquímica da Cabala Hermética. Fonte: Rogers (1994).

Capítulo 14

A ORDEM NO CAOS

O Efeito Borboleta

A natureza parece caótica aos nossos olhos, mas isso é porque só uma parcela dela é apreendida pela nossa consciência. "O mapa não é o território", diz o famoso filósofo linguista Alfred Korzybski, para sustentar sua tese de que o conteúdo da informação que entra no nosso cérebro é muito maior do que o resumo que nossa linguagem consegue fazer dela. Por isso, diz Jung, nosso inconsciente é um caos de informações não organizadas, que por falta de catalogação se tornam mitos, crenças, fobias, temores, superstições, etc.

Todavia, no caos da natureza há uma ordem que podemos sentir, embora nem sempre conseguimos entender nem explicar. O reverendo Yehuda Berg, diretor do Kabbalah Centre do Brasil, sustenta que essa ordem não é percebida pelos nossos sentidos, porque ela está atrás da cortina do um por cento do mundo conhecido, ou seja, seus fundamentos situam-se numa dimensão que está além dos limites que nossos sentidos podem alcançar.[132]

O chamado "efeito borboleta" explica esse fato com a observação científica dos acontecimentos atmosféricos. Às vezes, uma pequenina modificação nas condições ambientais de um lugar específico pode provocar uma grande perturbação em lugares distantes do planeta, sendo capaz até de desencadear uma catástrofe natural.

132. Ver Berg (2012, p. 32).

É isso que significa dizer que o bater das asas de uma borboleta na floresta amazônica pode provocar um tufão na baía de Tóquio. Ou seja: a derrubada de uma árvore na Mata Atlântica ou o desvio de um córrego no Oregon podem dar causa às chuvas torrenciais no litoral do estado de São Paulo, causando um grande número de mortes.

Esse argumento vale também para nossos processos neurológicos. Se uma mãe diz para o filho de 7 anos que o ama, com um sorriso de desdém nos lábios e um sinal de ódio nos olhos, é mais provável que a mente dessa criança interprete que a mensagem corporal é mais verdadeira que a oral. E o processo neurológico de interpretação da relação entre mãe e filho se estabelecerá mais com o componente do ódio do que com o amor. Essa perturbação poderá durar a vida inteira sem que os dois saibam o que a provocou.[133]

Tudo está conectado na natureza e no nosso sistema neurológico. O café frio na refeição matinal, ou a sopa demasiadamente salgada no jantar, uma peça de roupa fora do lugar podem ser a causa de uma briga na família, ou de separação entre um casal que está junto há anos. Mas o café, a sopa, a peça de roupa fora do lugar representam apenas o "efeito borboleta" de um processo bem complexo, que se resumiu nesses acontecimentos tão banais. É um processo que vem sendo desenvolvido há tempos, às vezes anos, mas que apenas se completou naquele momento com o desencadear daquele detalhe. Foi o toque final para a derrubada da fileira de dominós, a gota d'água que faz o copo transbordar.

133. Na imagem, o efeito borboleta. Fonte: Uol/*Folha de S. Paulo*.

O psicanalista Carl Gustav Jung disse que nossa vida é governada por causas que resumimos na palavra destino. Mas, para ele, destino era, na verdade, o inconsciente. Quer dizer "processos" que são montados em nosso cérebro inconsciente sem que nós nos demos conta disso. Muitas vezes, basta um insignificante acontecimento externo para desencadear uma tragédia. Ou, por outro lado, pode ser a âncora que precisávamos para concluir uma ação com sucesso.

Causa e Efeito

Não raramente, nossa consciência está concentrada nos efeitos de um acontecimento e não na sua causa. Por isso, é muito mais útil tentarmos descobrir "como" um determinado processo é composto, em vez do "porquê" ele acontece dessa forma. É que o "como" desvenda a estrutura na qual ele é montado em nossa mente; já o "porquê" identifica" a causa. Na vida prática, saber a causa dos acontecimentos é fundamental, pois isso nos ajuda a evitá-la. Mas, para nosso sistema neurológico, a causa de um acontecimento não é relevante, pois não podemos voltar ao passado para corrigir as escolhas erradas que fizemos.

Todavia, o processo pelo qual o processo foi montado fica registrado na nossa mente, e é bem provável que venhamos a repeti-lo se idênticas condições se apresentarem. Por isso, se soubermos "como" ele acontece, poderemos mexer na sua estrutura e obter um resultado diferente numa nova tentativa, caso os anteriores não tenham acontecido de forma satisfatória. Isso significa fazer de modo diferente as mesmas coisas que fazemos para obter um resultado distinto, pois quem faz as coisas sempre do mesmo jeito vai obter sempre os mesmos resultados.

Saber "como" as coisas acontecem é uma forma de organizar nossos processos mentais. É o sucedâneo psicológico da Teoria do Caos funcionando para apurar onde e como a "borboleta vai bater as asas", para que possamos prevenir as consequências que ela vai provocar com sua ação.[134]

A Teoria do Caos

No mundo físico, a Teoria do Caos estuda como os eventos climáticos são alterados pelas mudanças ocorridas no sistema ambiental. No nosso mundo neurológico, nossos comportamentos são ditados pelos "programas" que nosso cérebro ancora por meio dos nossos sistemas sensoriais. No caos do nosso inconsciente, é preciso colocar um pouco de ordem, para que um simples olhar de uma pessoa significativa para nós não desencadeie uma tempestade de sentimentos negativos, os quais podem atravancar a passagem da Luz de que precisamos para ver as coisas com a claridade necessária e, assim, evitar um tropeço em nossas relações pessoais. Esse processo vale também para nossas atividades profissionais e sociais, pois muitas vezes acabamos fazendo escolhas equivocadas por conta de uma má interpretação da informação que nos vem das pessoas, ou do próprio ambiente em que estamos vivendo.

Se do mundo físico conhecemos tão pouco que nem sequer conseguimos detectar que uma chuva torrencial acontecerá nos próximos dias para que possamos nos prevenir, o que dizer do nosso mundo interior, com seus 95% de território imerso no caos do inconsciente? Por isso é que, às vezes, basta a buzina intermitente de um motorista mal-humorado para que outro saque uma pistola e atire nele. Ou então é suficiente uma palavra mal colocada, ou um gesto inconveniente para destruir uma amizade, uma família, ou uma parceria que vem sendo construída ao longo de muitos anos.

134. A Teoria do Caos é uma teoria proposta pelo meteorologista James Gluck, que diz que alterações insignificantes no início de um determinado evento podem gerar mudanças profundas em certo sistema, o que o tornaria caótico e impossível de se fazer previsões sobre seu comportamento futuro. Essa teoria está relacionada, por exemplo, com as variações do mercado financeiro, mudanças climáticas e com o crescimento populacional.

Em termos cabalísticos, trata-se de procurar "ver a Luz" que existe em todas as situações que envolvem escolhas da nossa parte. Essa "Luz" existe, e nós só não a vemos porque estamos imersos em nosso Desejo de Receber e negligenciamos o Desejo de Compartilhar. É "o que vou ganhar com isso?" prevalecendo sobre "que bem estou fazendo para mim e para o mundo ao escolher essa opção?"

O Universo Unificado

Nada se faz no universo físico sem que nós venhamos a sentir as consequências desse feito; por outro lado, tudo que se faz causa impacto no sistema. Dessa forma, tudo interessa a todos, e o equilíbrio do sistema universal é uma tarefa de interesse coletivo.

Essa é uma verdade antiga que já havia sido apregoada por Zaratustra no século VI a.C., também foi cultivada pelos filósofos taoístas na China do século V a.C. Na moderna ciência neurológica, a técnica conhecida com PNL (Programação Neurolinguística) também trata esse tema como um dos seus mais importantes pressupostos. Ele é definido na frase: nosso organismo não pode deixar de responder. Todos os nossos atos são respostas a estímulos que a vida nos obriga a dar. Até a própria inação da não resposta é uma resposta.

Isso significa que obrigatoriamente temos de dar uma resposta a todo estímulo que chega aos nossos sentidos. Se é assim, não é melhor agir do que simplesmente reagir? Quer dizer: não é melhor tirarmos nosso carro da frente do motorista enfezado em vez de dar um tiro nele? Ou não traria melhor resultado ensinar aos nossos filhos a arrumar seus quartos no lugar de brigar porque eles não o fazem?

Para os antigos sábios, o mundo era um organismo único, interligado em todas as suas partes, de forma que toda ação praticada em qualquer parte dele gerava, inevitavelmente, consequências em todos os lugares. Os filósofos hermetistas também sustentavam a existência de uma unidade indissolúvel entre todas as coisas que existem no universo: “tudo que está dentro é como o que está fora, o que está em cima é como o que está embaixo”, diziam eles. Com isso, queriam dizer que o universo era igual em toda parte e que as leis que regiam sua vida no imenso da vastidão cósmica eram as mesmas que o organizavam na intimidade da matéria física ou orgânica. Com as descobertas feitas pelos estudiosos da física quântica, parece que essas intuições estão, finalmente, encontrando eco na ciência.

Para os antigos filósofos do hermetismo, nenhuma verdade podia ser deduzida a partir de uma visão segmentada da realidade, pois cada parte dependia das relações que ela mantinha com o todo. Dessa forma, um homem, seu espírito, seu organismo e tudo o que a ele se refere não poderiam ser entendidos se fossem estudados isoladamente, abstraindo suas relações com o restante do ambiente em que se situam, com as crenças que o homem professa, seus desejos e aspirações, ou seja, sua parte psíquica e social, pois segundo pensavam aqueles sábios, no universo não há nada que consiga existir por si mesmo.

No campo da psicologia e do direito, podemos dizer que o livre-arbítrio concede liberdade ao homem para escolher, mas não dá a ele independência para fazer o que quer. É como dizer que todos temos direitos individuais, mas eles são delimitados pelo direito do nosso próximo, isso porque vivemos em um condomínio chamado planeta Terra.

A Visão Materialista

A visão hermetista era profundamente espiritualista em seus conceitos e não agradava aos pensadores positivistas, cuja aversão pelo “improvável” os levava a aceitar como verdadeiro somente aquilo que pudesse ser comprovado em experiências científicas. Como o universo inteiro não podia ser trazido para o laboratório, os cientistas o seccionaram e passaram a estudá-lo separadamente, acreditando que cada parte mantinha as propriedades do todo e o que fosse verdadeiro para uma fração do conjunto também o seria para o todo que ele representa.

O maior defensor desse método foi o francês René Descartes que, com o seu materialismo dualista, sua exagerada preocupação pelo conteúdo do fenômeno em si, e não pelo que ele significa no contexto em que ocorre, levou os homens de ciência a separar mente e corpo, como se ambos fossem duas realidades distintas que poderiam coexistir independentemente. Desprezando milênios de sabedoria, os seguidores de Descartes renegaram os ensinamentos dos grandes taumaturgos, que sempre sustentaram o caráter sistêmico do universo e a existência de uma relação simbiótica entre os fenômenos que nele ocorrem.

Não obstante, o método cartesiano trouxe um grande progresso para a ciência, pois relativizou o universo, transformando-o numa máquina que funciona segundo certas leis. Essas leis foram identificadas e estudadas, e um grande avanço material pôde ser feito, inaugurando uma nova era para a humanidade. Mitos do passado, que impediam o ser humano de buscar melhores condições de vida, de ampliar os limites do seu mundo, de realizar-se como indivíduo, foram derrubados.

O homem voltou a ser o centro do universo, como já o fora na época clássica, quando o pensamento helenista o colocava no mesmo patamar dos deuses. Pensamento esse que fora eclipsado pelas doutrinas do Cristianismo e do Islamismo, que, cada uma a seu modo, pregavam uma submissão do homem a um destino que não dependia dele mesmo para se realizar.

O cartesianismo reconduziu o indivíduo a sua posição de importância no centro de um sistema que fez dele seu ator principal. Tudo passou a ser analisado a partir da sua relevância para o bem-estar do indivíduo em particular. Nada que não fosse capaz de trazer felicidade para o ser humano teria importância. Era o novo humanismo, que levaria o homem a buscar outros mundos para conquistar, a construir poderosas máquinas para ampliar seu poder, a desenvolver novos e vigorosos sistemas de filosofia e religião para dar suporte espiritual a essa nova forma de viver. O universo era uma máquina a serviço do

homem, e devia ser explorado em todo o seu contexto e possibilidades para proporcionar ao seu mais importante inquilino a máxima felicidade possível.[135]

Consequências do Materialismo

Entretanto, o mundo segmentado, para ser estudado e explorado em suas potencialidades, fragmentou também o ser humano e o isolou da sua relação com o próprio universo. O homem desprendeu-se dele para se desprender do universo como se fosse um elemento independente, que tinha propriedades particulares e somente dependia de si mesmo para realizar-se como ser.

Um novo hedonismo, que havia sido mitigado pelas doutrinas religiosas que pregavam a supremacia do espírito sobre a matéria e colocavam a pobreza e a simplicidade como virtudes a serem adquiridas em lugar da riqueza e da sofisticação, que tinham sido a marca da sociedade dos anos dourados do período clássico, passou a ser cultivado pelos discípulos da nova religião, que era o materialismo cartesiano.

Há quem diga que quando o homem descobriu a possibilidade de usar a natureza em seu proveito, ele perdeu também sua alma. Sem sermos tão trágicos, diríamos que a ganância e a ambição, levadas ao mais alto grau, transformaram o homem em algoz da natureza, em elemento predador, em vez de ser seu colaborador. E ao procurar cada vez mais o prazer de viver na abundância dos bens materiais, ele se perdeu no interior de si mesmo e ficou mais longe da verdadeira felicidade.

135. Na imagem, o filósofo René Descartes.

Isso explica, por exemplo, o paradoxo do sujeito que se mata durante a vida inteira para ganhar muito dinheiro, e depois que junta uma fortuna, compra uma cabana na floresta para ter um pouco de paz e tranquilidade.

A Cabala trata esse tema como um dos seus mais caros ensinamentos, pois o que acontece, nesse caso, é uma saturação do prazer, que ocorre pela manipulação egoísta do Desejo de Receber a Luz Infinita do Criador e retê-la somente para si mesmo. Nós somos canais por onde ela deve fluir e não acumuladores dela. O acúmulo de Luz em nossas almas, sem o devido compartilhamento dela, pode provocar uma crise existencial, porque uma pessoa nessa condição "sente" que tem um enorme potencial de realização, mas não consegue aplicá-lo na prática. Foi por isso que Jesus deu aquele conselho: deixe brilhar a sua Luz; não a esconda embaixo da mesa, mas a coloque em um lugar bem alto para que todos possam vê-la e guiar-se por ela.

Hedonismo e Luxo

O hedonismo (do grego *hedonê*, "prazer", "vontade") é uma filosofia nascida na Grécia, e seu mais célebre representante foi Aristipo de Cirene (*ca.* 435-356 a.C.), que defendia a ideia de que tudo que fazemos na vida tem por objetivo a obtenção do prazer e a diminuição da dor. Essas seriam as motivações psicológicas e físicas dos nossos atos.

Desse pensamento decorre o fato de estarmos sempre buscando as melhores condições de vida, os picos mais altos do prazer, o que nos leva, fatalmente, a uma propensão para o egoísmo. Na Cabala, isso é definido como uma exacerbação do Desejo de Receber e que, por isso, precisa ser adequadamente administrado.

O hedonismo, em si mesmo, não é um conceito que deva ser satanizado pelo simples

fato de estar associado à busca do prazer. Em termos cabalísticos, o Desejo de Receber – que pode ser considerado uma busca do prazer – é desejável e bom. Ele nos leva a buscar mais Luz para nossas vidas e a procurar, com mais denodo, os meios de nos conectarmos com ela. É, afinal, a motivação de que precisamos para alcançar a felicidade, que na Cabala se define como um estado de plenitude iluminada. Não se condena, pois, a ambição por uma vida prazerosa e de bem-estar, mas, sim, o egoísmo de querer tudo para si e a recusa em compartilhar as benesses prodigalizadas pela Luz Infinita do Criador.

A Maçonaria trata desse tema no Grau 29 das Lojas filosóficas. Ali se fala do luxo como componente do bom gosto, mas o que quer se dizer de fato é que o refinamento do espírito não significa, obrigatoriamente, concessão a uma vida dissoluta e dedicada ao prazer e à aquisição de bens materiais.

Na verdade, se observarmos bem a conduta da maioria das pessoas bem-sucedidas economicamente, e que conservam essa posição pela vida inteira, seremos induzidos a pensar exatamente o contrário. O amor à beleza, à perfeição de formas, ao refinamento estético dificilmente nos levaria a confundir esses arquétipos com a ideia de luxo. Levar-nos-ia, sim, a buscar qualidade e harmonia em obras de arte que fossem capazes de refinar nossa sensibilidade e não apenas agradar aos nossos olhos. Não há luxo numa obra de Michelangelo, Rafael, Picasso, Da Vinci, Rembrandt, Shakespeare, Milton, Dante, Homero, mas beleza. E a beleza é o principal componente da arte, da obra bem-feita. É a forma útil e desejável de cultura que uma sociedade deve desejar e os governos alavancarem.

A beleza deve ser buscada para satisfazer a alma, não os sentidos. Quando não se faz essa distinção, ela acaba sendo efêmera e enganosa. Esgota-se na satisfação fugaz da emoção momentânea, deixando um vazio no nosso sistema neurológico, que muitas vezes tentamos preencher com drogas e outros artifícios que nos fazem mais mal do que bem.

A ideia de luxo é frequentemente ligada a uma vida dissoluta, caracterizada por consumo supérfluo, ostentação, prazer pelo prazer. Luxúria é a palavra processual que resume esse processo. Esse conceito está mais próximo do vício do que da virtude. E a Maçonaria, que prima pela aquisição de virtudes e pela mitigação dos vícios, não poderia agasalhar uma concepção errática de hedonismo luxuriante como filosofia de vida a ser ensinada aos Irmãos. Nem a Cabala, que vê a felicidade como virtude de uma alma energizada pela Luz do Criador e pelo compartilhamento dela com o restante do universo.

Positivo e Negativo

A Cabala ensina que, no princípio (porção Bereshit), todo o universo estava contido em uma esfera que não excedia três centímetros de diâmetro (segundo a visão de Aleph de Borges, ou o "ovo cósmico" das doutrinas gnósticas).[136] Ela rompeu-se e lançou no vazio cósmico fragmentos de energia em forma de Luz.

Esses fragmentos resultaram em todas as realidades físicas que existem no mundo, desde os átomos que compõem a matéria bruta até nós mesmos, pois também somos composições atômicas resultantes de múltiplas interações da matéria inicial que deu origem ao universo.

Isso quer dizer que, no início, todos fazíamos parte de um corpo energético único que se estilhaçou, dividiu-se em múltiplos fragmentos, gerando massas físicas e entidades separadas pelo volume de suas massas e suas posições no espaço. Mas, intimamente, todas ligadas pela sua origem luminosa.

A formidável intuição de São Francisco de Assis, que via um princípio de irmandade entre todas as coisas e criaturas do universo, é um belo exemplo dessa relação de unicidade fundamental. Com base nesse princípio, a doutrina cabalista nos faz olhar todas as coisas e criaturas como parte de nós mesmos, em função desse elo de irmandade existente entre tudo o que foi gerado no mundo. Portanto, o mal que fazemos a alguém ou ao ambiente, ou, na contrapartida, o bem, é algo que fazemos a

136. Ver o conto homônimo de Borges (2005).

nós mesmos. Essa é uma consequência do Desejo de Receber e do Desejo de Compartilhar. No entrelaçamento cósmico das nossas almas, está o segredo da potencialidade que todos queremos atingir para alcançarmos a plenitude da felicidade, que é nosso encontro com a Luz do Criador.

Por isso, nenhuma explicação sobre a essência do bem e do mal seria válida se não se colocar a questão: se Deus é Luz, se a Luz é boa, se ela significa bem, felicidade, virtude, riqueza, saúde; e se ela, como o Sol, ilumina a todos, justos e injustos, por que há tanto mal no mundo, tanta pobreza, tanta promiscuidade e vício, tanta desigualdade? Por que apenas 5%, ou menos, das pessoas no mundo detêm 95% dos recursos do planeta, enquanto os restantes 95% têm de sobreviver somente com 5%? Onde está a Justiça de Deus que não corrige essa formidável distorção?

A Cabala tem uma resposta para essas perguntas: se o mundo fosse perfeito, haveria disposição em alguém para escolher o bem? Se todas as pessoas tivessem o suficiente para uma vida farta e sem necessidades, haveria na Terra, entre os homens, algum estímulo para desenvolver novos meios de produção, de distribuição e atendimento das necessidades sociais? Se o universo tivesse saído da Cabeça do Criador pronto e acabado, em perfeita ordem, que necessidade teria Deus do homem para colocar ordem e dar uma finalidade a ele?

Haveria uma Psicologia, uma Economia, um Direito, uma Sociologia, uma Filosofia, Religião, enfim, todas as ciências, doutrinas e práticas que se destinam a entender e promover a ascensão do ser humano? Haveria pessoas lutando contra as injustiças, pessoas praticando filantropia, pessoas tentando entender a natureza para fazer dela uma parceira das nossas vidas?

A Cabala vê o mal como a face negativa do bem e o bem como a face positiva do mal. Algo semelhante ao antigo conceito da Gnose, que diz que o "O Diabo é Deus Inversus".

Bem e mal são os dois lados da mesma moeda. Quando jogamos uma moeda para cima, podemos obter cara ou coroa. E temos a faculdade de escolher o lado que achamos que ela cairá. É nosso livre-arbítrio. Se escolhermos cara, e esse for o lado do bem, nosso mundo será inundado de Luz; se for o lado do mal, o resultado será a escuridão. Com o outro lado será a mesma coisa.

Quer escolhamos cara ou coroa, é nosso livre-arbítrio que determina nossa escolha. Não é o lado da moeda. Por isso, o ensinamento cabalístico diz que ninguém é originalmente bom ou mau. O bem e o mal decorrem das nossas escolhas; é o resultado delas e não o destino que determina. Um dos pressupostos fundamentais da PNL (que combina bem com o ensinamento da Cabala) diz que maiores possibilidades de escolhas é bem melhor do que ter apenas uma ou duas, porque nosso sistema neurológico sempre escolhe aquela que lhe parece a mais apropriada para alcançar o resultado que ela precisa no momento. E quanto maior for a possibilidade de escolha, mais chance temos de escolher a de melhor resultado.

Todas as escolhas estão vinculadas ao nosso Desejo de Receber e ao Desejo de Compartilhar. Quem recebe e não compartilha, escolhe o mal. Quem recebe e compartilha, escolhe o bem. Sabendo dessa particularidade é possível, para todos nós, desenvolvermos uma estratégia para trabalharmos, com proveito, com um e outro polo da relação. Isso implica perguntar, em toda escolha que tivermos de fazer: "que bem isso me faz e que bem estou fazendo para o mundo com essa escolha?"

Isso não significa ignorar que a maldade está presente no mundo e que ela está inserta no comportamento das pessoas como algo inerente a elas. Ela é um componente do Desejo de Receber e não pode ser removido. Faz parte da estrutura energética da nossa alma como polo da reação que a energiza. Não pode ser isolado nem evitado. Só pode ser manipulado para que ela não cause saturação em nossa alma pelo acúmulo de energia em um só polo.

Todos sabemos o que acontece quando essa saturação ocorre: curto-circuito na rede. Mas sabendo como funciona essa relação, é possível entender a natureza do mal e como o processo pelo qual ele se manifesta no mundo pode ser administrado. Quer dizer: não podemos eliminá-lo, mas podemos administrar suas consequências. Podemos combatê-lo e mitigar os prejuízos que ele pode causar, o que não significa lutar contra o agente que o manifesta, mas oferecer-lhe oportunidades de escolha melhores e mais competentes para levá-lo a realizar seu Desejo de Receber sem que, com isso, ele precise obstruir a Luz para os outros.

A metáfora seguinte, extraída do ensinamento zen, tem a finalidade de nos ajudar a entender esse conceito.

O Monge e o Ladrão

Um monge, que tinha a fama de ser muito sábio, morava em um mosteiro que todo mundo dizia ser bem rico. A razão dessa fama era o fato de ele ser o principal conselheiro do rei e, em virtude disso, o monarca o cumulara de favores e lhe dava muito dinheiro. Por isso, ele era, de fato, imensamente rico.

Em consequência, o mosteiro onde ele vivia era visado por todos os ladrões do país. Sofria constantes tentativas de assalto. No entanto, o monge também tinha fama de ser mestre nas artes marciais. Por isso, todos os ladrões que tentavam entrar no mosteiro para roubar acabavam levando homéricas surras.

Um dia, um notório ladrão e assassino quis bancar o esperto e resolveu assaltar o mosteiro. Sabendo que o monge era bom de briga, ficou esperando que ele dormisse para tentar invadir o edifício. Assim, não teria que enfrentar o mestre lutador. Ficou na espreita até ter certeza de que ele pegara no sono e, pé ante pé, entrou no mosteiro.

Começou a procurar a sala onde o dinheiro era guardado. Mas logo percebeu que a tal sala era justamente o cômodo onde o mestre dormia. Fazendo o menor barulho possível, ele abriu a porta do cômodo e espreitou lá dentro para ver se o monge realmente estava lá. Mas, surpresa! Só havia no meio do quarto um grande vaso com um pinheiro plantado nele.

– Ué – disse consigo mesmo o ladrão. – Onde foi parar esse monge? O quarto só tem essa porta e nenhuma janela. Eu o vi entrar e agora não tem ninguém aqui. Para onde será que ele foi, e como saiu sem que eu o visse?

Saiu e procurou lá fora, mas não encontrou ninguém. Esquadrinhou o mosteiro inteiro e não achou vivalma. Voltou ao quarto, e procurou e procurou de novo. Não achou nada. Não havia ouro, nem dinheiro, nem bem algum. Só aquele pinheiro no meio do quarto.

Então, lhe veio a inspiração. É claro. Só podia ser isso. O monge, além de ser um grande lutador, tinha também poderes mágicos. Ele era capaz de ocultar seus tesouros dos olhos profanos e podia transformar-se em planta. Aquele pinheiro era o próprio mestre.

– Esses poderes valem mais que dinheiro – disse consigo mesmo o ladrão. – Vou voltar amanhã e pedir ao monge que me ensine essa mágica.

Dito e feito. Na manhã seguinte, lá estava o ladrão na porta do mosteiro implorando ao monge para que este o recebesse como discípulo.

O mestre consentiu e o antigo ladrão virou monge também. Largou a vida de marginal e, com o tempo, tornou-se um grande mestre, respeitado por todos. Quando o velho monge estava para morrer e indicou-o ao rei como seu sucessor, este perguntou, preocupado:

– Como vou saber se seus antigos instintos de ladrão e assassino não aflorarão novamente?

– Não há perigo, Majestade – respondeu o mestre. – Nesse sentido, todos os homens são iguais. Eles sempre querem acreditar em alguma coisa. Dê-lhes algo de bom em que eles possam realmente acreditar e os terá sempre fiéis, leais e honestos.

Capítulo 15

A ROTA DAS ALMAS

A Alma e o Espírito

"Sabei que vossas almas são imortais", disse Shimon bar Yochai. "A alma parte somente quando o Anjo da Morte tomou posse do corpo. E uma vez mais a alma toma a forma que vestia antes de vir ao mundo. Tampouco pode a alma experimentar uma real alegria até que se sinta vestindo de novo sua própria forma celeste."[137]

Nossas almas, como já foi dito, são centelhas de energia que o Criador espalhou no mundo para servirem de sementes para a Criação. Essas centelhas fornecem o núcleo de todas as coisas animadas e inanimadas que existem no universo. A potência energética existente em cada uma determina a qualidade da matéria onde ela se hospeda. Os organismos que recebem o fenômeno da vida são os que capturam as centelhas mais energizadas por conta do processo evolutivo que experimentaram e, dentro do complexo da vida, o ser humano é o que detém a melhor "qualia" nesse sentido.

Essa nossa intuição é inspirada nas especulações de Teilhard de Chardin, considerado um dos maiores pensadores do século XX. Em outra obra de nossa autoria, nós fizemos uma síntese do pensamento desse grande filósofo, que, justamente por ter intuído a evolução da vida num rumo semelhante ao que a Cabala parece adotar, foi muito hostilizado pela sua própria

137. *Zohar* (2018, p, 213).

confissão religiosa, a Igreja Católica. Reproduzimos aqui a síntese feita para aquela obra, que nos parece bem apropriada para o tema em questão:

"Teilhard vê o mundo ordenado numa série de grandezas distribuídas ao longo de uma escala, que é o eixo do espaço-tempo. Essas grandezas se distribuem em duas direções: uma, que é aquela que vai do ínfimo para o imenso, é representada por um universo em constante expansão, formando os planetas, os astros, as galáxias, as grandes massas estelares; essa expansão originou-se num ponto ínfimo de máxima densidade energética, que, justamente por hospedar essa inconcebível concentração de energia, um dia vazou para além de si mesma. Esse 'vazamento' (acreditamos) pode ser identificado na grande explosão que os cientistas chamam de Big Bang. A outra direção é aquela que parte do imenso para o ínfimo, representada pela tendência da energia presente nas massas físicas, que é a de enrolar-se sobre si mesma, criando camadas energéticas cada vez mais densas, concentradas em pontos cada vez menores. Essa é a direção que o espírito humano percorre. E assim é em virtude do fenômeno da complexificação cada vez maior dos processos organizacionais, um dos quais, o mais complexo, é o pensamento humano.

Na escala do imenso, que são as grandezas cósmicas, domina a relatividade. As massas estelares se formam por dispersão, partindo de um ínfimo inicial. Por isso, a organização dos corpos materiais é simples. Neles são realizadas combinações atômicas primárias e as realidades materiais vão surgindo dessas combinações, povoando o nada cósmico.

Na escala do ínfimo, porém, ocorre um processo inverso. Nela domina o quanta. Aqui ocorre uma concentração da energia, uma interiorização para o núcleo dos elementos, e dessa concentração resultam estruturas cada vez mais complexas, quanto mais a energia se concentra sobre si mesma. Foi essa concentração energética em uma determinada molécula, que produziu, um dia, o primeiro organismo vivo, o qual evoluiu até desembocar no homem".[138]

Ou seja, o surgimento da vida é consequência de um fenômeno semelhante ao *Tzim Tzum*, conceito cabalista que está na origem do universo físico. Ela é resultado da energia concentrada sobre si mesma, diz Chardin. E se a alma é uma centelha de energia emitida pelo Criador, como diz a Cabala, então é lícito supor que todas as vidas possuem uma alma, e que estas se submetem a um padrão qualitativo vinculado à concentração energética que elas conseguem reunir sobre seu núcleo.

Como as almas se distinguem e se adéquam aos organismos aos quais se aderem? Chardin nos oferece a seguinte intuição: "O ser, quanto mais complexo é em sua estrutura, mais consciente se torna em sua interioridade. Dessa forma, a evolução passa a ser um processo de convergência da energia presente na matéria, dirigida para o interior dela mesma. A consciência humana nasceu, dessa forma, como um fenômeno energético que proporcionou a uma espécie em particular a condição de diferenciar-se e assumir, entre todas as espécies criadas pela natureza, o próprio rumo no processo evolutivo. A evolução, que até o surgimento do homem, era um processo controlado 'por fora', por meio de leis exclusivamente naturais, a partir do homem passou a ser controlada 'por dentro', tornando-se autoevolução".[139]

Portanto, tanto a alma quando o espírito são fenômenos energéticos que se situam, cada um, em uma etapa de evolução

138. Ver Rodrigues (2007).
139. Na imagem, o padre Pierre Teilhard de Chardin. Fonte: Chardin (1958).

da vida. A alma está na origem da vida; ela é a causa dela. E o espírito é um reflexo da vida que ela experimenta e desenvolve.

Na visão cabalista, o espírito distingue-se da alma pela sua essência e origem. A alma tem sua origem no próprio Criador, enquanto o espírito é um produto da energia que a alma concentra no organismo que a hospeda.

A Vida do Espírito

Espírito, portanto, na ótica cabalista, é uma função da alma na sua vida terrestre. É uma derivação da Energia que a alma prodigaliza ao ser humano e que este utiliza em suas ações, no exercício do seu livre-arbítrio. A Cabala identifica três componentes nesse processo: *Nefesh*, que é o espírito vital, ou seja, o fluido vital que permanece junto ao corpo até sua decomposição; *Ruach*, a parte intelectual, que toma a forma do corpo e se incorpora ao mundo espiritual como energia em suspensão; *Neshama*, a centelha de Luz divina que se reintegra a Deus depois de cumprida a sua missão na terra. *Ruach* e *Nefesh* constituem o que chamamos de espírito, propriamente dito. São reflexos da mente e do corpo, alimentados pela energia despendida na vida, em pensamentos e ações. Por serem energia, podem ser capturados pela mente humana, o que, em nossa intuição, justificam os fenômenos espirituais. Por isso, o *Zohar* diz que somente quando *Neshama*, a centelha luminosa que é nossa alma, retorna a Deus, *Nefesh* descansa e *Ruach* entra no Paraíso.

A visão cabalística é mística, e comporta uma grande dose de imaginação e poesia. No entanto, ela nos parece interessante e bastante consentânea com a intuição de Teilhard de Chardin e com modernas concepções urdidas pelos estudiosos da mecânica quântica.

Para Chardin, por exemplo, o espírito é um resultado da atividade psíquica produzida pelo homem. Ele provém da centração de energia sobre uma parte do cérebro, gerando uma "mente" que, por sua vez, também emite energia em forma de pensamentos. Eis como Chardin entende esse fenômeno e como ele se materializa numa fórmula que dá sentido e orientação à própria atividade humana sobre a Terra: "O universo pode ser visto como o conjunto total das realidades espalhadas ao longo da reta espaço-tempo. Com a emissão dos pensamentos por parte do homem, uma nova camada de elementos passou a envolver a Terra: a noosfera. A noosfera pode ser entendida como a centralização da totalidade energética despendida pelos homens, em todos os tempos, no ato de pensar. É o conjunto das reflexões humanas que se concentram sobre si mesmas, criando uma espécie de 'atmosfera espiritual'. É esse celeiro energético de pensamentos condensados que fornece o estofo para nossas atividades psíquicas: Ele é o chamado inconsciente coletivo da humanidade, na visão junguiana. Partindo dessa ideia, o processo de aculturação da humanidade passa a ser a jornada do seu espírito coletivo, em busca de uma união que se consuma num ponto único do tempo e do espaço, que Teilhard chama de Ponto Ômega. Visto dessa forma, a evolução pode ser representada por um cone, cuja base simboliza a totalidade das realidades materiais, enquanto o vértice representa a totalidade das suas manifestações energéticas, concentradas em experiências de vida e convertidas em espírito. Assim, todas as manifestações do espírito humano são etapas de um processo de evolução cósmica, onde está presente, em maior ou menor grau, a energia na sua forma material, ou já convertida em espírito".[140]

Gilgou – o Processo da Reencarnação

A alma, como vimos, é neutra. Ela, por ser uma centelha de Energia expelida pelo Criador em forma de Luz, não tem identidade nem se altera em sua essência pelas atividades do ser humano em suas escolhas. Ela é pura Energia que se movimenta de um organismo a outro para dar-lhes a vida.

140. Ver Rodrigues (2007, p. 109).

Já o espírito é individual. Ele tem uma personalidade, que se refere a uma pessoa determinada. Por isso, dizemos "espírito de fulano", "espírito de sicrano", etc. O espírito é uma decorrência da própria atuação do ser humano sobre a Terra. Ele se forma por meio da nossa atividade psíquica. Ele é a totalidade das emanações psíquicas emitidas pelo indivíduo na sua vida, e que, por também serem pura energia, incorporam-se ao acervo energético do universo, como diz Teilhard de Chardin com seu conceito de Noosfera.

Essa é a razão de sentirmos que o espírito sobrevive à morte do organismo. Sem dúvida, ele sobrevive porque é reflexo da personalidade do que fomos em vida. Por ser energia em suspensão na atmosfera, ele pode ser conectado por mentes que desenvolveram sensibilidade capaz de conectar-se com dimensão energética.

Por isso, pensamos que espíritos não "encarnam" em outras pessoas para viver outras vidas. Eles são energia derivada e não energia original, vindas da Luz Infinita do Criador. A reencarnação é privilégio da alma. Ela é que reencarna e não o espírito. O que os médiuns captam em suas experiências mediúnicas são as energias suspensas na Noosfera e que podem ser identificadas com personalidades particulares de indivíduos já desencarnados. Isso nos parece bem plausível de acontecer, dadas as propriedades da energia, que têm sido reveladas pela mecânica quântica. Essa concepção poderia justificar uma das mais importantes reivindicações do Espiritismo, que é a capacidade que o médium tem de comunicar-se com entidades desencarnadas.

O fenômeno espiritual conhecido como **Gilgou**, conceito cabalista que se refere à doutrina da reencarnação, é que nos leva a fazer essa interpretação. Esse conceito diz que um espírito pode voltar à Terra para ajudar um pai, um filho, um parente, um marido ou esposa, a reencontrar o caminho certo, do qual ele ou ela se desviou. Isso quer dizer: uma pessoa, por fazer parte de um mesmo grupo cultural, inclusive por laços de sangue, pode mais facilmente capturar traços de personalidade de um parente morto para ajudá-lo a mudar sua própria personalidade em proveito da salvação da sua alma.

Em PNL, essa possibilidade é referida como a captura de um "mentor", ou seja, de um "símbolo" de poder ou sabedoria que possa nos servir de âncora para eliciar, em nosso sistema neurológico, um estado de motivação e confiança que nos capacite a alcançar o sucesso em nossas escolhas. Esse "mentor" pode ser pessoas reais ou fictícias, objetos ou ideias que possam ser "personificadas" para nos servir de orientadores. O exercício de captura de um "mentor" é uma das mais eficientes ferramentas na prática dessa técnica.

Quanto à ideia cabalística do Gilgou, ela nos parece lógica. Nesse sentido, ousamos mesmo pensar que essa possibilidade pode ser estendida não só aos membros de um mesmo grupo cultural, ou família, mas também a todas as pessoas, por entendermos que a humanidade, na sua totalidade, constitui uma família. Assim, o fenômeno do Gilgou não estaria circunscrito apenas a determinados grupos com identidades culturais vinculadas. Essa, talvez, seja a grande intuição que justifica a verdade do Espiritismo e explica os diversos fenômenos que essa doutrina já expôs ao mundo.

A manifestação de um espírito, nesse sentido, não é uma encarnação, mas uma influência psíquica oriunda de uma consciência desencarnada. Evidentemente, ela é mais passível de ocorrência dentro de grupos com vinculações culturais, orgânicas e psíquicas muito próximas. E também nos parece lógico que essa intuição tenha sido mais experimentada entre os judeus, cuja identidade cultural lhe dá uma verdadeira característica de "fratria".[141]

141. Fratria é a palavra que designa, na antiga Grécia, um grupo de pessoas que apresenta características similares, que se une pelo sangue, pelos costumes e pelas crenças religiosas. Significa, na verdade, um clã, que envolve não somente as pessoas ligadas pelo sangue, mas também todos os componentes de uma determinada comunidade, cujos traços culturais são idênticos, principalmente em relação à sua densidade psíquica.

Capítulo 16

AS CASCAS DA ALMA

Kelipot – as Cascas da Alma

O conceito inserto na expressão *kelipot* (plural de *kelipá*) é difícil de entender para quem não é judeu nem está plenamente informado sobre a tradição mística de Israel. Esse conceito vem da visão do profeta Ezequiel (Iehezkel), conhecida como Mercabá (a carruagem de Deus), na qual ele prevê o banimento do povo judeu, o sofrimento do exílio e a destruição do Templo de Jerusalém. Em sua profecia, esse profeta declara: "Olhei, e percebi que um vento tempestuoso vinha do Norte, uma nuvem imensa, dentro da qual resplandecia uma chama que se refletia ao seu redor e da qual emanava um brilho semelhante ao do cobre em fusão (nogá). E no meio da chama havia algo que se assemelhava a quatro seres vivos e sua aparência era a de seres humanos, mas cada um tinha quatro rostos e quatro asas. Seus pés eram retos e suas plantas eram como as das patas de um bezerro, e brilhavam como a cor do cobre polido".[142]

142. Ezequiel, 1:1 a 7. Ver Bíblia Sagrada (2015). Na imagem, a visão de Ezequiel. Fonte: Wikipédia Foundation.

Essa visão profética sempre foi objeto de muita controvérsia. Numa interpretação mais positivista, diríamos que Ezequiel estaria construindo alegorias com base na situação vivida pelo povo de Israel na época. Como se sabe, Ezequiel foi um dos cativos que os invasores caldeus levaram para a Babilônia após a destruição do Templo de Jerusalém. A queda de Jerusalém e a destruição do Templo foram tragédias que marcaram profundamente o espírito do povo judeu, gerando uma literatura profética pessimista e cheia de sentimento de culpa, pois a queda e o sofrimento então provocados pelo massacre e pela escravidão foram atribuídos aos pecados cometidos pelo povo, que Ezequiel e outros profetas entendiam ter se afastado dos preceitos da Torá.

A literatura cabalista, todavia, vê nessa profecia um lado místico que tem mais relação com a espiritualidade e a estrutura da nossa alma, e suas relações com a Luz Infinita do Criador, do que com as tragédias políticas com as quais o povo israelense conviveu nesses conturbados séculos da história do Oriente Médio.

Para a Cabala, as visões de Ezequiel descrevem as forças espirituais (*kelipot*, literalmente, "cascas" ou "conchas") que atuam no mundo material, ocultando os atributos da Divindade que deveriam prevalecer em nossas almas. São como as cascas de uma cebola, que se superpõem sobre o núcleo luminoso da alma, obstruindo sua luz.

Como consta da visão do profeta, as *kelipot* são quatro. A tradição cabalista costuma referir-se às três primeiras como se fossem uma unidade. Embora apontem diferenças sensíveis entre elas, pois cada uma significa um nível diferente de mal, maior ou menor quanto mais longe do núcleo luminoso da alma estejam, as três referidas *kelipot* são completamente impuras, não contendo nenhum bem. Mas, nelas reside ainda uma "centelha de Divindade", oriunda da energia que as anima, embora seu contato com ela esteja sensivelmente prejudicado. Por isso, elas são consideradas inteiramente do mal.

Já a quarta *kelipá*, chamada *noga*, é a "casca" mais próxima, que envolve o núcleo luminoso da alma. Ela é essencialmente diferente das outras três, pois, dentro dessa *kelipá,* reluz um raio de santidade. Nesta, as proporções de bem e mal que ela contém variam nos diferentes mundos espirituais pelos quais a alma tem de atravessar. Nesse sentido, o nível malévolo que cada *kelipá* hospeda corresponde a um dos quatro mundos da Cabala (Atzilut, Beriá, Yetzirá, Assiyá). A passagem da alma por cada um desses mundos apõe sobre ela uma "casca" que ela carrega por todo o tempo da sua experiência existencial. Como se sabe, os três primeiros mundos (Atzilut, Beriá e Yetzirá) são formativos, nos quais a atividade é essencialmente espiritual. Somente no último dos quatros mundos (Assyá), que corresponde ao mundo inferior, o mundo da matéria, construído pela consciência humana, é que a Energia do Criador toma a forma das coisas criadas. Nestas, por serem criações da atividade humana, o nível do mal é o maior de todos.[143]

É nesse substrato da criação que corresponde à última *kelipá*, ou seja, a última "casca" da cebola, que o mal se concentra em sua maior intensidade. Mas, mesmo assim, dizem os cabalistas, "neste mundo inferior, chamado mundo de Assiyá, embora seja quase todo de mal, existe um pouco de bem com ele mesclado dentro dele".

Segundo o *Tanya*, um dos primeiros trabalhos da filosofia hassídica, elaborado pelo rabino Shneur Zalman de Liadi, fundador do Chabad Hasidism, publicado pela primeira vez em 1796, há uma diferença entre as coisas criadas que recebem sua força de vida das três *kelipot* completamente más e aquelas que recebem sua vitalidade da quarta *kelipá*, chamada *noga*. Na primeira categoria, estão as almas de todas as criaturas vivas que são impuras e proibidas de ser servidas como alimento, segundo as leis judaicas. Nesse rol, estão também todos os vegetais cujo consumo é proibido, assim como o fruto produzido

143. Sobre esse tema, ver o capítulo X de Rodrigues (2019).

durante os três primeiros anos de vida de uma árvore (orlá), e uma mistura de sementes de cereal numa vinha. Na segunda categoria, estão "a vitalizante alma animalesca no judeu... que se reveste no sangue humano... e as almas dos animais, feras, pássaros e peixes puros [segundo as leis da Torá] e são [assim] permitidos para consumo [pelos judeus], como também a existência e vitalidade de tudo no mundo inanimado e no mundo vegetal que é permitido para consumo".[144]

Além da vitalidade daquelas criaturas mencionadas, cuja força de vida é implantada nelas desde o início de sua criação, o *Tanya* também discute um aspecto adicional da vitalidade que é extraído das *kelipot* segundo o serviço do homem e suas ações. Quando um judeu ativa uma das "vestes" de sua alma, seu pensamento, fala ou ação ao violar uma das 365 proibições negativas, suas ações são nutridas pelas *kelipot* impuras. E quando ele ocupa os poderes de sua alma com assuntos mundanos que não são proibidos, a vitalidade de seu pensamento, fala e ação deriva de *kelipá noga*, que está bem mais próxima da Luz que anima a alma.

Dessa forma, o conceito inserto na teoria das *kelipot* interfere profundamente na própria vida prática dos judeus, determinando inclusive seu comportamento alimentar. É nesse conceito que estão as explicações das estranhas (para os ocidentais) prescrições bíblicas que proíbem os judeus de comerem determinados tipos de alimentos. A ideia aí inserta é que nesse tipo de alimento a energia que o constitui está contaminada por alguma forma de impureza, que prejudica a pureza da Luz que está no núcleo das nossas almas.

O *Tanya* explica também que, quando alguém come alimentos proibidos, mesmo que sejam sancionados pela interpretação rabínica da lei, a energia negativa que eles hospedam torna uma pessoa "yeshurun", que significa "engordou e ficou rebelde". Seu corpo se torna maciço e grosseiro, e a influência (boa) de sua

144. Ver Wineberg (1998).

alma sobre seu espírito é diminuída. De modo contrário, ao consumir um alimento adequado, sancionado pela Torá, uma pessoa pode receber energia adicional e vitalidade para seu corpo e sua alma. Portanto, o tipo de alimento que a pessoa consome a afetará de uma maneira ou de outra. Isso, naturalmente, depende de seu próprio comportamento e ações. Dessa forma, se ela come somente para satisfazer seu apetite físico, a vitalidade contida naquele alimento é degradada e absorvida nas *kelipot* correspondentes, e seu efeito sobre ele será negativo. No entanto, se ela se alimenta com o fim de ampliar sua mente para o serviço de Deus e divulgação da sua Torá (que pode ser entendido como compartilhamento da Luz do Criador), então a vitalidade do alimento que a pessoa consome ascende ao âmbito da santidade, e seu efeito sobre ele será positivo.

Podemos, dessa forma, dizer que a teoria das *kelipot* corresponde, no plano físico, a uma tese que defende um comportamento alimentar sadio, consentâneo com as aspirações espirituais do povo judeu. Assunto que também preocupa os povos ocidentais, embora, neste caso, a preocupação seja mais com a saúde física do organismo do que com a espiritualidade.

Kelipot – Significado Psicológico

Todos os nossos problemas são frutos de maus resultados que advêm em razão de escolhas equivocadas que fazemos na vida. Se escolhemos de maneira equivocada uma profissão que não nos agrada, dificilmente teremos sucesso profissional nela. Da mesma forma, a felicidade em um relacionamento não virá se a escolha da pessoa para dividir a nossa vida for feita somente para atender às nossas aspirações e desejos físicos.

Nesse sentido funciona a lei da causa e do efeito, que na Cabala orienta o processo cármico ao qual nossa alma é submetida para se livrar das "cascas" que lhe são aderidas ao longo das suas existências terrestres.

Aqui, as *kelipot* são entendidas como representações de forças espirituais más ou impuras que são geradas pelas más ações que executamos na vida. Elas são chamadas "cascas" ou "conchas", que envolvem o núcleo luminoso das nossas almas, como a casca de uma fruta que esconde sua semente. Trata-se de um conceito que tem ampla aplicação no Judaísmo místico, servindo inclusive para explicar algumas tradições judaicas na área do comportamento social e da alimentação, como vimos anteriormente. Contudo, ele também se estende a todas as pessoas, e não somente aos judeus. É uma bússola que dá um norte à vida de todo ser humano.

Em termos psicológicos, a ideia que aqui se insere é a de que, sendo nossas almas grãos de energia que saíram, em forma de Luz, do Centro Único que deu origem ao universo, elas espalharam-se pelo vazio cósmico, interagiram com outras almas e com os variados elementos que compõem a massa universal, experimentando múltiplas formas de vida e vivendo diversas experiências existenciais.

Transpondo essa intuição para nossa própria experiência de vida, diríamos que nessas existências as almas vão acumulando energia negativa oriunda das más escolhas que fazemos, as quais resultam em prejuízos à ordem universal. Essa energia negativa adere à nossa alma como "cascas" de matéria, tornando-as cada vez mais pesadas. Por isso, a intuição presente na maioria das doutrinas religiosas, que pregam a necessidade de o nosso espírito, ao desencarnar, se livrar do apego ao seu invólucro carnal para poder encontrar o seu "caminho" no mundo após a morte.

O conceito judaico sobre essas "cascas" que impedem nossa alma de exibir sua Luz interior vai muito além da ideia que estamos expondo aqui, a qual, aliás, tem muito da nossa própria intuição. O que aqui se entende é que, sendo nossa alma feita de uma centelha de energia arremetida no vazio cósmico pela grande explosão que originou o universo, sua existência, como força real e atuante, participa de muitas interações ao longo da sua passagem pela Terra. Nessas interações, o que chamamos de bem e mal lhe são aderidos. Se o primeiro lhe acrescenta mérito, o outro lhe acarreta culpa. Nisso consiste o que a doutrina cristã chama de virtude e pecado, que, na verdade, são apenas os bons e maus resultados que nossas escolhas causam ao universo em geral.

Acordo entre Partes

Reconhecemos que essa nossa intuição a respeito das *kelipot* procura dar um sentido lógico a uma visão mística do universo, onde a energia do Princípio Criador atua como sendo sua própria fonte e, ao mesmo tempo, como geratriz de todas as realidades. É Deus em sua dupla existência: uma, antes de fazer o universo; outra, depois de fazê-lo. Nesse trabalho, o que Ele fez foi uma transferência de Energia que resultou no mundo real, tal qual o conhecemos. Isso porque só ocorre transferência de energia quando há a presença de dois polos; um que transmite, outro que recebe. Nesse sentido, a Cabala ensina que Deus, ao decidir compartilhar Sua Potência, precisava de um recipiente para transmitir Sua Luz. Então, Ele criou um, que era o vazio cósmico. Mas em todo recipiente é preciso que exista uma vontade de receber, ou seja, um desejo de recepcionar o que lhe está sendo oferecido. Não havendo esse desejo, a transferência não ocorre.

A Luz, ou energia que se transmite ao recipiente, é o que se chama Primeira Causa. O recipiente, que é o vazio cósmico, é chamado o Primeiro Efeito. Assim se entendem os primeiros versículos da Bíblia quando se refere à Criação: "No princípio, ao criar Deus os céus e a terra, a terra era sem forma e vazia; e havia escuridão sobre a face do abismo e o Espírito de Deus pairava sobre a face das águas. E disse Deus: 'Haja luz'. E houve luz. E Deus viu que a luz era boa, e separou a luz da escuridão".[145]

Dessa maneira foi composto o processo que deu origem ao universo: um Desejo (de Deus) de compartilhar sua Potência,

145. Gênesis, 1 a 3. Ver Bíblia Sagrada (2015).

com um desejo (do vazio cósmico) de receber essa Potência em forma de Luz. Um acordo entre partes.

A Luz Ilimitada (ou seja, sua Energia em forma de Luz, chamada Ain Soph Aur) deu origem a todos os elementos presentes no cosmo, os quais, interagindo entre si, resultaram na massa universal que preenche o vazio cósmico. É assim que entendemos a enigmática descrição da Criação exposta nos primeiros versículos da Bíblia, que tanta celeuma provoca entre os pensadores que se debruçam sobre esses textos, procurando uma explicação lógica para eles, ou seja, uma justificativa que satisfaça suas mentes positivistas.

A Cabala nos ensina que a "terra sem forma e vazia" era o nada cósmico. Era o recipiente que Ele criou para recepcionar sua Luz. Esse recipiente precisava ser preenchido. À medida que a Luz de Deus preenchia o recipiente com incontáveis fragmentos de energia luminosa, as realidades universais iam também aparecendo. No primeiro dia, a Luz; no segundo dia, o espaço e o tempo (firmamento); no terceiro dia, as leis naturais (relatividade, gravidade, a rotação dos planetas, para servir de medida para o tempo e as estações da natureza); no quarto, a natureza com suas formas de vida vegetal; no quinto, a vida animal; no sexto, afinal, o corolário da sua Criação, o homem.

Todos esses elementos da Criação eram alimentados pela Luz Suprema, a Luz da Grande Alma, que vinha do Centro Único de Energia concentrada que Ele engendrou.

A Luz que vem desse Centro Único se expande pelo vazio cósmico, do mesmo jeito que o Sol preenche com sua luz nosso sistema solar. Nosso Sol e todos os astros radiantes existentes no universo nada mais são que núcleos concentrados dessa Energia dos Princípios, que foram gerados pela concentração da Potência do Criador em "centrais energéticas" para alimentar a Criação.

Por esse motivo, a intuição humana, desde os primórdios da vida do homem sobre a Terra, sempre simbolizou no Sol a potência criadora da divindade. E dessa intuição nasceram as chamadas religiões solares, muito comuns entre os povos da Antiguidade. Entre essas religiões da Antiguidade, destacamos a crença dos persas, conhecida como mazdeísmo ou zoroastrismo, e a religião dos antigos egípcios, que tinham no deus Rá (o Sol) sua divindade máxima. Destaque-se que nem o Cristianismo, religião espiritualista por excelência, escapou da influência do mito solar. Muitas seitas do Cristianismo gnóstico, por exemplo, acreditavam ser o Cristo, identificado na pessoa de Jesus, uma encarnação de Mitra, o Sol Invictus, o deus solar dos persas.[146]

A Luz Infinita de Deus é como um arco-íris que contém todos os matizes de cores possíveis e imagináveis. Elas possuem todas as possibilidades combinatórias de que os elementos da natureza necessitam para formatar o universo material e espiritual. Por isso, a Cabala ensina que tudo o que precisamos está inserto nesse campo de energia que o Eterno espalhou pelo nada cósmico. Todas as possibilidades, sejam elas conhecidas pela consciência humana ou não, estão à nossa disposição para serem capturadas como conhecimento.

Com isso, Jesus disse: "Tudo é possível àquele que crê". Mesmo o que chamamos de milagres, nessa ótica, nada mais são que possibilidades que se concretizam por algum processo que nossa mente não consegue entender. O Evangelho cristão, por exemplo, informa que Jesus andou sobre as águas. Naquele tempo, andar sobre as águas, um fenômeno de levitação, era considerado um milagre. O que diriam os evangelistas hoje se vissem um astronauta levitando no laboratório da Nasa?

A Luz e a Sombra

É nesse sentido que podemos entender a assertiva de que nossas almas, para conquistar um lugar no céu – seja lá o que for que nossa crença ensine ser esse lugar –, precisam livrar-se do peso que suas incursões pela vida material lhes adicionam.

146. Ver Alexandrian (1983).

Com esse peso em cima, a alma não pode ascender às esferas luminosas percebidas pela intuição humana como o Reino de Deus.

Sobretudo, porque esse é um reino de Luz, o qual somente a alma, com sua leveza e velocidade, consegue atingir. Essa intuição é muito antiga e já fazia parte das crenças dos egípcios e dos povos mesopotâmicos. No Egito antigo, ela estava presente no culto à deusa Maat, a divindade que presidia a justiça e a retidão de caráter que o homem devia cultivar na Terra para poder ascender ao céu de Rá, o Sol radiante. Por isso, as almas, ao desencarnarem, eram pesadas no Tribunal de Anúbis, tendo uma pena como contrapeso. Entre os povos da Mesopotâmia e da Pérsia, a tradição religiosa fundamentava-se na ideia de que os justos, ao desencarnarem, subiam para um reino luminoso onde Ormuzd, também conhecido como Ahura Mazda, o Deus da Luz, reinava secundado por Mitra, sua manifestação no mundo físico, que era representado pelo disco solar. Por essa razão, diz-se que a religião persa é uma religião solar, na qual praticamente toda a teologia se apoiava em um eterno embate entre a luz e as trevas, e a vida dos homens estava fatalmente ligada a uma dessas fenomenologias.[147]

147. Na imagem, o deus Mitra, adorado por persas e hindus, depois adotado pelos romanos na figura do Sol Invictus. Várias seitas gnósticas identificavam Mitra com Jesus Cristo, o que resultou inclusive na tradição de comemorar o nascimento de Jesus no dia 25 de dezembro. Na verdade, esse dia era, segundo o calendário romano, aquele em que se celebrava a festa dedicada a esse deus.

O Prumo de Amós e a Maçonaria

Salvação é uma palavra processual. Ela resume um processo complexo que envolve matéria e espírito trabalhando em harmonia. Logo, nenhuma religião salva ninguém. Nem preces, rituais, crenças ou orações podem fazer isso. Essas práticas são, quando muito, ferramentas para a execução de um processo, mas não o processo em si. A Torá é bem explícita a esse respeito. Ela exige do ser humano retidão de caráter – comportamento moral irrepreensível na sua vida profana – e fidelidade total na sua crença em Deus.

Todo maçom que já tenha sido elevado a Companheiro conhece a passagem bíblica referente ao Prumo de Amós, pois ela é lida na abertura da respectiva Loja do Grau. O que a maioria dos Irmãos não sabe é que essa visão do profeta Amós é uma profecia bastante figurativa de um acontecimento histórico que atingiu a nação de Israel, provocando sua cisão em dois reinos inimigos, gerando um clima conflituoso que dura até os dias de hoje.

Na verdade, Amós, um profeta que era pastor de rebanhos e cultivador de sicômoros, uma espécie de figueira muito comum no Oriente Médio, estava simplesmente repreendendo o rei rebelde Jeroboão, por conta da sua traição à casa de Davi, provocando a rebelião que dividiu o reino de Israel em dois reinos inimigos, causando seu enfraquecimento e a consequente conquista de ambos pelos seus belicosos vizinhos, os assírios, primeiro em 721 a.C. conquistando o reino de Israel e, depois, os caldeus em 538 a.C., conquistando o reino de Judá.

A profecia de Amós refere-se, portanto, à rebelião comandada por Jeroboão contra Roboão, filho de Salomão, que herdou o trono de Israel após a morte do famoso rei. Amós profetiza a destruição do reino de Israel, formado pelas dez tribos rebeldes, pelos assírios, fato que ocorreu em 721 a.C., como já referido.

Como conta a Bíblia, as dez tribos do Norte não aceitaram Roboão como seu governante e elegeram Jeroboão, um príncipe zelote da tribo da Efraim, para ser seu rei. Em consequência, o reino de Israel se dividiu em dois, ficando as tribos do sul, Judá e Benjamim, com Roboão (formando o reino de Judá, com capital em Jerusalém), e as dez tribos do norte com Jeroboão, formando o reino de Israel (com capital na Samaria). Desde então, judeus e samaritanos (ambos israelitas por sangue e tradição) se tornaram povos inimigos.

O fato de a Maçonaria usar a profecia de Amós na abertura da Loja de Companheiro tem sua justificativa na própria simbologia que se aplica ao Grau. Como se sabe, o Grau de Companheiro é o Grau da traição. Foram três companheiros rebeldes, que queriam ser elevados a Mestres sem cumprir os rigores do ritual, que assassinaram o mestre construtor do Templo de Salomão, Hiram Abiff. O assassinato do arquiteto do Templo de Salomão é a encenação teatral do Grau de Mestre que será aplicada ao Companheiro que cumpre as etapas anteriores, de Aprendiz e Companheiro, para que ele seja devidamente elevado ao mestrado.

Quanto aos companheiros traidores, simbolicamente chamados de Jubelos, eles recebem o devido castigo, tendo suas gargantas cortadas, e seus corações e entranhas arrancadas, operações essas que se tornaram sinais respectivos dos três graus simbólicos.

Assim, o simbolismo do Grau de Companheiro, ao adotar a visão do profeta Amós para abertura da Loja do Companheiro, evoca, em primeiro lugar, um acontecimento histórico, isto é, a traição de Jeroboão à dinastia de Salomão, provocando o cisma que destruiu a monarquia unificada dos israelitas. Essa traição representou a destruição do reino unificado de Israel, simbolizado no "construtor do Templo", ou seja, o próprio Salomão, pois, com essa separação, a estabilidade do reino israelita, que estava alicerçada na unidade do povo, e simbolizada no Templo de Salomão, foi destruída.

Por isso, Deus diz a Amós: "Porei um prumo no meio do meu povo de Israel e jamais passarei por ele". Quer dizer: haverá, doravante, por causa dessa traição, um muro no meio do povo de Israel, pelo qual Ele não passará. Um muro erguido a prumo, que separará, eternamente, os dois povos.

Vale dizer que os elaboradores do ritual, que introduziram o Drama de Hiram nas iniciações maçônicas, tinham como núcleo simbólico da Maçonaria que eles queriam praticar, justamente, a Israel bíblica, tal como era nos dias de Salomão. Por isso o simbolismo ligado ao Primeiro Templo e as fartas referências a motivos bíblicos que aparecem nos rituais dos graus superiores dos diversos ritos maçônicos que se criaram a partir de então. E não se pode esquecer que, na época em que esses elementos rituais foram desenvolvidos, o simbolismo da traição de Jeroboão era um tema bastante propício aos acontecimentos vividos pela Inglaterra justamente naquele momento, em especial, com as lutas religiosas e as guerras dinásticas que custaram a cabeça do rei Carlos I e o exílio do príncipe Charles, junto aos chamados jacobinos, que viriam a criar o chamado Rito Escocês. Eram comuns as rebeliões e as traições, até mesmo dentro da própria Maçonaria, que experimentou, nessa época, uma série de cisões internas.

Assim, o simbolismo da traição dos Jubelos retrata uma ideia arquetípica que serve para todos os tempos em que a ordem natural das coisas é mudada pela violência. Os articuladores do ritual quiseram, com a visão de Amós, lembrar a todos os maçons que, quando a ordem posta é destruída pela violência e pela traição, um muro é erguido em consequência dessa cisão e Deus não mais passa por ele.

A não ser que um novo sacrifício seja feito. Esse sacrifício é aquele proporcionado pela morte do herói que, no caso da Maçonaria, é simbolizado pela morte do arquiteto do templo, drama que será representado no grau seguinte, o de mestre.

Explica-se, dessa forma, o porquê de a Loja de Companheiro ser aberta com o texto do profeta Amós e a razão de esse grau ser chamado de grau da traição. Essa, segundo compilação feita por Ambelain, é mais uma contribuição da tradição gnóstica e da Cabala aos rituais maçônicos.[148]

Uma Forma de Estoicismo

Atingir um estado de iluminação proficiente e perene é o objetivo de todos os nossos esforços no terreno espiritual. No entanto, sucede que esse estado não pode ser alcançado sem que um correspondente comportamento no terreno moral, na vida profana, não seja praticado, pois, como vimos, as más ações praticadas apõem sobre nossas almas "cascas" que obstruem a sua Luz nuclear.

Daí os conceitos de moral e virtude desenvolvidos pelas religiões e pregados insistentemente pelos líderes das mais diversas confissões mundiais. Esses conceitos pouco mudaram ao longo dos tempos. As variações ocorrem na forma, mas não no conteúdo. A fórmula de salvação pregada por Jesus é a mesma que Sidarta Gautama aconselhava: consiste na prática de virtudes, como a caridade, a justiça, o amor ao próximo, a compassividade, a não reação ao mal, o desapego aos bens materiais, etc. Essas formulações também não estão ausentes no sistema ético pregado pelo Islamismo e pelos filósofos da chamada escola estoica, e não são estranhas aos discípulos do trio de ouro da filosofia grega, Sócrates, Platão e Aristóteles, para quem a aquisição da sabedoria (sinônimo de salvação) era impossível na ausência de uma vida virtuosa.

Essas ideias não estão longe da que é esposada pela Cabala. Matéria e espírito devem usar o mesmo diapasão para tocar a melodia salvadora. Não podem desafinar, porque um desequilíbrio entre os polos negativo e positivo da Energia que alimenta nossa vida se instalará.

Por outro lado, não é demais lembrar, mais uma vez, que a Maçonaria, sociedade teosófica cristã que prima pelo aperfeiçoamento ético e moral do indivíduo como forma de sua ascensão

148. Ver Ambelain (1999).

espiritual, está fundamentalmente alicerçada, em sua filosofia, nos pressupostos da Cabala. E estando a doutrina cabalística, em seus fundamentos morais, bem próxima do estoicismo, podemos afirmar, sem o perigo de estar dizendo nenhum disparate, que a Maçonaria também hospeda fortes componentes dessa filosofia.

Temos certeza de que todo maçom reconhecerá nos princípios estoicos listados a seguir alguns dos discursos frequentemente ouvidos na sua Loja:

A virtude é o único bem e caminho que conduz à felicidade; o vício é o caminho oposto.

Devemos sempre priorizar o conhecimento e o agir com a razão.

A procura desenfreada do prazer é inimiga da sabedoria.

O universo é governado por uma Mente universal, natural e divina.

Ações são mais importantes que palavras.

Deixar-se dominar por sentimentos externos torna um ser humano irracional e mitiga o seu sentimento de justiça.

Não se deve perguntar por que algo aconteceu na sua vida, e sim aceitar a consequência sem se queixar, focando apenas o que pode ser modificado em situações semelhantes para obter resultados diferentes em novas experiências.

Tudo é resultado das nossas escolhas, por isso devemos assumir a responsabilidade pelos nossos atos.

Acreditar que tudo acontece de acordo com uma lei de causa e efeito; e que nossos pensamentos e atos são a causa; os resultados, são efeitos.

Esses são os principais pressupostos da filosofia estoica, doutrina desenvolvida por Zenão de Cício (335-264 a.C.), que influenciou várias gerações de filósofos. Ela aconselha uma vida regrada por um profundo senso ético em nossas condutas. Propugna pela imperturbabilidade; pela extirpação das paixões;

pela aceitação resignada dos acontecimentos, por serem eles consequências de causas que nós mesmos provocamos; e pela ação ativa para evitar que eles se repitam. A ética e a moral são as marcas fundamentais do homem sábio, e sua prática é o único meio de experimentar a verdadeira felicidade. O estoicismo exerceu profunda influência na ética cristã, dada a rigidez dos seus princípios morais. Por essas e outras razões, enxergamos na prática da Maçonaria um forte componente de estoicismo, porque são nesses fundamentos que se resume a frase basilar que identifica o comportamento do maçom: levantar templos à virtude e cavar masmorras ao vício.

E também é a resposta que todo maçom deve dar quando lhe é perguntado o que ele está procurando ao frequentar uma Loja: "controlar minhas paixões e fazer novos progressos na prática da Maçonaria".

Fonte Fecunda de Luz

Fizemos essa referência à Maçonaria, porque se trata de uma sociedade teosófica que trabalha com o conceito de virtude, buscando nas tradições esotéricas dos antigos ritos uma aproximação simbólica da sua própria filosofia com as intuições de grupos especiais de pessoas, que desde tempos imemoriais buscavam o aperfeiçoamento dos seus espíritos, ou seja, a iluminação.

Evidentemente, na Maçonaria moderna, o simbolismo da iluminação resume uma verdade iniciática que assumiu contornos de filosofia moral. O maçom é um homem do mundo moderno e vive para ele. As verdades do espírito precisam ser transformadas em atitudes práticas para a melhoria da sociedade na qual ele atua. A luta do maçom acaba sendo contra ele mesmo para que não sucumba à corrupção, aos vícios, ao laxismo que a moderna sociedade induz em todos aqueles que não desenvolveram adequadamente o seu Desejo de Compartilhar.

O maçom pratica a Arte Real para fortalecer seu espírito e, assim, poder controlar suas paixões e lutar contra os males que infelicitam a espécie humana. Como se diz no ritual de iniciação, o mal é o oposto da virtude. O maçom deve trabalhar para eliminar esse mal, aperfeiçoando suas qualidades morais e, em consequência, as da humanidade como um todo. Em outras palavras, o que ele busca com sua iniciação à Maçonaria é a realização de um estado de perfeito equilíbrio dentro de si mesmo a princípio para, em seguida, poder transmiti-lo à comunidade na qual vive, pois ninguém pode dar senão o que tem.

Essa é a razão de a Maçonaria se referir a Deus como o Grande Arquiteto do Universo, **fonte fecunda de luz**, da qual todos saímos no início e à qual um dia voltaremos como centelhas radiantes de energia luminosa. Essa referência, como podemos perceber, é uma clara interpolação cabalística nos postulados maçônicos, pois, tanto na Cabala como na Maçonaria, trata-se sempre de Receber a Luz Infinita do Criador e irradiá-la para o mundo inteiro. É, aliás, nesse postulado que reconhecemos as ideias do Cavaleiro de Ramsay, ao divulgar, para as Lojas da França, os fundamentos da Maçonaria do Rito Escocês.[149]

149. "Os homens não se distinguem essencialmente pelas diferentes línguas que falam, as roupas que usam, os países que ocupam, ou as dignidades com que são investidos. O mundo todo não passa de uma república onde cada nação é uma família e cada indivíduo um filho. É para fazer reviver e espalhar essas máximas essenciais que nossa sociedade foi inicialmente estabelecida. Queremos reunir todos os homens de espirito esclarecido, maneiras gentis e humor agradável, não só para compartilhar estas máximas essenciais, emprestadas da natureza do homem pelo amor às belas artes, mas ainda mais pelos grandes princípios de virtude, ciência e religião, onde o interesse da fraternidade se tornam aqueles de toda a raça humana, onde todas as nações podem recorrer a conhecimentos sólidos, e onde os habitantes de todos os reinos possam aprender a valorizar um ao outro, sem abrir mão de sua pátria." Excerto do discurso de Andrey Michael de Ramsay às Lojas da França, feito em 1738.

Capítulo 17

A JUSTIÇA DO CARMA

Anjos e Arquétipos

Anjos, de acordo com a doutrina cabalista, são projeções da Luz do Criador, reveladas em diferentes etapas da sua manifestação como realidade positiva. Eles também atuam como arquétipos com projeções em nossas mentes. Projetam reflexos em nossas consciências e corações, inspirando pensamentos e ações. Em termos filosóficos, são análogos às formas ideais (conceitos) que Platão dizia saírem do pensamento dos deuses para orientar os homens. Numa analogia com o pensamento científico vigente entre os cientistas da física quântica, eles seriam como as entidades energéticas que surgem nos visores dos aceleradores de partículas. Por isso, há quem os compare a elétrons, quarks, hádrons, mésons, bósons, etc. que povoam o mundo quântico. Esses "quantas" de energia agem de acordo com a consciência que temos deles. Em outras palavras, eles influenciam nossa consciência e são influenciados pelo que nós pensamos deles.

O *Zohar* explica que, do mesmo modo que partículas quânticas não se submetem ao conceito de tempo e espaço, nossos pensamentos, que são emissões de energia, também não estão sujeitos a essas limitações. No passado, no presente e no futuro, o que fazemos e pensamos agora pode fazer uma grande diferença.

Porque, para o espírito que se forma a partir das emissões psíquicas que emitimos, não há espaço nem tempo linear. Como disse Einstein, o peso da massa do universo torna o tempo e o espaço curvo. Isso quer dizer: se tudo que fazemos e pensamos tende a se tornar matéria energética, isso significa que nossas ações e pensamentos também influenciam a conformação do universo de alguma maneira.

As leis espirituais são as mesmas que regem o comportamento da energia. Quem pode negar que as ações praticadas e os pensamentos emitidos por Alexandre, o Grande, Moisés, Jesus, Sidarta Gautama, Napoleão, Hitler, Albert Sabin, Einstein, Martinho Lutero e outros não influenciaram nossa vida? Quem nega a influência que receberam dos seus ancestrais? Não vivemos hoje sob a influência de alguma ação ou pensamento produzido por alguns desses grandes espíritos do passado, que deixaram legados inesquecíveis e imprescindíveis, independentemente dos resultados que produziram em termos de bem e mal?

Tempo e espaço não apagaram as emissões de pensamento e o peso da matéria que eles produziram com suas ações. Da mesma forma, todos os nossos atos e pensamentos refletem-se na eternidade, como diz um personagem do filme *Gladiador*, de Ridley Scott. E é verdade. Essa é mais uma aplicação da Teoria do Caos. A emissão de um simples pensamento em um canto remoto da Terra pode provocar uma comoção social no outro lado do planeta. Esse é um claro chamamento à nossa responsabilidade pelo equilíbrio do universo.

Emuná

Emuná é um conceito cabalista que afirma que tudo o que acontece em nossa vida é para o nosso bem. É um paradoxo pensar que a perda de alguém que muito amamos, um acidente que nos leva tudo o que temos, uma doença incurável, uma guerra, um conflito qualquer que nos faz sofrer possam estar acontecendo para o nosso bem.

No entanto, esse conceito tem sua justificativa na própria estrutura da energia que dá estofo ao universo. Já vimos que ela precisa de dois polos para se manifestar. Nesse sentido, também nossa atuação no universo da vida tem necessidade de dois polos para atuar como energia construtora das realidades universais. Nosso sistema neurológico também é bipolar. Ele tem uma parte que nos levanta e outra que nos derruba. Uma parte que estimula outra que desestimula. Uma que diz sim, outra que diz não.

Assim, toda ação e pensamento positivo ou negativo que fazemos ou emitimos correspondem a uma reação igual e contrária dentro do nosso sistema neurológico. Essa é uma lei e não podemos eliminá-la. Só podemos administrar as consequências. São partes que se manifestam para dar sentido uma à outra e manter o sistema na busca pelo equilíbrio.

Disso resulta o estranho paradoxo referido anteriormente: quanto maior o mal que essa reação causa, maior o bem que pode ser feito se soubermos virar essa moeda. Na técnica conhecida como PNL, temos um pressuposto vinculado a esse paradoxo que diz: ensine-me a tirar melhor proveito da minha capacidade; ou seja, como posso transformar em resultados bons aquilo que eu já sei fazer muito bem, mesmo que aquilo que estou fazendo seja considerado um mal?

Isso porque há pessoas que usam sua inteligência para o mal. Quantas vezes, ao ver um vigarista, um bandido ou um ladrão dando um golpe bem planejado, não nos perguntamos: que proveito não teria para ele e para a sociedade se usasse sua inteligência para o bem em vez de para o mal? Se Hitler, por exemplo, utilizasse sua inteligência, sua capacidade de organização e liderança para levar paz, prosperidade e harmonia para o mundo, no lugar de todo o mal que fez, como seria? Seria a Alemanha hoje o que é se Hitler não tivesse existido?

Isso implica dizer que quanto maior for a capacidade de fazer o mal que um indivíduo consegue aliciar, maior será também sua capacidade de fazer o bem, se ele se propuser a isso.

Essa é uma das propriedades que a energia desenvolve em nós. Ela está em nós para ser utilizada. Como a usamos é uma questão de escolha, de livre-arbítrio.

Imaginamos a metáfora a seguir para ilustrar bem o conceito da Emuná.

Metáfora: o Noviço e o Bandido

Durante muitos anos, um jovem e piedoso noviço viveu em um mosteiro estudando bastante e praticando as lições que recebia de seus mestres. Seu grande sonho era ordenar-se e tornar-se um grande mestre também.

Próximo do fim do seu noviciado, o abade-mor chamou-o e disse:

– Está na hora da sua prova final. Se quiser se tornar um mestre de verdade, terá agora de deixar o mosteiro e só voltar quando tiver convertido um grande pecador.

O noviço deixou, então, o mosteiro e peregrinou por muitas cidades, perguntando a todos que encontrava no caminho quem seria o maior pecador daquela terra, a fim de que ele pudesse convertê-lo.

Depois de muito pesquisar, chegou à conclusão de que o maior pecador daquelas paragens era um famigerado ladrão e assassino chamado Ado Valm, cujo esconderijo ficava nas montanhas próximas a um lugar chamado Vestra. Dirigiu-se para lá e se propôs a ensinar ao bandido o caminho do bem.

A princípio, o marginal achou divertido o discurso do noviço, mas logo começou a cansar-se dele. Chamando de lado o jovem disse-lhe:

– É um idiota, rapaz. Quem lhe disse que eu quero mudar de vida? Que bem é esse do qual fala e quem é esse Deus que eu não conheço? Se eu fizesse um décimo do que me pede para fazer, meus homens me cortariam a garganta, minhas mulheres me arrancariam os culhões, meus inimigos me tirariam as entranhas e as jogariam aos abutres. O que chama de minha maldade é minha força, e o que diz serem meus pecados são a fonte do meu prazer. Se quer que eu o compreenda, ensine-me a tirar melhor proveito daquilo que eu já sei fazer muito bem e você chama de pecado.

E o noviço viveu na casa do bandido durante dez anos. Nesse tempo, o marginal Ado Valm tornou-se um líder popular. Todos os pobres e injustiçados de Vestra o procuravam e ele os acolhia. Seu acampamento virou uma grande comunidade, enquanto o bando que ele liderava se tornou um verdadeiro povo. Logo, uma revolução popular aconteceu, e o povo de Vestra fez dele seu líder. Quando as forças populares tomaram o governo, ele foi coroado o novo rei do país.

O bandido tornou-se um grande estadista, aplicando todas as suas habilidades para melhorar a qualidade de vida da população. A fidelidade que havia entre os componentes do bando foi ensinada ao povo e tornou-se solidariedade; a lealdade que era exigida entre os ladrões tornou-se regra de convivência entre os habitantes do reino e converteu-se em honra e seriedade nos negócios; a igualdade que imperava entre os bandidos foi absorvida pela legislação do país, de modo que nunca se viu uma terra com leis mais justas do que o reino de Vestra. Aliás, o reino também mudou de nome, passando a chamar-se Zul.

Depois de dez anos, o noviço voltou para o mosteiro e o abade-mor cobrou-lhe o cumprimento da missão.

– Não o pude fazer, monsenhor. O homem que era o maior pecador do país não quis ouvir minhas razões, nem se propôs a aceitar nosso Deus. Talvez eu não seja digno de tornar-me um mestre. Deixe-me, no entanto, ficar mais um tempo entre vocês e continuar aprendendo.

– Conte-me o que fez nesses anos todos junto a esse bandido – pediu o abade-mor. E o noviço contou-lhe como um covil de bandidos e ladrões havia sido transformado em um reino próspero e justo.

Após ouvir o relato do noviço, o abade-mor olhou profundamente nos olhos dele e viu a luz que ali brilhava. Então, tomado de profunda emoção, disse ao noviço:

– Aprendeu e ensinou a mais sublime das lições: fazer com que o mal se torne em bem sem tentar mudar a personalidade dos que o praticam. Porque o mal e o bem só têm uma medida: o resultado que eles trazem para quem os sofre ou aproveita. Amanhã, você tomará meu lugar no comando deste mosteiro e todos os que aqui vivemos nos tornaremos seus devotados discípulos.

Teshuvá

A Cabala propõe uma forma de administrar as más consequências da negatividade com o comportamento chamado Teshuvá. Teshuvá, literalmente, significa arrependimento. Mas, na verdade, é uma ação. Quer dizer, arrepender-se do mal feito, mas não apenas em sentimento. É agir para que o arrependimento se torne efetivo. Isso significa que não é a Deus que se deve pedir perdão por uma má ação praticada. É à pessoa que foi ofendida. E se houver prejuízo, ela deve ser ressarcida. Por isso, a Cabala aconselha três ações para combater as consequências da negatividade:

1. Compreender e reconhecer o erro: para isso é preciso ter coragem.
2. Não mais repetir o comportamento, nem recomendar a ninguém. Isso é ter responsabilidade e determinação.
3. Procurar oportunidade de fazer algo diferente e, se for o caso, ressarcir o prejuízo causado com aquela ação. Isso requer senso de equidade e justiça.

Com isso, culpa e tristeza pelo erro tendem a exercer menos negatividade sobre nossa consciência, permitindo que a Luz do Criador flua em nós com mais liberdade. Culpa, tristeza, medo de punições, angústia, raiva – todas as dores morais obstruem o fluxo da Luz. Em direito, esse comportamento se chama arrependimento eficaz, ou seja, arrependimento com ressarcimento do prejuízo. Portanto, não é a Deus que devemos pedir perdão dos nossos pecados, mas, sim, a quem prejudicamos com nossos atos. Porque Deus está em nós, mas nós não estamos Nele. E nossas atitudes não O magoam nem O Prejudicam. Ele é imune a qualquer uma das nossas ações. Assim, seja o que for que fizermos, é a nós mesmos e aos nossos semelhantes que fazemos. E só quem sofreu o resultado da ação é quem detém o direito de perdoar ou não. É como diz o poema a seguir:

Perdão não é Deus quem deve dar,
Pois Ele não é o titular desse juízo,
Quem deve ter o poder de perdoar,
É a pessoa que suportou o prejuízo.

Deus não provê perdão a ninguém,
Pois contra Ele nenhum mal é feito.
Ele é imune a todo mal e todo bem,
E para Ele nem existe esse conceito.

Mais não fosse, por que iria nos dar
Poder de escolher o certo ou errado
Se isso não vai pesar no julgamento?

Mas quem necessitaria de redenção,
Se seus pecados fossem perdoados,
Sem necessidade de uma reparação?[150]

A Obrigação de Compartilhar

A iluminação, na Cabala, é definida como um estado de plenitude do ser, no qual ele está envolvido pela Luz do Criador. Por isso, o indivíduo que atinge esse estado é chamado de iluminado. Sim. Porque, nessa condição, ele é uma pessoa

150. Ver Rodrigues (2020).

bem-sucedida em todos os setores da vida; profissional e financeiramente, em suas relações pessoais, além de ser criativo, proativo e socialmente apreciado. Tudo isso está na luminosidade que vem do Centro emanador de todas as coisas, pois é de lá que vem a Energia que formata todas as coisas no universo. A pessoa "iluminada" é um para-raios que atrai essa energia.

É conveniente lembrar que a Luz não é Deus, mas, sim, a Energia que Ele emite e nela se converte. Assim como a luz do Sol não é o Sol, mas uma emissão da sua energia que se converte em luz e calor. E, como sabemos, a luz do Sol contém todos os atributos necessários à vida na Terra. Da mesma forma, a Luz que vem de Deus também contém todos os princípios ativos de que necessitamos para a realização da totalidade dos nossos propósitos.

Somos parte da massa universal gerada pela expansão da Energia Divina pelo vazio cósmico. Participamos do recipiente como um de seus mais importantes componentes. Nosso cérebro é uma estação de rádio que funciona com a missão precípua de comunicação com ela. E nosso organismo é uma máquina que é alimentada por ela. Mas, é preciso não esquecer que toda pessoa que consegue atingir o estado de plenitude de captação dessa Energia não é só um recipiente, mas também um emissor. Como tal, não pode sonegá-la, usando-a apenas para proveito próprio. Como centros receptores dela, temos de ser também geradores e distribuidores.

Se recebemos, temos obrigação de compartilhar. É nisso que consiste o acordo entre partes de que fala a Cabala. Esse acordo foi estabelecido entre o Criador e Sua Criação. Nós, como partes mais importantes dela – e as mais interessadas também – não podemos violá-lo. Por isso, Jesus disse: "Vós sois a luz do mundo. Uma cidade edificada sobre um monte não pode ser escondida. Igualmente, não se acende uma candeia para colocá-la debaixo de um cesto. Ao contrário, coloca-se no velador e, assim, ilumina a todos os que estão na casa. Assim, deixai vossa luz resplandecer diante dos homens, para que vejam vossas boas obras e glorifiquem vosso Pai que está nos céus".[151]

A Justiça do Carma

Alguém poderá perguntar: por que a dor de uma ação negativa geralmente demora tanto para chegar ao seu autor e, às vezes, nem chega? Conhecemos pessoas egoístas, avarentas, malvadas, descrentes e até criminosas que só recebem para si mesmas, e, no entanto, terminam suas vidas sem conhecer dor e sofrimento? No que consiste, pois, a justiça do carma?

A Cabala responde a essa pergunta da seguinte maneira: se as consequências de um ato negativo repercutissem imediatamente à ação, não haveria, para o autor, a sensibilidade da escolha. O livre-arbítrio desapareceria do mundo. Todos saberíamos, imediatamente, qual o resultado das nossas ações. Seria, por exemplo, como o ato de colocar a mão em uma tomada elétrica ou numa chapa quente. A dor seria imediata e, assim, ficaríamos logo sabendo que essa é uma escolha insensata.

A liberdade de escolha, nesse caso, acabaria se só tivéssemos uma única opção. E principalmente se soubéssemos, de antemão, que estamos fazendo a escolha certa. Em toda escolha há uma porção de mal e uma porção de bem. Não há uma única escolha que possamos fazer que possa beneficiar todas as pessoas no mundo e o universo como um todo. Toda ação tende a provocar um desiquilíbrio na conformação do universo e ele, obrigatoriamente, encetará uma reação para voltar ao equilíbrio necessário. Isso também é propriedade da energia.

Por isso é que, no campo da espiritualidade, a resposta das nossas ações geralmente não é imediata. Pode levar até várias vidas para ser dada. Mas será inexoravelmente dada. Ela apenas está oculta, no tempo e no espaço, dentro de uma interação de fatores, para acontecer na hora certa. Com isso, preservamos nosso livre-arbítrio e a oportunidade de eliminar as *kelipot* (as

151. Mateus, 5:15-16.

cascas) que nossos desejos mais egoístas apõem sobre nossa alma. No mundo espiritual, onde nossas ações repercutem, não há limites espaciais nem temporais, porque é o mundo da Luz Infinita.

Isso vale tanto para o bem como para o mal que fazemos na vida. Por isso, temos a impressão de que não há justiça no mundo, porque, às vezes, pessoas que fazem o mal se dão bem, enquanto as pessoas que fazem o bem não são recompensadas. Isso nos leva até a duvidar da presença de Deus no mundo. Justifica, por exemplo, o desconsolo de um Rui Barbosa em uma de suas falas na famosa *Oração aos Moços*, e o pessimismo de Jesus com respeito à justiça deste mundo.[152]

Mas não é que a justiça não exista. É que ela depende das ações de todos nós. Se todos fizéssemos as escolhas certas e todos obrássemos para o bem – exercendo plenamente o Desejo de Compartilhar –, então a justiça, a bondade, a equidade, a felicidade, enfim, habitariam para sempre no mundo, servindo a todos com igual dose de prazer.

Seria, pois, a plenitude total. Mas, então, seria também o fim, porque não haveria mais nada a fazer. O edifício cósmico estaria pronto e acabado. O processo de aperfeiçoamento espiritual, pelo qual todos lutamos, estaria completo. E a palavra eternidade perderia o sentido.

---

152. "De tanto ver triunfar as nulidades; de tanto ver prosperar a desonra, de tanto ver crescer a injustiça. De tanto ver agigantarem-se os poderes nas mãos dos maus, o homem chega a desanimar-se da virtude, a rir-se da honra e a ter vergonha de ser honesto." *Oração aos Moços*. Discurso feito pelo jurista Rui Barbosa aos formandos da Universidade de São Paulo. Na imagem, o famoso jurista. Fonte: Wikipédia Foundation.

A Função da Dor

Toda dor, todo constrangimento, todo tropeço são consequências das escolhas que fazemos na vida. Da mesma forma, todo bem, toda felicidade, todo sucesso também resultam desse processo.

A dor pode ser uma ferramenta que nós podemos usar para corrigir uma rota equivocada que nossa alma está seguindo. Isso, todavia, não significa que o sofrimento é condição necessária para a depuração de que ela precisa no seu caminho para a Luz. Essa é uma conclusão infeliz que alguns pensadores religiosos, praticantes do ascetismo, tiraram do conceito de desapego, pregado tanto por Sidarta Gautama quanto por Jesus.

Essa crença também é um equívoco derivado do mau entendimento do que a Cabala chama de Desejo de Receber. O desapego, no caso, não é uma total ausência de desejo de sentir prazer, de possuir bens, de ser feliz neste mundo. O desapego, neste caso, é um sentimento de que estamos no mundo para veicular a Luz do Criador, como Parceiros da Sua Obra, e não como proprietários dela, retendo-a somente para o nosso benefício. Trata-se de usar o Desejo de Receber para mais compartilhar.

Nesse sentido, Jesus não estava pedindo ao homem rico que se tornasse um mendigo, desfazendo-se de todos os seus bens para andar com ele, de aldeia em aldeia, pedindo esmolas, como faziam os discípulos de Sidarta, o Buda, mas que o homem compartilhasse sua fortuna com os pobres e seguisse sua doutrina. Mais uma vez salientamos: não há plenitude espiritual na prática da extrema pobreza, na carência absoluta, no sofrimento atroz. Ao contrário, em vez de iluminação, esses estados conduzem à flagelação, à promiscuidade, à inveja e ao crime. A miséria é o principal alimento do vício, e quanto mais possibilidades de escolhas nós dermos a uma pessoa, menos escolhas erradas ela fará. O exemplo de São Francisco de Assis não deve usado para justificar a escolha da pobreza como forma de beatitude, pois ele escolheu o desapego como modo de ensinar as pessoas a viver bem. Escolheu a pobreza para ele e não para os outros, a quem alimentava, vestia e estimulava a buscar a felicidade.[153]

Como disse Jesus, o Altíssimo quer que recebamos em abundância a Sua Luz. Não se trata aqui de adquirir bens materiais, riqueza, fama, fortuna, reconhecimento público, prazer sensual, sucesso profissional, etc., embora tudo isso possa estar incluído, já que todas as coisas fazem parte da Luz Infinita do Criador; mas em ser, conscientemente, um canal pelo qual a Luz Infinita flui para o restante do universo.

Isso tudo se resume a um único conceito: plenitude espiritual. E se quisermos, podemos dizer que esse é o Reino dos Céus a que Jesus se refere. Quem o tem, adquire todas as demais benesses do universo.

As Quatro Nobres Verdades

Sidarta Gautama, o mais conhecido e festejado Buda que já veio ao mundo, vivia caminhando pela terra da Índia, e em cada cidade em que entrava, procurava ensinar aos seus discípulos sua doutrina. Ela era baseada nas Quatro Grandes Nobres Verdades da Vida: a Verdade Nobre sobre o sofrimento; a Verdade Nobre sobre como surge o sofrimento; a Verdade Nobre sobre como dar fim ao sofrimento; a Verdade Nobre sobre o caminho que produz o fim do sofrimento.

Assim, ele aproveitava tudo o que lhe acontecia para mostrar aos seus discípulos que a maior de todas as sabedorias é aprender a controlar as paixões que os sentidos nos trazem.

Certa feita, ele entrou em uma cidade e uma linda mulher se encantou de tal maneira com seus ensinamentos que se apaixonou profundamente por ele e se propôs a segui-lo por todos os cantos, como sua esposa ou amante. Sidarta elogiou seus encantos e agradeceu todos os carinhos que ela lhe fez e as declarações de amor. Mas recusou os seus favores sexuais, dizendo que ele

153. Ver *Kazantzakis* (2002).

não podia deixar de pensar nela como mulher, mas tinha que se controlar em virtude dos votos de castidade que fizera.

De outra feita, Sidarta entrou em uma cidade e o sultão que a governava se propôs a pagar-lhe uma fortuna para que ele se tornasse preceptor dos seus filhos e conselheiro da corte. Sidarta recusou, dizendo que ele não tinha nada contra possuir bens e acumular riqueza, mas precisava se controlar, porque a vida que escolhera não lhe permitia acumular bens na Terra.

Sua doutrina pregava o total desapego por tudo. Numa outra oportunidade, quando entrava em outra cidade, um indivíduo, que odiava os seguidores de Sidarta (porque, na opinião dele, eles pervertiam a juventude, transformando jovens de grande futuro em monges mendicantes), atirou excrementos em Sidarta e nos seus discípulos.

Nessa mesma ocasião, outro indivíduo que estava ouvindo sua pregação convidou-os para irem à sua casa (uma residência muito rica) e tratou dele e de seus discípulos, lavando-os e alimentando-os. Sidarta abençoou ambos, tanto aquele que o feriu quanto aquele que o tratou com benignidade, dizendo que, mesmo sofrendo, sua doutrina o mandava amar, da mesma forma, tanto os que o amavam quanto quem o odiava.

Assim, dizia ele: a verdadeira sabedoria não consiste em matar nossas paixões, mas, sim, em controlá-las. O homem, em seu corpo físico, é pura paixão, mas em sua mente precisa ser tolerância e tranquilidade. Só assim poderá alcançar o Nirvana, que é aquele estado em que sua mente se liberta definitivamente de todos os pesos que a chumbam à roda da vida.

Essa, para ele e seus seguidores, era a verdadeira sabedoria e a única forma de se libertar para sempre de todo e qualquer sofrimento.

Capítulo 18

A HISTÓRIA DE JÓ COMO EXEMPLO

Uma Assembleia no Céu

Um dia, numa reunião no céu, Deus chamou todos os seus anjos para uma conferência. Todos compareceram. Miguel, Rafael, Salatiel e, também, Satanás, um anjo rebelde e contestador por natureza, que, não raras vezes, entrava em conflito com o Criador. Deus, que já tinha certa querela com ele, antevendo que ele pretendia tumultuar a reunião, perguntou o que estava fazendo ali. Então, o tinhoso respondeu que tinha andado pela Terra observando os homens. Viu quanta maldade havia nos corações humanos e quanta desgraça acontecia no mundo. Questionou Deus sobre Seus propósitos e Sua pretensa bondade e sabedoria, que não refletiam na Terra nem no comportamento humano.

– Se os homens foram feitos à Sua imagem e semelhança, meu Criador, então me desculpe, mas o Senhor deve ter errado na fórmula, porque os homens não valem o que comem – disse Satanás. – Não houve um só momento até agora, na história da raça humana, que eles não brigassem entre si; que um não quisesse tomar o que é do outro; que o mais forte não se aproveitasse do mais fraco – completou ele.

– Nem tudo é como parece – respondeu Deus. – Você só olhou o lado errado das coisas. Há muitas coisas boas no coração do homem, e na Terra não acontecem só desgraças.

– Eu não vi nada que prove isso – respondeu Satanás.

Deus então lhe perguntou se ele não tinha visto um indivíduo chamado Jó, homem íntegro e fiel, cheio de fé, virtude, e que nunca praticava o mal.

Satanás, sarcástico como sempre, respondeu que conhecia o tal de Jó, e que ele só era virtuoso porque Deus tinha abençoado sua vida com uma boa saúde, muitos bens e uma prolífica e bonita família. Com tantas bênçãos assim, quem não seria?

Deus logo entendeu que Satanás o acusava de comprar a fidelidade e a fé das pessoas com presentes e agrados, como fazem os homens com os animais e, geralmente, com seus próprios filhos; principalmente, os políticos com seus eleitores.

– Mande para Jó um pouco de sofrimento, que eu quero ver se ele continuará virtuoso, bonzinho e fiel ao Senhor – desafiou Satanás, com isso querendo dizer que todo homem era corrupto passivo e Deus um corruptor ativo.

Satanás Atormenta Jó

Então, o Senhor permitiu que Satanás voltasse à Terra para atormentar Jó com muitas dores e sofrimentos, para ver se essas acusações que o sinistro anjo das trevas lhe imputava eram verdadeiras ou não.

E assim começaram os sofrimentos de Jó. Primeiramente, o tinhoso tirou todos os seus bens. Matou seus bois, jumentos e camelos, todos os animais que faziam a riqueza pecuária do pobre homem. Depois, fez secar suas roças e o deixou sem um mísero grão, raiz ou verdura para comer. A mesma coisa fez com seus servos. Matou-os todos com doenças e pestilências. Em seguida, deu um jeito de liquidar os próprios filhos do infeliz.

A vida de Jó virou um inferno de dor e sofrimento. Até mesmo seus amigos o aconselharam a mudar de comportamento, pois se antes Deus o privilegiara, agora Ele o estava maltratando.

A Resistência de Jó

Mesmo com essa desgraça toda, Jó não amaldiçoou o Senhor. Apenas se lamentou, rasgando as vestes e aspergindo cinzas sobre a cabeça, como era feitio naqueles tempos antigos. Compreendeu que nenhum bem era possível sem que também o mal ocorresse juntamente a ele, pois o propósito de Deus, quando permite que o mal aconteça, é fazer com que nós lutemos para superá-lo e, assim, mostrar a face do bem. Bem e mal são polos da mesma corrente energética que dá vida ao universo. Não haveria equilíbrio no mundo se apenas um desses polos existisse.

Vendo que a pobreza e a desgraça não corrompiam Jó, Satanás se propôs a feri-lo na sua própria carne. Cobriu seu corpo de feridas pustulentas, desde a cabeça até a planta dos pés, de tal modo que Jó tinha que raspar suas chagas com um caco de telha. O coitado virou uma pústula só. Com isso, Satanás pensava vencer a resistência de Jó, porque, no seu pensamento, o homem pode resistir a tudo, menos à dor que maltrata seu próprio corpo. Foi assim que nasceu o instituto da tortura, tão utilizado pelos tiranos para fazer seus inimigos sofrerem, traírem suas convicções e se afastarem do caminho do bem.

Ainda assim, Jó não maldisse a vida, nem se corrompeu na sua alma. Continuou virtuoso e fiel, louvando a Deus e agradecendo a Ele pela vida que lhe foi dada, mesmo que ela, agora, fosse um mar de sofrimento e dores insuportáveis. Ao contrário do que Satanás previra, o sofrimento lhe serviu para desenvolver uma sólida filosofia de vida, baseada na confiança na Divina Providência e na certeza de que a vida humana, seja o que for que lhe aconteça, tem um sentido. E que se o homem existe, é porque ele exerce um papel importante no processo de construção do universo.

Jó aprendeu que não há bem nem mal sobre a Terra como castigo ou prêmio que Deus concede pelas nossas ações. A bondade e a maldade são conceitos puramente humanos e não devem ser atribuídos a nenhuma divindade. O homem tende a ser bom quando tudo lhe é favorável, e mau quando a desgraça o atinge. A verdadeira grandeza está em se manter na virtude, mesmo quando a sorte nos é madrasta. Escolher entre o bem e o mal é uma decisão puramente humana, não tem nada a ver com os desígnios de Deus.

Deus não escolhe nosso destino nem faz acepção de pessoas. Por isso, a sabedoria consiste em ampliar o número de escolhas que um homem pode fazer, porque quem tem muitas escolhas para fazer, tem mais probabilidades de acertar do que quem tem apenas umas poucas. E que não existe verdade nem mentira, nem bem nem mal no mundo como realidades ontológicas por si mesmas: o que existem são os bons ou os maus resultados das escolhas que fazemos.

Escolher o bem, bem como resistir ao mal, é mostrar fortaleza de espírito e capacidade de vencer as intempéries. Os fortes sobrevivem e transmitem fortaleza aos seus descendentes. A vida é um processo que resulta em uma seleção natural. O que chamamos de mal é um contraponto, um reflexo no espelho da vida que só se manifesta para que nossa alma possa fazer a comparação e se depurar pela prática do bem.

Jó viu que a própria natureza nos mostra a veracidade desses pressupostos. São os organismos que vivem em condições mais desfavoráveis que sobrevivem e adquirem mais capacidade de se adaptar às mudanças ambientais. A dificuldade desenvolve a habilidade; a facilidade, a atrofia. Quem nunca se perde não precisa procurar caminhos.

Jó aprendeu que não existem prêmios nem castigos para o bem ou o mal que fazemos na vida. Tudo são resultados bons ou maus que acontecem em razão da habilidade, da capacidade e da lisura com que atuamos. Às vezes, coisas ruins acontecem a pessoas que parecem ser boas, e pessoas reputadamente ruins são contempladas com coisas que parecem boas. É preciso não ver injustiça nisso, mas apenas resultados obtidos em virtude da conjuntura em que a ação foi realizada. Justiça e injustiça são conceitos puramente humanos, que são valorados unicamente por critérios que a sociedade humana desenvolveu. Deus não tem nada a ver com isso. Os homens, sim.

Jó descobriu também que Deus instrui o homem por meio de tribulações. Tribulações são dificuldades que a tarefa de viver nos impõe. Quanto maior a dificuldade, maior o aprendizado que resulta da sua superação. Aos ímpios, pouco se lhes aproveita os bens que conquistaram com sua iniquidade, pois eles não lhes trazem nenhum aprendizado. Quando eles perdem a boa vida que têm entram na mais negra depressão. Sofrem as penas do inferno em consequência do fracasso que tiveram, pois não aprenderam nada com a vitória.

O sofrimento é maior quando perdemos aquilo que pensamos ter do que quando sabemos que nada temos, uma vez que nada na vida é de nossa propriedade. Porque o que possuímos é simplesmente a posse desses bens e não a propriedade, e só por um determinado lapso de tempo. E a dor é maior ainda quando parece que tivemos tudo, perdemos e não sabemos como recuperar.

Nada pertence ao homem, pois Deus é o verdadeiro dono de tudo, e o que pensamos que temos, só o temos para usufruto enquanto vivemos. Seja por que razão for, quando as coisas que pensamos possuir nos são tiradas, só a paciência e a confiança em Deus nos darão efetivo consolo. Se tivermos apego às coisas nunca seremos, de fato, felizes, porque ficaremos lamentando eternamente a perda, em vez de irmos à luta para recuperar o que foi perdido.

Só Deus sabe por que as coisas são como são e por que elas acontecem como acontecem. Em tudo há uma razão para que elas aconteçam daquela forma e naquele devido momento.

O Aprendizado de Jó

Jó chorou, reclamou, lamentou-se, mas confiou, acima de tudo, que sua desgraça não vinha de Deus, mas da sua própria condição de ser humano. E se vem da própria condição humana, se tudo é natural, tudo que vem, vai, tudo que vai, volta. Só e preciso estar atento para não perder as oportunidades.

Satanás viu que a história de Jó era um belo poema de exortação à sabedoria de Deus e à confiança irrestrita que devemos ter no seu julgamento. Se tivermos mérito, nunca ficaremos em débito para com a vida. Ela nos dará tudo que merecemos. Ainda que o mundo pareça estar de cabeça para baixo, com os maus se dando bem e os bons se dando mal, como parece estar acontecendo atualmente, essa é só uma ilusão dos nossos sentidos. O mal só prospera quando o bem não se lhe opõe. Quer dizer: a omissão dos bons é que dá chance para que os maus apareçam.

Com isso, Satanás desistiu de atormentar Jó e abandonou a reunião. Mas, sendo ele quem era e sabendo agora que ele mesmo era peça importante no processo de construção do universo (pois sendo o mensageiro do mal, era ele quem garantia a existência do bem), o danado voltou para a Terra para continuar seu trabalho. E é o que ele continua fazendo até hoje.

Quanto a Jó, com a prova de fidelidade que ele Lhe deu, Deus restituiu em dobro tudo o que Satanás havia tirado dele. O tinhoso ficou com aquela cara de bode velho, tal qual a Igreja medieval se acostumou a pintá-lo. É assim mesmo. O devoto, o fiel, aquele que confia em Deus e tem em si mesmo a autoconfiança da própria força, desenvolvida na forma de uma sólida filosofia de vida, sempre terá sua recompensa.

O homem não é naturalmente corrupto, nem Deus o corrompe com recompensas materiais ou promessas de um futuro porvir num lugar de delícias. Isso é invenção de vendilhões de púlpito e vigaristas templários que usam a palavra de Deus para enganar os incautos e tirar deles contribuições para o luxo de suas vidas nababescas.

Ao contrário, Deus nos convida a aprender cada dia mais, para com esse aprendizado ficarmos cada vez mais fortes, e com isso aperfeiçoar, diuturnamente, Sua Criação. Foi para isso que Ele nos fez.

Satanás perdeu a aposta e se instalou na Terra, onde continua seu trabalho de desencaminhar a humanidade. Mas, agora nós sabemos que ele faz isso porque é necessário. Só no confronto com as trevas poderemos saber o que é a luz. A história de Jó nos ensinou essa sabedoria. Não haveria o bem se não houvesse o mal. E Satanás só tem sucesso quando as pessoas se esquecem dessas coisas.

Tudo virou um jogo. E não raramente parece que Satanás está ganhando. Mas ele sempre perde quando o jogo não é viciado. E uma vida, vivida com honestidade e uma sólida fé em Deus, é a única forma segura de derrotá-lo.

Capítulo 19

FAZENDO POR MERECER

O Carma

O significado da palavra carma é ação. Conceitualmente, é uma ação que dá início a um processo em algum tempo no passado e pode ter um efeito em algum outro tempo no futuro. Não precisa, necessariamente, ser o passado anterior à presente experiência de vida que estamos tendo, nem precisa ser o futuro posterior a ela. Pode ser que o processo todo se desenvolva e termine no próprio intervalo de vida que estamos experimentando agora. Os cabalistas acreditam na existência de vidas passadas e pregam a possibilidade de vidas futuras, com consequências que são transmitidas de uma vida a outra. Mas essa regra também tem sua exceção. Pode ser que precisemos de apenas uma vida para alcançar a plenitude espiritual.

De uma forma geral, a Cabala ensina que nosso sofrimento atual pode ser consequência de más ações cometidas em vidas passadas. Isso significa que também poderemos pagar pelos erros cometidos agora em vidas futuras, o que explica por que certas ações malignas, praticadas por algumas pessoas, não geram consequências ruins para elas.

Pelo menos, não nesta vida. Ao contrário, se estamos bem agora, a razão dessa felicidade pode ser consequência da virtude que adquirimos numa vida anterior. Ou então, nossa virtude e felicidade em uma vida futura serão consequências do bem que fazemos nesta.

Todavia, a verdadeira razão desse processo está no fato de que nossas más ações nos afastam da Luz Infinita do Criador e as boas ações nos aproximam dela. Isso é o que queremos dizer quando falamos que o inferno e o paraíso ficam mais próximos ou mais distantes de nós, dependendo das escolhas que fazemos na vida.

Não há um destino traçado nem livros no céu que determinem qual será a nossa história de vida. Existem, sim, mapas bem precisos que podem nos levar ao céu ou ao inferno. Esses mapas são traçados pelas nossas ações.

Dessa forma, para a doutrina cabalista, viver é uma jornada de aprendizado no tempo, no decorrer da qual teremos a oportunidade de eliminar todas as "cascas" (*kelipot*) que aderem à nossa alma em consequência das nossas experiências pelo reino da matéria. Elas são decorrentes do mau uso do Desejo de Receber que a nossa alma herdou na sua origem.

Destarte, carma não significa necessariamente algo negativo. Há quem diga, quando acontece alguma coisa ruim para uma pessoa, que isso é o carma dela. Nada mais equivocado. Carma é apenas o resultado de uma ação. É uma coisa neutra. Não está ligado a recompensas divinas nem a castigos impostos por Deus. Até porque Deus não castiga nem recompensa ninguém.

Ele colocou na sua Luz Infinita todos os caminhos necessários para uma alma encontrar a plenitude, mais cedo ou mais tarde. Mais cedo para quem faz o bem e mais tarde para quem persiste no mal.

Carma é o resultado do funcionamento da lei do equilíbrio universal. Essa lei prescreve que todo movimento, por menor e mais imperceptível que seja, provoca uma reação em algum lugar do universo que, por sua vez, terá de ser compensado por outro movimento para equilibrá-lo, se ele causar desequilíbrio. Por isso, esse conceito é representado pela balança da Justiça Divina, na qual os pesos são as nossas ações.

Já vimos que matéria e espírito constituem realidades inseparáveis. São polos de uma mesma corrente energética. Espírito é feito de energia psíquica. Ou seja, ele é matéria que se torna substância sutil, e tanto a matéria quanto o espírito **são feitos da Energia emitida pelo Criador.** Uma não existe sem a outra. Por isso, a negação da matéria é a negação da própria vida espiritual que se hospeda nela.

Só vivendo intensamente e glorificando essa vida é que poderemos almejar a qualidade que nos fará, de novo, dignos de compartilhar da Luz Infinita do Criador. Da mesma forma que o sagrado se atinge pela transcendência do profano, espírito é matéria transfigurada em elemento sutil. É uma mudança de estado que só a Energia consegue realizar, porque essa é uma das suas propriedades.

A física quântica mostra que a transformação da energia em matéria e da matéria em energia faz do universo um organismo tecido por uma rede de relações que são indissociáveis e interligadas por todos os pontos. Nesse tecido, a consciência humana é a linha que costura todos esses pontos.

Nesse organismo, a lei do carma atua como um sistema dinâmico, autoajustável, emitindo um *feedback* constante, que funciona em resposta à qualidade do aprendizado adquirido pela nossa alma em cada experiência de vida que ela carrega. Assim, a reação que temos como resultado das experiências é mais importante do que a própria experiência. Não é o ato em si que se julga, mas, sim, como reagimos a ele. É o resultado da nossa reação que importa, e da ação que lhe dá resposta, pois são as reações que nos levarão ao refinamento da virtude ou ao fortalecimento do vício.

Não precisamos acreditar que o carma existe ou não. Ele independe da nossa crença para existir, porque é uma lei deduzida do próprio conceito de existência. E não adianta tentarmos eliminar o sofrimento alheio com piedosa intenção, porque todo sofrimento tem sua causa e, por mais que tentemos eliminá-lo, somente o próprio agente da ação pode fazê-lo, pois foi ele quem lhe deu causa. Por isso, a Cabala ensina que o melhor bem que podemos fazer a alguém é dar-lhe melhores oportunidades de escolha. Quem tem muitas escolhas sempre tem melhores chances de acertar do que quem tem poucas. Quem só procura eliminar as consequências de uma má escolha tende a escolher errado sempre. Se quisermos evitar os maus resultados em nossas ações, temos de estudar como eles acontecem, pois todo acontecimento tem um processo que o determina.

Não adianta só tentar lidar com as consequências; é preciso atacar a causa. Para isso, é mais útil descobrirmos **como** as coisas acontecem do que **por que** elas ocorrem. O processo segundo o qual elas acontecem nos permite ser protagonistas, mas em relação ao porquê, nem sempre podemos participar. Isso quer dizer que muitas coisas acontecem sem que possamos evitá-las. São causas que estão além do nosso limite de atuação. No entanto, sabendo como elas acontecem, teremos mais condições de lidar com suas consequências e, assumindo a proatividade em vez da mera reatividade, podemos concorrer para eliminar causas futuras. Em PNL, há um exemplo que explica bem esse conceito. Quando alguma coisa não está dando o resultado que você espera, pergunte como você pode mudar isso, em vez de ficar matutando por que isso está acontecendo. Você verá que as respostas que seu cérebro dará serão bem mais eficazes.

Um Processo *Cósmico*

A doutrina cabalista ensina também que não há nenhum desígnio divino fundamentando o conceito do carma, porquanto ele é um processo legal, cósmico e, como tal, já tem seu próprio rito de desenvolvimento. Está solidamente fundamentado numa lei natural, que é a lei da causa e do efeito. Dessa forma, fica bem mais fácil para uma mente educada na cultura ocidental entender o processo cármico, porque ele combina muito bem com a noção que temos sobre o livre-arbítrio.

Na doutrina da Cabala, o carma não é entendido como uma força que está além da nossa vontade, mas como um curso que pode ser modificado pelas escolhas que fazemos na vida. Ela nos mostra que certas ações nos levam a resultados específicos, outras a resultados diferentes. E isso, como se pode ver, nos concita a buscar sempre a proatividade, em vez de mera reatividade.

Quando realizamos uma ação boa (boa é a ação realizada em cumprimento do Desejo de Compartilhar), cedo ou tarde um resultado proveitoso acontecerá em nossas vidas. Por outro lado, se fizermos algo que impede a circulação da Luz do Criador (uma ação má), inevitavelmente um resultado danoso para nós também advirá em algum momento. Pode não ser nesta vida, mas fatalmente ele advirá, porque todas as nossas ações repercutem na eternidade do tempo e na infinidade do espaço. E nossa alma não pode fugir delas, pois a alma é eterna, e sua existência não está vinculada ao tempo de vida do organismo que a hospeda.

A Redenção

Toda alma será redimida. Isso consta das promessas do Altíssimo, feitas em várias partes da sua Sagrada Palavra, revelada aos seus profetas. Em todas essas promessas se diz que, um dia, toda a Terra se encherá com a glória de Deus. Eis alguns desses chamados: em Números 14:21 – "Toda a terra se encherá da glória do Senhor"; em Isaías 11:9 – "A terra se encherá do conhecimento do Senhor"; em Habacuque 2:14 – "A terra se encherá do conhecimento da glória do Senhor"; Salmo 72:19 – "E da sua glória se encha toda a terra"; em Romanos 8:19-21, também encontramos: "Pois a criação está sujeita à vaidade, não voluntariamente, mas por causa daquele que a sujeitou, na esperança de que a própria criação será redimida do cativeiro da corrupção, para a liberdade da glória dos filhos de Deus".

Portanto, nenhuma alma se perderá. Se não fosse assim, haveria uma formidável contradição nos termos em tudo que a Torá nos ensina, pois se toda alma é uma centelha saída da Essência do Criador, a perda de qualquer uma delas seria uma diminuição da Sua Potência. Mas Ele é onipotente e, decerto, jamais consentiria que uma só das centelhas da Sua Energia se perdesse, seja por conta de ações de um adversário que Ele mesmo manifestou (O Diabo), seja por conta de um fenômeno natural próprio dela, que é a entropia.

Todas as almas fazem parte Dele e Ele as quer de volta. Certamente, esse processo de recuperação das centelhas de Sua Energia é longo e requer trabalhosa realização. Até porque, Ele concedeu a cada uma o direito de Receber e Compartilhar, e a algumas delas, que são as almas dos seres humanos, a faculdade de escolher. Quantos de nós, por força das nossas escolhas, em vez de nos aproximarmos do Criador, podemos estar nos afastando Dele? Para alguns de nós, basta a experiência de uma única vida para obter a configuração (luminosa) necessária para a volta; mas, para outros, muitas vidas serão necessárias. Contudo, a promessa, como vimos, é a de que todos serão contemplados com essa bênção.

Para a Cabala, a reencarnação é sempre uma segunda chance. Mas não é uma segunda chance em que a gente sabe o que deu certo ou errado na escolha anterior. É apenas uma nova chance de escolher. Escolheremos o certo ou o errado, de acordo com a intensidade do nosso Desejo de Receber e Compartilhar. Se continuarmos presos à tirania do Ego, certamente continuaremos a fazer escolhas equivocadas. Por isso, repetimos o pressuposto: não há erros nem acertos no jogo da vida. Há apenas resultados bons ou ruins. E eles são consequências das nossas escolhas. A metáfora seguinte foi construída para ilustrar esse conceito.

Tenha Cuidado com Suas Escolhas

Houve, certa vez, um operário que trabalhava em uma pedreira, cortando pedras que seriam usadas para calçar ruas. Ele era um jovem muito sonhador e nunca estava contente com nada. Vivia sonhando com uma vida melhor e invejando cada pessoa que parecia estar em situação mais confortável que a dele.

Um dia, ao passar em frente a uma suntuosa mansão, no bairro rico da cidade, ele viu o dono da casa saindo, no seu luxuoso automóvel, ao lado de uma linda mulher.

– Ah! – suspirou ele. – O que eu não daria para ser como esse cara!

Aconteceu de estar passando por ali um senhorzinho, muito baixinho, de longas barbas brancas e pernas tortas. Tinha orelhas pontudas e grossas sobrancelhas, bem negras. Seu olhar era maldoso e o sorriso sarcástico.

– Isso que você disse é de coração? – perguntou o anãozinho que, na verdade, era um duende.

– De todo coração – respondeu o rapaz.

– Pois então está concedido! Tudo o que você pedir, daqui em diante, ser-lhe-á dado – disse o duende, rindo como um pequeno demônio travesso.

Ele fez um gesto com as mãos e "puff"! Eis o jovem cortador de pedras, por um passe de mágica, vivendo numa rica mansão, com uma linda e sensualíssima loira do lado. Junto a isso, tudo do bom e do melhor. Um exército de empregados, todos armados, tomavam conta da sua mansão. Ele não estranhou toda aquela parafernália. Achou que fazia parte do pacote.

"Esse gênio pensa em tudo", imaginou ele, pois com toda aquela riqueza os bandidos deviam estar de olho nele.

Mas não havia passado nem três dias – ele estava na piscina, tomando champanhe – e eis que um batalhão de policiais invade a esplêndida mansão e leva todo mundo para a cadeia.

A acusação: ele havia sido denunciado pelo Ministério Público como sendo o chefão de um cartel de traficantes de drogas.

Só então o jovem cortador de pedras compreendeu de onde vinha todo aquele dinheiro e aquele fausto. Sozinho na sua cela, amargando a perspectiva de pegar uns 20 anos de cadeia sem ser culpado, ele se arrependeu de não ter pedido ao duende que fizesse dele um monge que não precisasse se preocupar com mais nada, a não ser comer e rezar.

"Puff!" E eis que, imediatamente, lá estava ele em um mosteiro, no alto de uma montanha, vestido de monge, com uma gamela de sopa de batatas na mão. E ele logo viu que a vida de um monge não era só comer e rezar. Os coitados trabalhavam de sol a sol. De manhã arrumavam a cela, depois faziam a faxina no mosteiro, em seguida arrumavam a cozinha e deixavam tudo pronto para o almoço e, à tarde, trabalhavam na horta. À noite, moídos de cansaço, só tinham um colchão de palha, estendido no chão frio, para dormir. E para comer, só aquela horrorosa papa.

Ele logo verificou que ali, naquele mosteiro, estava tão preso quanto antes, quando era um traficante. Desejou ser livre. Livre como aquele passarinho, que vinha pousar na sua janela pela manhã e depois saía voando, alegre, pelos campos...

"Puff!" Eis o antigo jovem cortador de pedras transformado em um vistoso sabiá-laranjeira, de mavioso canto e linda plumagem, voando feliz, pelos campos. Voava, de árvore em árvore, cantava, saltitava alegre na relva. Na sua alegria, não percebeu o gavião que o espreitava. Só se deu conta do que acontecera quando as garras do terrível predador se fecharam, como tenazes, sobre ele. E ele percebeu que estava sendo levado para o ninho do gavião onde, decerto, seria devorado.

Voando bem alto, preso nas garras do gavião, ele se arrependeu da escolha que havia feito e desejou ser uma nuvem, pois ela, sim, não se preocupava com nada...

"Puff!" Ei-lo, nuvem branquinha, a pairar no céu, levado de um lado para o outro pelo sopro do vento... E o jovem cortador de pedras pensou: "Agora sim. É só planar, planar, sem preocupações, nem problemas, nem ninguém para me fazer mal...".

No sossego que estava então, nem notou que o vento o havia empurrado para uma zona mais fria, no ar, e que seu corpo vaporoso estava se transformando em água. Em poucos minutos, estava caindo sobre a terra, na forma de uma copiosa chuva. Logo se transformava numa forte enxurrada, rolando morro abaixo, arrastando tudo que encontrava na sua frente.

– Ah, que destino cruel! – disse o jovem cortador de pedras. – Bem que eu gostaria de ser uma dessas enormes pedras que estão na base da montanha... Assim, eu não seria incomodado por nada. Viveria eternamente imóvel, sem precisar fazer nada na vida...

"Puff!" O jovem cortador de pedras foi transformado em uma enorme rocha. E ali se postou, na base da montanha, altaneira como uma sentinela da natureza, olhando de frente para a cidade.

De repente, eis que aparece um operário, com seu martelo e sua ponteira. E ele começou a cortar aquela enorme pedra em pedaços retangulares, para deles fazer paralelepípedos para calçamento de ruas. O jovem era uma pedra, mas tinha consciência do que acontecia com ele.

A cada golpe daquela ponteira, ele sentia dor, muita dor. Foi então que ele desejou ser aquele jovem cortador de pedras, em vez da pedra que estava sendo cortada.

Imediatamente seu desejo foi atendido. Em segundos, ele era, novamente, um operário, trabalhando numa pedreira. Então, ele compreendeu que seu cérebro era como um duende de pernas tortas e orelhas grandes que lhe daria tudo o que ele quisesse, desde que não questionasse a forma pela qual seria adquirida. E que ele pode nos dar tudo que queremos, mas a forma de fazer isso nem sempre é salutar.

O rapaz aprendeu que é preciso ter cuidado com o que se deseja, pois nossos desejos podem se realizar. Só que, às vezes, eles nem sempre acontecem da forma como queremos.

Pensamento Positivo

Por isso, a Cabala nos aconselha a pensar sempre de modo positivo. Pensar positivo é pensar no modo do Amor. Amor pelas pessoas, pelas coisas, pelo mundo, Amor extremado pelo Criador. Cada emoção de amor que experimentamos é um passo mais próximo em direção à Luz do Criador. E nela, como vimos, estão todas as oportunidades de que precisamos para atingir a plenitude espiritual.

O mundo espiritual se assemelha ao mundo da energia quântica. Neste mundo, uma partícula energética é tão pequena que só com aparelhos muito sofisticados conseguimos detectá-la. Mas a potência energética que as partículas contêm, se adequadamente canalizadas e utilizadas, podem movimentar poderosos motores, como também iluminar ou destruir uma cidade inteira.

Pensamentos e emoções também. Eles são como "quantas" de energia produzidos por reações químicas processadas no interior dos neurônios que constituem nosso cérebro. Se dirigidos da maneira certa, organizados e postos em ação para o bem, podem construir impérios; se para o mal, podem destruí-los. Já tivemos, na nossa história geral, diversos exemplos dessa força atuando em um ou outro sentido.

Pensamentos positivos agem em um sentido, os negativos em outro. Mas todos produzem seus resultados. E eles fazem parte do nosso direito de escolha, de nosso livre-arbítrio. Por isso...

Faça por Merecer

No filme *O Resgate do Soldado Ryan*, de Steven Spielberg, que ganhou o Oscar de melhor diretor em 1999, uma companhia inteira de soldados americanos é dizimada pelos alemães em uma batalha na França. Essa companhia tinha como único objetivo resgatar um soldado raso que havia perdido três irmãos na guerra, e o alto-comando do exército americano quis dar um conforto para a mãe do rapaz, evitando que seu último filho também morresse.

As últimas palavras do comandante da brigada, que também morre realizando a empreitada, ditas ao soldado Ryan foram: "faça por merecer".

Nessa história, muitos homens morreram para resgatar um único homem. Na doutrina cristã, um único homem morre para resgatar a humanidade toda. De um ponto de vista lógico, isso parece insano, mas uma terça parte da humanidade adota essa crença. Na vida real, Deus nos dá Sua Luz para que todos possamos ser resgatados. Essa Luz está presente na Torá. Por isso, a Árvore da Vida tem uma sefirá oculta chamada Daath. Ela é a própria Torá, que Deus deu ao homem para que nela ele encontre seu próprio reflexo em forma de Luz. Ela corresponde ao arquétipo Sabedoria. A Maçonaria, como se sabe, também usa esse simbolismo. Em todas as suas seções, um exemplar da Torá, ou do livro sagrado da religião do país, precisa estar presente. A Torá é como se fosse o correspondente espiritual da Arca da Aliança. Ela encerra a Luz do Criador, na forma escrita.

Todas as almas serão resgatadas, como já foi dito. Mas é preciso que façamos por merecer. É necessário fazer nossa parte. Não basta esperar que isso aconteça fatalmente no fim dos tempos, porque não haverá um fim dos tempos. A Energia do Criador é inesgotável, e continuará a ampliar o tempo e o espaço cósmico interminavelmente. Quem pensar que pode esperar um apocalipse final para ser resgatado, vai esperar eternamente por isso.

Uma antiga anedota popular ilustra bem essa questão. Conta-se que uma grande enchente aconteceu em determinada cidade e todas as casas foram inundadas. Todas as pessoas foram retiradas para lugar seguro pelo Corpo de Bombeiros, menos um indivíduo, que se recusou a deixar sua casa. Quando as águas começaram a invadi-la, ele subiu no telhado e ficou esperando que elas baixassem. As autoridades fizeram tudo para salvá-lo. Mandaram primeiro um barco para resgatá-lo, mas ele não quis entrar nele. Depois, um helicóptero e ele também recusou. Por fim, a casa foi coberta pelas águas e o indivíduo morreu afogado. Ao chegar ao céu, ele acusou Deus de não o ter ajudado. Deus lhe disse: "Eu mandei várias pessoas à sua casa para retirá-lo de lá e você não quis sair. Mandei até um barco e um helicóptero. Você recusou. As escolhas foram suas, não minhas. Você não fez por merecer a salvação".

A Luz do Criador está à disposição de todos nós. Mas precisamos fazer nossas escolhas. Não podemos somente recebê-la, usufruir e nada dar em troca de um bem tão maravilhoso. É preciso fazer por merecê-la. E o merecimento está na realização do Desejo de Compartilhar. Mas, para isso, temos de vencer também nossa tendência reativa e adquirir o gosto pela proatividade. Como diz a letra da canção composta por Geraldo Vandré: "Vem, vamos embora, esperar não é saber; quem sabe faz a hora, não espera acontecer".

Capítulo 20

VENCENDO A REATIVIDADE

O Reino da Enteléquia

Já dissemos que a Cabala sustenta a origem divina de todas as almas. Elas são centelhas luminosas que saíram da *Alma Mater* do universo, que é o Pensamento do Eterno Deus, manifestado em forma de Luz. Essa Luz se concentra, materialmente, na sefirá Kether da Árvore da Vida e dela se irradia pelo todo universal, como uma fonte que preenche um lago, o qual, por sua vez, vai vazando para outro lago até formar o mar universal.

Uma alma humana concentra mais energia do que a de um cão, um cavalo, uma formiga ou qualquer outra forma de vida. Isso porque, como diz Teilhard de Chardin, quanto mais a energia centraliza-se sobre seu núcleo, mas potência ela adquire. Isso se dá em consequência do fenômeno da complexificação. Quanto mais energia se concentra em um processo, mais ele se complexifica e se potencializa. Assim ocorreu com a espécie humana: concentrou energia em um determinado órgão, o cérebro, e desenvolveu a capacidade de reflexão, qualidade que a distingue das demais espécies vivas.

Cada alma, em cada espécie, tem um "quantum" de energia concentrada, e é esse "quantum" que determina sua estrutura orgânica e psíquica. Essa intuição não é nossa. Ela já havia ocorrido ao filósofo Aristóteles quando intuiu o conceito que ele chamou de Enteléquia.

Segundo a definição de Bernard Rogers: "Enteléquia é aquilo que, na natureza, preside a realização de todo ser, seja qual for o reino a que pertença (mineral, vegetal ou animal); no domínio das produções do espírito e das que surgem da mão do homem, a Enteléquia é, por exemplo, o que conduz o pintor, o poeta, o músico, o arquiteto, o erudito ou o artesão à plenitude de sua arte, de sua técnica ou de sua ciência; em todo encaminhamento iniciático, é aquilo que guia o recipiendário até a luz; em todo processo de cura, é o que reconduz o organismo doente ao seu equilíbrio natural. Agente de toda evolução e, ao mesmo tempo, resultado final dela, a Enteléquia é a razão de ser do processo, e se acha nele contida desde o início e em todo o decurso de seu desenvolvimento, assim como uma árvore está inteiramente contida em sua semente e em seu fruto".[154]

Quem está familiarizado com a filosofia de Aristóteles sabe o que significa o termo Enteléquia e, certamente, não vai estranhar a razão de termos introduzido esse conceito neste nosso estudo sobre a Cabala filosófica. Isso porque esse termo designa a energia que o Criador concedeu a todos os seres da natureza para levá-la à sua forma mais perfeita, o que conecta esse conceito com aquele que temos adotado neste trabalho para se referir à energia que está na origem da nossa vida, ou seja, nossa alma.

Formada pelo prefixo *en* (o que está dentro), o substantivo *télos* (objetivo, realização, acabamento) e o radical do verbo *ékhô* (trago em mim, possuo), o vocábulo grego *entélékhéia* significa a qualidade do ser que tem em si mesmo a capacidade de promover seu próprio desenvolvimento. No ser humano, pode ser entendida como a força que o leva a formatar um espírito por meio de uma atividade psíquica e, também, a capacidade que o organismo humano tem de promover seu próprio desenvolvimento em termos físicos e intelectuais. A Enteléquia é,

154. Ver Bernard Rogers (1994).

portanto, o substrato de que é feita nossa alma e o reflexo dela no mundo, que é nosso espírito e nossa personalidade.

O "Pão da Vergonha"

Segundo Aristóteles, todos os seres da natureza possuem "enteléquia". Se admitirmos a assertiva de que esse conceito é sinônimo do que a Cabala chama de alma (centelha divina oriunda do Criador), teremos de admitir que, originalmente, a Luz do Criador foi dada a todas as espécies vivas da Terra e que, no ser humano, ela encontra sua maior fonte de concentração.

Podemos, com isso, intuir que esse é o significado da metáfora bíblica, na qual o Altíssimo dá ao homem Adão o domínio sobre todas as espécies vivas. Adão recebia a Luz Infinita do Criador em abundância. Seu pecado foi o desejo de recebê-la, exercido com egoísmo. Ele quis reter a Luz só para si. É isso que significa sua pretensão de tornar-se igual a Deus, ou seja, ser também um Criador.

Adão era um recipiente da Luz. No Éden, tudo estava à disposição dele. Ele recebia a Luz sem precisar fazer nada para isso. Quer dizer, ele não tinha que compartilhá-la com ninguém. Enquanto Adão era um ser espiritual, tudo bem. Ele tinha a Luz do Criador como uma qualidade da sua própria alma. Mas, a partir do momento em que se tornou um ser humano pelo conhecimento do bem e do mal, Adão quebrou o "vaso" no qual a Luz do Criador tinha sido projetada na Terra. A Luz Infinita do Criador espalhou-se pela Terra sem ordem nem finalidade. É o que a Cabala chama de "shevirá". Ocorreu, desse modo, no processo da Criação, o mesmo fenômeno que se passou em relação à formação do cosmo, tornando necessária uma "retificação" (*tikun olam*) para recompor o equilíbrio quebrado com a shevirá. Essa seria a missão do Messias, que em nível histórico e sociológico, como entende Gershom Sholem, seria a própria nação de Israel.

O recebimento da Luz sem o devido compartilhamento, na Cabala, é chamado de "Pão da Vergonha". Por isso, Deus disse ao casal humano, no momento em que os expulsou do Éden: "Comerás o pão com o suor do teu rosto até voltares para a Terra, de onde foste tomado. Porque és pó e ao pó retornarás".[155]

A história de Adão e Eva pode ser considerada uma metáfora da criação da vida no universo. Ela simboliza a divisão atômica do genoma que resultou nos dois polos necessários à captura da energia que dá origem à vida com consciência. É como diz a filosofia do taoismo: "Conhecendo o masculino e conservando o feminino, a pessoa torna-se uma corrente universal. Tornando-se uma corrente universal, não se sente separada da virtude eterna".[156]

O "Pão da Vergonha" é, portanto, o exercício do Desejo de Receber só para si a Luz do Criador, sem compartilhá-la. É receber sem merecer. Por isso, a Cabala aconselha a não dar esmolas nem fazer filantropia só pelo mero desejo de ajudar alguém a superar suas dificuldades ou aliviar suas dores. A ajuda que podemos dar a alguém deve contribuir para que a pessoa, por si, possa fazer melhores escolhas na vida e, assim, ela mesma obter merecimento. Porque ninguém pode obter merecimento por meio de ações alheias. Mérito é conquista de cada um. Dessa maneira, entendemos que a doutrina cristã que ensina ser Jesus o Salvador da humanidade comporta um grande equívoco: Jesus não veio para salvar a humanidade; ele veio para ensinar a humanidade a se salvar. Sua doutrina é pedagógica e não filantrópica. Não basta crer para se salvar. É preciso exercitar a crença.

Nietzsche também diz isso pela boca do seu Zaratustra: "não sou suficientemente pobre para dar esmolas". Todos temos que fazer por merecer. Essa, aliás, é a lei do carma: a cada causa corresponde uma consequência. Podemos ajudar uma pessoa a aliviar a consequência de uma má ação, uma escolha

155. Gênesis, 3:21.
156. Ver Lao-Tsé (1995, verso 28).

equivocada que ela fez; mas não podemos eliminar a causa que a provocou. Os maus resultados continuarão a acontecer enquanto as causas não forem eliminadas pelo próprio agente que as originou.

Receber sem merecer implica ser só criatura e não criador, ser consequência e não causa, controlado em vez de controlador, meramente reativo em vez de proativo. Ao optar por ser humano, Adão escolheu o livre-arbítrio. Ele barrou a Luz do Criador para poder fazer brilhar sua própria Luz. Fez isso para provocar seu *Tzim Tzum* pessoal. O genial poema de John Milton, "Paraíso Perdido", retrata bem essa intuição. Ao escolher essa alternativa, o Criador lhe disse: "tudo bem, se é isso que você quer, faça por merecer. Ganhe o pão com o suor do seu rosto". E à mulher disse: "multiplicarei teu sofrer e tua concepção, e com dor dará à luz teus filhos". Só assim o ser humano justificaria sua elevação a criador, fazendo jus à coparceria que ele assumia com o Criador na construção do edifício universal.

Reativo *versus* Proativo

A fonte do comportamento reativo é nosso Desejo de Receber. Na contrapartida, o comportamento proativo é informado pelo Desejo de Compartilhar.

O Desejo de Receber hospeda arquétipos desejáveis e indesejáveis. São as formas ideais que, segundo Platão, saem do pensamento dos deuses para determinar o comportamento dos homens. Para a moral social, os indesejáveis podem ser chamados de vícios e os desejáveis de virtudes; para as religiões, de mal e bem. Alguns hóspedes indesejáveis são o ressentimento, o ódio, a inveja, a ganância, o ciúme, o medo, o egoísmo, a ira, a cupidez, a preguiça, etc. São componentes do nosso Ego, que aderem à nossa alma e a tornam cascuda, impedindo que ela reflita a Luz do Criador.

Do mesmo modo, os desejáveis são aqueles que concorrem para eliminar essas "cascas" (*kelipot*) que obstruem nossa

Luz interior. Bondade, Caridade, Sabedoria, Tolerância, Compassividade, Humildade, Justiça, Equidade, etc. são algumas dessas formas ideais que concorrem para que nossa Luz interior brilhe com maior intensidade.

Nosso organismo foi construído para reagir aos estímulos que o ambiente nos submete. Esses estímulos nos vêm na forma de dor ou de prazer. Esse funcionamento é decorrência do nosso Desejo de Receber. Todos queremos ter prazer e viver sem dor, mas esse resultado só pode ser obtido com a adoção de um comportamento proativo, em vez de simplesmente reativo.

O comportamento proativo implica buscar a Luz, em vez de se submeter à escuridão. Quer dizer: procurar a sabedoria vencendo a ignorância; significa um reencontro com a Luz Infinita do Criador, que é igual a um estado de felicidade plena. É a recuperação das informações constantes do DNA divino (a enteléquia) que está instalado em nossas almas e que foi contaminado pelas impurezas que nossa submissão ao Ego nos colocou.

É nesse sentido que a Cabala nos aconselha a agir com coragem e determinação para vencer as dificuldades, no lugar de convocar arquétipos indesejáveis, como a raiva, a inveja, a mágoa, a autopiedade, o escapismo, etc., para nos ajudar a superá-las. Isso porque, ao nos deixarmos dominar por esses sentimentos, estamos permitindo que o controle escape das nossas mãos e sejamos manobrados por fatores externos. Nesse caso, é o Ego que guia nossas ações, não a alma; é o típico comportamento de recipiente e não de emissor. É o puro Desejo de Receber sem o Desejo de Compartilhar. E não foi para isso que o Criador nos colocou aqui.

Os arquétipos indesejáveis nos levam a desejar comer o "Pão da Vergonha", isto é, obter prazer sem custo; receber sem merecer. A prostração neurológica que acompanha uma explosão de raiva, um sentimento de inveja, ciúme ou qualquer outra reação inspirada por um desses arquétipos é um claro exemplo desse fato. O uso de drogas e de outras substâncias entorpecentes ou estimulantes também se insere nessa conjuntura. Depois da euforia, a energia artificialmente aliciada é descarregada e o que sobra é a angústia, o estresse, a culpa, a depressão, a prostração neurológica.

É o que acontece com todo prazer obtido à custa de um estímulo externo. Um elogio, um presente, uma conquista feita sem trabalho, sem esforço, podem nos dar um prazer momentâneo. Mas passada a exaltação neural, o que sobra é o vazio psicológico provocado pelo "Pão da Vergonha", ou seja, o receber sem merecer.

Essa é a razão de a Cabala aconselhar sempre a proatividade. Em vez de apenas reagir, agir, porque a reatividade só ataca a consequência, enquanto a proatividade trabalha em cima da causa.

Por fim, mais uma metáfora para ilustrar esse conceito.

Só o que Está Morto Apodrece

O límpido riacho descia celeremente pelas fendas da montanha, cantando feliz sua canção de águas cristalinas e ligeiras. Serpenteando entre pedras e árvores, ele parecia um menino travesso, pulando barrancos e formações rochosas, formando pequenas e lindas cachoeiras, que pareciam véus de noiva a dançar sobre a luz do luar.

Alegre e veloz como um cabrito montês, ele seguia seu caminho até um grande rio, dezenas de quilômetros abaixo, ao qual se incorporava para depois seguir até o mar. Era uma existência feliz e tranquila, que ele experimentou por centenas de anos.

Um dia, um pequeno abalo sísmico deslocou uma grande pedra na montanha, que caiu justamente no meio de uma pequena garganta por onde o riacho passava. Obstruindo totalmente a passagem das águas, elas tiveram que escorrer para um dos lados, buscando um novo curso.

O lépido riacho logo achou um novo caminho e recomeçou sua marcha para chegar ao mar, que é o objetivo de todos os cursos de água do mundo. Mas esse novo caminho era mais longo e, em determinado trecho, ele tinha que passar por um pântano fétido e imundo, cheio de matéria morta e estranhas formas de vida. Ele, que só hospedava em suas águas cristalinas lindos e gordos peixinhos coloridos, logo se viu invadido por criaturas feias, cascudas e malcheirosas, que traziam para suas límpidas águas uma coloração ocre e um cheiro de matéria pútrida.

Transtornado, o riacho reclamou ao deus das águas pela sorte tirana e ingrata que pusera aquela pedra no seu caminho. Ela o obrigara a mudar de curso e vir parar naquele pântano horroroso. Como poderia, agora, manter sua pureza num ambiente daqueles?

– Você pode misturar-se às águas do pântano – disse o deus das águas –, mas não precisa, obrigatoriamente, tornar-se como elas. Quando a pedra obstruiu seu leito, você procurou um caminho para sair e encontrou – continuou ele. – Faça o mesmo agora. Lute. Movimente-se. Continue a procurar seu caminho para o mar. Se você se conformar a esse pântano, logo morrerá e também apodrecerá, como tudo que tem nele.

O riacho olhou para todos os lados e ficou desesperado. Parecia não haver meio de atravessar aquelas paisagens lodosas e nauseabundas sem se tornar como elas. Por toda parte, era a mesma coisa. Uma imensa massa líquida de águas estagnadas.

No entanto, a necessidade o obrigava a se movimentar, na procura de um caminho para o mar. E foi então que percebeu que suas águas, embora tivessem se tornado um tanto turvas, não estavam se misturando às do pântano. Nem tinham aquele cheiro fétido.

Entendeu que as águas do pântano tinham aquela cor e exalavam aquele cheiro porque estavam paradas. Haviam se estagnado em meio a uma floresta de madeira podre e organismos mortos, a qual servia de pasto para todas as criaturas que se alimentam da matéria decomposta.

Ele então acelerou *sua marcha e passou a se movimentar mais rápido dentro daquele pântano.* Imediatamente, formou-se ali um canal por onde suas águas começaram a fluir. Era fácil perceber que naquele lugar do pântano não havia estagnação. As águas corriam.

Logo, aquela parte do pântano passou a ser um guia para quem nele se perdesse e procurasse encontrar um caminho para sair daquele lugar horrível. Bastava seguir as folhas das árvores que rolavam mansamente em meio àquele imenso lodaçal, acompanhando o movimento do quase imperceptível curso de água que procurava um caminho para escapar daquela podridão.

Depois de alguns quilômetros serpenteando em meio à massa lodosa, finalmente suas águas escapavam do pântano e se ele tornava um caudaloso rio. Suas águas não eram tão límpidas quanto eram na serra, mas estavam, de novo, puras e sadias. Apresentavam-se prenhes de vida, com muitas espécies novas. Estava mais encorpado também. Depois de mais alguns quilômetros, transformara-se em um rio bem maior. Já não precisava se integrar a outro curso de água para fazer o caminho até o mar. Ele, que antes era tributário de outro rio, passou a ser tronco principal para centenas de outros rios e riachos que afluíam ao seu leito em busca de um caminho para o mar.

Feliz, ele seguiu seu caminho, sabendo que tinha cumprido, com galhardia e eficiência, sua missão. Não se deixara vencer pelos obstáculos nem se contaminara pela podridão com a qual teve de conviver. Tornara-se um caminho seguro em meio a um escuro e fétido pântano. Tudo porque aprendera a agir em vez de se conformar e se deixar apodrecer.

"Só o que está morto apodrece", era a frase que suas águas pareciam murmurar, quando recebiam o abraço do mar.

CONCLUSÃO

A crença na existência de um Criador e a sensibilidade de que Ele está conosco, na forma de uma centelha de Energia, são fundamentais para podermos criar, dentro de nós, um espaço onde cada um pode gerar seu *Tzim Tzum* pessoal. Nesse espaço conceitual, onde a Energia que o Criador nos prodigalizou se concentra, o Ego, que é o verdadeiro demônio tentador, não tem poder, porque esse espaço estará completamente preenchido pela Luz Infinita do Criador.

O primeiro passo para criar esse espaço, onde a Luz do Criador brilhará com todo o seu esplendor, é reconhecer que precisamos de Deus; que somos fortes e capazes; que temos liberdade de escolher e somos cocriadores do universo. Mas sem a presença de Deus em nossas vidas, não seremos capazes de acionar essa imensa energia que Ele colocou em nós.

O Ego, Diabo que o nosso Desejo de Receber só para nós mesmos cria dentro de nós, coloca muitos obstáculos que obstruem a passagem da Luz Infinita. Vícios, como o fumo, o álcool, as drogas, a luxúria e outras aberrações físicas e psíquicas que nos acometem, bem como sentimentos destrutivos, como o ódio, a inveja, a mesquinhez, autopiedade, etc., são alguns desses obstáculos que esse demônio nos coloca para impedir a passagem da Luz.

Uma pessoa possuída por esses "espíritos" maus pode lutar o quanto puder para exorcizá-los, mas não o conseguirá se uma força superior não lhe for inoculada ou aliciada no âmago do seu ser – a sua alma – para ajudá-la nessa empreitada.

Seja como for, e onde quer que estejamos, nós nunca estamos sozinhos. Temos nossa alma, e ela é uma centelha da

Energia do Criador. Podemos sempre falar com ela, já que ela é nossa ligação com Deus. A alma está em contato com Deus. Ela nos providenciará uma ligação direta com Ele.

Somente precisamos convencer nosso Ego de que ele tem de ficar quieto e se calar quando estivermos falando com a nossa alma. Ele sempre tentará falar mais alto, sempre tentará atravessar a comunicação. Todos nós já tivemos exemplo disso quando tentamos orar, quando procuramos nos comunicar com Deus. Há sempre pensamentos importunos que se intrometem na comunicação, muitas vezes, cortando-a ou até sugerindo heresias.

Ela é a "outra parte", aquela que sente prazer no vício e na rebeldia. Ela "acha" que está nos fazendo bem com os comportamentos que sugere. É preciso convencê-la de que há escolhas mais saudáveis do que aquelas que ela nos inspira. Escolhas que podem nos satisfazer muito melhor.

Como dissemos exaustivamente no correr deste trabalho, nosso Ego é apenas nosso Desejo de Receber que desenvolveu uma tendência de reter só para si. Ele não sabe que quando obstrui a passagem da Luz Infinita do Criador está nos prejudicando, e ao nos prejudicar, prejudica a si mesmo, pois é parte indissociável de nós. O ego é como o tumor que corrói o próprio organismo onde se instala. Dele falou o sábio eclesiástico: "Quem perturba a paz da sua casa herdará o vento, e o insensato será servo do sábio de coração".[157]

A melhor estratégia para evitar que o Ego nos afaste cada vez mais da Luz do Criador é negociar com ele. Reconhecer que ele é importante para nossa vida, porque é por meio dele que realizamos nosso Desejo de Receber. Devemos agradecê-lo pelo prazer que nos proporciona com as escolhas que ele nos sugere. E mostrar-lhe que, quando os bons resultados não ocorrem, há outras escolhas, mais sadias, que poderiam nos trazer melhor resultado. As técnicas desenvolvidas pela PNL ensinam como fazer isso por intermédio de um exercício chamado

157. Provérbios 11:29.

"Acordo entre Partes", e a Cabala nos encaminha no mesmo sentido quando aconselha a não brigar com nosso Ego, mas, sim, tentar convencê-lo a fazer escolhas diferentes daquelas que estão nos fazendo mal.

Por fim, é preciso tomar cuidado com o sentimento de autossuficiência. Ele também é uma inspiração do Ego. Boa parte da nossa educação nos induz à ideia de que somos capazes de tudo e que não precisamos da ajuda de ninguém para atingirmos nossos objetivos. Esse sentimento nos ilude o tempo todo. Principalmente, ele nos faz crer que todo o nosso progresso, a nossa felicidade, bem-estar e riqueza foram adquiridos pela nossa competência em escolher e realizar.

Ledo engano. Se não fôssemos tão egocêntricos, bastaria uma pequena incursão em nossa história de vida para recensear todos os pequenos favores que recebemos, toda a ajuda que nos veio de fora, todo o bem que nos foi feito por alguém, ou por algum acontecimento fortuito que nós chamamos de "sorte", mas que, na verdade, é apenas um momento de Luz que capturamos na vida.

No entanto, nosso Ego geralmente não nos deixa perceber esses detalhes. Afinal, ele é aquele que murmurou no ouvido dos nossos primeiros ancestrais que eles "se tornariam deuses" se desobedecessem aos preceitos do Senhor.

Ele continua falando aos nossos ouvidos coisas como essas. E nós nos tornamos arrogantes, atrevidos, autocratas. Somos os *self-made man*, mas homens que se fazem por si mesmos não existem. Eles são um mito da civilização moderna. Uma ilusão do Ego. Ninguém se faz sozinho. Há sempre um pai, professor, amigo, cliente, concorrente e até os inimigos nos ajudando a construir o edifício do nosso sucesso.

Se formos capazes de reconhecer isso, então, estaremos prontos para começar a transformação espiritual que nos levará à plenitude da Luz do Criador. E nosso Desejo de Compartilhar se tornará dominante em nossa alma, carregando-a com a Energia transformadora que nos dará a felicidade que todos buscamos. Essa é a verdadeira iluminação.

A falta de humildade também bloqueia a circulação da Luz do Criador em nós. Humildade é uma virtude que ajuda. Ela é como a água, que procura os níveis mais baixos para se acomodar, mas ninguém consegue viver sem ela.

É preciso sempre lembrar que nada no mundo nos pertence. Somos agentes de transmissão da Luz Infinita, não proprietários dela. Tudo que há em nós, até mesmo nossas qualidades pessoais, saiu dessa Luz dos Princípios. Sem o Criador, simplesmente, não existimos. Sem Sua Luz, somos apenas um vazio cósmico sem sentido nem presença de qualquer sinal de existência. Principalmente, não devemos nos esquecer de que Deus não nos deve nada e não temos que ficar cobrando Dele qualquer atitude que nos beneficie. Ele já nos deu tudo de que precisamos na forma da Sua Luz Infinita.

Lembremo-nos também de que não produzimos a Luz que faz de nós o que somos. Nós só a portamos, e ela nos é retirada a qualquer momento, sem que possamos impedir.

A vida que levamos, como vimos, e a física quântica nos comprova, é uma ilusão do nosso Ego. Ela só existe porque fazemos parte do universo. Ela é uma consequência do Desejo de Receber que o Criador colocou na massa física que Sua Energia espalhou pelo vazio cósmico. Massa física da qual somos a parte mais importante.

Temos de pedir sempre a ajuda de Deus. Ele nunca a negará, pois, como vimos, nossa alma é uma centelha de Energia que saiu Dele. Ele não quer que ela se apague. Ele a quer cada vez mais forte, brilhante, fulgurante.

A Luz que brilha em nossa alma é a Estrela Flamejante que todos buscamos contemplar. Ela não está no céu nem em qualquer outra parte. Ela está dentro de nós. Afastemos as cortinas que a obstruem para que ela brilhe soberana e ilumine sempre o nosso caminho.

BIBLIOGRAFIA

ALEXANDRIAN, Sarane. *História da Filosofia Oculta*. São Paulo: Martins Fontes, 1983.

AMBELAIN, Robert. *A Franco-Maçonaria*. São Paulo: Ibrasa, 1999.

ANDERSON, James. *As Constituições*. São Paulo: Fraternidade, 1982.

BARSA. *Enciclopédia Britânica*. São Paulo: Planeta, [198-].

BERG, Michael. *O Caminho*. São Paulo: Imago, 2003.

BERG, Yehuda. *O Poder da Cabala*. São Paulo: Kabbalah Centre, 2012.

BENSON, Ariel. *O Zohar*: Livro do Esplendor. São Paulo: Sefer, 2004.

BIALE, David. *Cabala e Contra-história*: Gershom Scholem. São Paulo: Perspectiva, 1982.

BÍBLIA SAGRADA. Edição Hebraica. Organizada por Jairo Frindlin e David Gorodovits. São Paulo: Sêfer, 2015.

BORGES, Jorge Luis. *O Aleph*. São Paulo: Companhia das Letras, 2008.

BUDGE, E. Wallis. *Gods of the Egyptians*. New York: Dover Publications, 1956.

CAPRA, Fritjof. *Pertencendo ao Universo*. São Paulo: Cultrix, 1991.

_____. *O Tao da Física*. São Paulo: Cultrix, 1992.

_____. *Sabedoria Incomum*. São Paulo: Cultrix, 1998.

_____. *O Ponto de Mutação*. São Paulo: Cultrix, 1986.

CHARDIN, Pierre Teilhard de. *O Fenômeno Humano*. São Paulo: Cultrix, 1968.

_____. *Mundo, Homem e Deus*. São Paulo: Cultrix, 1978.

_____. *O Meio Divino*. São Paulo: Cultrix, 1957.

CHOPRA, Deepak; KAFATOS, Menos. *Você é o Universo*. São Paulo: Alaúde, 2017.

DROSNIN, Michael. *O Código da Bíblia*. São Paulo: Cultrix, 1997.

FIELDING, Charles. *A Cabala Prática*. São Paulo: Pensamento, 1989.

FORTUNE, Dion. *A Cabala Mística*. São Paulo: Pensamento, 1957.

FRANKLIN, Eugene. *The Quickening Universe*: St. Martins. [S. l.: s. n.], 1987.

FRYE, Northrop. *O Código dos Códigos*. São Paulo: Boitempo, 1996.

GIBBON, Edward. *Declínio e Queda do Império Romano*. São Paulo: Companhia das Letras, 1989.

GOLEMAN, Daniel. *Inteligência Emocional*. 53. ed. São Paulo: Objetiva, 1995.

GORCEIX, Bernard. *A Bíblia dos Rosa-Cruzes*. São Paulo: Pensamento, 1970.

HALEVI, Shimon. *A Árvore da Vida*: Cabala. São Paulo: Editora Três, 1973.

HAWKING, Stephen. *Uma Breve História do Tempo*. São Paulo: Círculo do Livro, 1998.

_____. *O Universo numa Casca de Noz*. São Paulo: Arx, 2002.

HORNE, Alex. *O Templo do Rei Salomão na Tradição Maçônica*. São Paulo: Pensamento, 1998.

HUBERMAN, Leo. *História da Riqueza do Homem*. Rio de Janeiro: Zahar Editores, 1959.

HUTIN, Serge. *História Geral da Alquimia*. São Paulo: Cultrix, 1987.

JUNG, Carl Gustav. *Obras Completas*. Petrópolis, Vozes, 2011.

KAPLA, Rabi Arieh. *Meditação e Cabala*. São Paulo: Sefer, 2012.

KAZANTZAKIS, Nikos. *O Pobre de Deus*. São Paulo: Arx, 2002.

KYOKAI, Bukkyo Dendo. *A Doutrina de Buda*. 2. ed. São Paulo: Martin Claret, 2012.

LAITMAN, Michael. *Um Guia para a Sabedoria Oculta da Cabala*. [*S. l.*]: Laitman Cabala Website Editores, 2015.

_____. *Cabala*: Alcançando Mundos Superiores. São Paulo: Planeta, 2006.

LEET, Leonora. *A Kabbalah da Alma*. São Paulo: Madras Editora, 2006.

LÉVY, Éliphas. *As Origens da Cabala*. São Paulo: Pensamento, 1977.

MACKENZIE, Kenneth. *The Royal Masonic Cyclopaedia*. Londres: Aquarian Press, 1987.

MELLO, Francisco Manuel de. *Tratado da Ciência da Cabala*. São Paulo: Imago, 1997.

NICKELSBURG, George W. E. *Jewish Literature Between the Bible and the Mishnah*. 2. ed. Philadelphia: Fortress Press, 1981.

NIETZSCHE, Friedrich Wilhelm. *Assim Falou Zaratustra*. São Paulo: Hemus, 1979.

OSMAN, Ahmed. *Moisés e Akhenaton*: a História Secreta. São Paulo: Madras Editora, 2007.

OVASON, David. *A Cidade Secreta da Maçonaria*. São Paulo: Planeta, 2007.

PALOU, Jean. *A Maçonaria Simbólica e Iniciática*. São Paulo: Pensamento, 1964.

PAPUS, Gerard Encause. *A Cabala*: Tradição Secreta do Ocidente. São Paulo: Pensamento, 2005.

PAWELS, Louis; BERGIER, Jacques. *O Despertar dos Mágicos*. Rio de Janeiro: Bertrand Brasil, 1966.

PLATÃO. *A República*. São Paulo: Martins Fontes, 2006.

RODRIGUES, João Anatalino. *A Maçonaria e a Cabala*: a Árvore e a Loja: a Influência da Cabala nos Ritos Maçônicos. São Paulo: Madras Editora, 2019.

_____. *Conhecendo a Arte Real*. São Paulo: Madras Editora, 2007.

_____. *Mestres do Universo*. São Paulo: Editora Biblioteca 24x7, 2010.

_____. *O Tesouro Arcano*. São Paulo: Madras Editora, 2012.

_____. *Templários*: os Santos Malditos. São Paulo: Editora Biblioteca 24x7, 2019.

_____. *O Parto de Deus*. São Paulo: [*s. n.*], 2015.

_____. *Sonetosofia*. Sorocaba: Recanto das Letras, 2020.

ROGERS, Bernard. *Descobrindo a Alquimia*. São Paulo: Círculo do Livro, 1994.

ROSENROTH, Knorr von. *A Kabbalah Revelada*. São Paulo: Madras Editora, 2005.

RUYER, Raimond. *A Gnose de Princeton*. São Paulo: Cultrix, 1974.

SCHOPENHAUER, Arthur. *O Mundo como Vontade e Representação*. Rio de Janeiro: Contraponto, 2007.

SASSOON, George. "The Ancient of Days: Deity Manna or Manna Machine?" *New Scientist*, Apr. 1976.

SÉROUYA, Henri. *A Cabala*: Sociedade das Ciências Místicas. [S. l.]: Sociedade das Ciências Antigas, [198-].

SCHOLEM, Gershom. *A Cabala e Seu Simbolismo*. São Paulo: Perspectiva, 2015.

_____. *Origens da Kabbalah*. Princenton: Princeton University Press, 2019.

_____. *Cabala e Contra-história*. São Paulo: Perspectiva, 2009.

TONDELA, Aurora. *A Bíblia em Sonetos*. [*S. l.*]: Eudito, 2015.

TSÉ, Lao. *Tao-Te King*. São Paulo: Attar, 1995.

URBANO JUNIOR, Helvécio de Resende. *O Templo Maçônico Dentro da Tradição Kabbalística*. São Paulo: Madras Editora, 2012.

WATTS, Alan. *Tao, o Curso do Rio*. São Paulo: Ibrasa; Pensamento, 1995.

WEISS, Brian L. (MD). *Muitos Mestres, Muitas Vidas*. 30. ed. Rio de Janeiro: Sextante, 1998.

WILCZEK, Frank. *A Beautiful Question*: Finding Nature's Deep Desing. Londres: Allen Lane, 2015.

WINEBERG, Yosef. *Lessons in Tanya*. New York: Kehot Publication Society, 1998.

WHYBRAY, R. N. *The Making of the Pentateuch*: a Methodological Study. Sheffield: JSOT Press, 1987.

YATES, Frances. *Giordano Bruno e a Tradição Hermética*. São Paulo: Cultrix, 1964.

_____. *O Iluminismo Rosa-Cruz*. São Paulo: Cultrix, 1967.

ZOHAR: o livro do esplendor. Passagens selecionadas pelo rabino Ariel Benson. São Paulo: Polar, 2018.

MADRAS® Editora CADASTRO/MALA DIRETA

Envie este cadastro preenchido e passará a receber informações dos nossos lançamentos, nas áreas que determinar.

Nome ____

RG ____________________ CPF ____________________

Endereço Residencial ______________________________

Bairro ______________ Cidade ______________ Estado ____

CEP ____________ Fone ____________________________

E-mail ____

Sexo ❑ Fem. ❑ Masc. Nascimento ____________________

Profissão ______________ Escolaridade (Nível/Curso) __________

Você compra livros:

❑ livrarias ❑ feiras ❑ telefone ❑ Sedex livro (reembolso postal mais rápido)

❑ outros: ____

Quais os tipos de literatura que você lê:

❑ Jurídicos	❑ Pedagogia	❑ Business	❑ Romances/espíritas
❑ Esoterismo	❑ Psicologia	❑ Saúde	❑ Espíritas/doutrinas
❑ Bruxaria	❑ Auto-ajuda	❑ Maçonaria	❑ Outros:

Qual a sua opinião a respeito dessa obra? ____________________

____

Indique amigos que gostariam de receber MALA DIRETA:

Nome ____

Endereço Residencial ______________________________

Bairro ______________ Cidade ______________ CEP __________

Nome do livro adquirido: Maçonaria - A Cabala do Ocidente

Para receber catálogos, lista de preços e outras informações, escreva para:

MADRAS EDITORA LTDA.
Rua Paulo Gonçalves, 88 — Santana — 02403-020 — São Paulo/SP
Caixa Postal 12299 — CEP 02013-970 — SP
Tel.: (11) 2281-5555/ — Fax.:(11) 2959-3090
www.madras.com.br